En torno a la crisis del socialismo real. Algunas notas historiográficas

Ricardo M. Martín de la Guardia
Guillermo Á. Pérez Sánchez
Universidad de Valladolid

La crisis del sistema del socialismo real y [illegible] menes comunistas en la Europa del Este, la [illegible]gración de la Unión Soviética y la ruptura y guerra en la Federación Yugoslava obligaron a los historiadores y demás especialistas en estas cuestiones a revisar sus planteamientos sobre el origen, contenido y evolución de dicho sistema y a ampliar además los campos de interés de las investigaciones y estudios realizados a partir de finales de los años ochenta. Ello ha hecho posible un *corpus* considerable de monografías y obras generales sobre el proceso abierto con el triunfo de lo que Ágnes Heller y Ferenc Fehér denominaron las «revoluciones gloriosas» de 1989.

Estas notas historiográficas pretenden comentar algunas de las obras más significativas aparecidas en los últimos años en los tres campos anteriormente señalados: la cuestión alemana, la desmembración de Yugoslavia y las transiciones hacia la democracia y la economía de mercado en el antiguo bloque soviético.

1. Notas sobre la crisis final de la República Democrática Alemana y la reunificación

La historiografía de estos últimos años ha prestado una atención muy especial al final de la República Democrática de Alemania, el «Estado de los obreros y de los campesinos», como proyecto de construcción de una alternativa socioeconómica y política real a la República Federal. Las razones son múltiples: no se trataba de una más de las democracias populares del Este de Europa, sino que, todavía a fines de la década de los ochenta, Alemania representaba el símbolo más claro de la pervivencia de la guerra fría, de la *gespaltene Land*, ese territorio quebrado, escindido, bajo la influencia de los dos bloques que emergieron tras la Segunda Guerra Mundial. El interés propio de los especialistas en estudios interalemanes en explicar cómo repercutió la política germanooccidental sobre la debacle final de la RDA, se unía a los análisis que evidenciaban en los años ochenta la pérdida de legitimidad del Estado-Partido

[*Memoria y Civilización* 1, 1998, 223-231]

forjado por Ulbricht y Honecker, el fiasco de la economía planificada — a pesar de la insistencia con que la propaganda interna exponía la viabilidad del proyecto socialista— o el descenso de los niveles de vida de la población. El proceso, no debe olvidarse, se precipita al llegar Gorbachov al poder con unas ideas reformistas que contradecían las tesis defendidas desde Berlín Este.

Algunas de las cuestiones más debatidas sobre la crisis y desaparición final de la RDA están en relación con la contestación interna al régimen, asunto éste enmarcado en los análisis politológicos e historiográficos sobre el sentido, influencia y desarrollo de la disidencia en los Estados totalitarios. Así, numerosas monografías han abordado el estudio del *Bürgerbewegung*, el movimiento cívico que se manifestó públicamente, sobre todo en los años setenta y ochenta, a través de una pluralidad de formas que iban desde la Iglesia Luterana o los movimientos ecologistas hasta los grupos renovadores dentro del *Sozialistisch Einheitspartei Deutschlands*, el Partido hegemónico, o la posición del mundo intelectual. En efecto, las difíciles relaciones de la Iglesia Evangélica Luterana con el Partido-Estado, con enfrentamientos motivados por sus diferentes concepciones educativas, y el nacimiento y desarrollo de una contestación al régimen dentro de estos movimientos evangélicos, con una proyección hacia el exterior en aumento, aparece exhaustivamente tratado mediante multitud de fuentes directas por Gerhard Besier, quien, después de haber publicado numerosos artículos sobre aspectos particulares de esta cuestión, dio a la estampa en 1993 *Der SED - Staat und die Kirche* (München, C. Bertelsmann Verlag).

En relación con el mundo de la cultura, las complejas y a menudo contradictorias actitudes de los intelectuales alemanes respecto a la República Democrática han generado —y continúan haciéndolo en la actualidad— un debate arduo sobre la responsabilidad de aquéllos en la legitimación de la dictadura del *SED* (Geyer, M.; Hallberg, R. von [eds.], *The Responsability of the Intellectuals: State Security Services and Intellectual Life in the former GDR*, Chicago, 1994); así como sobre la fundamentación cultural del Estado germanooriental y la oposición intelectual interna. A la espléndida recopilación comentada de J. R. Groth, en la que incluye documentos, fragmentos de obras, declaraciones, etc., sobre el ámbito cultural y disidente (*Widersprüche. Literatur und Politik in der DDR 1949-1989. Zusammenhänge, Werke, Dokumente*, Frankfurt am Main, Suhrkamp, 1994) debemos unir la obra de M. Jäger, *Kultur und Politik in der DDR. Ein historischer Abriß*, Köln, Kohlhammer Verlag, 1994, en la que, después de años de investigación, se analizan las peculiaridades de los vínculos entre política y cultura en Alemania del Este bajo la perspectiva antes comentada.

Los movimientos contestatarios coincidían, en uno u otro sentido, en la necesidad de transformar las estructuras del poder, lo mismo que ocurrió en

LECCIONES SOBRE HISTORIA CONTEMPORÁNEA DEL MUNDO EXTRAEUROPEO

Serie: MANUALES Y TEXTOS UNIVERSITARIOS
HISTORIA, nº 2

LECCIONES sobre historia contemporánea del mundo extraeuropeo / Ricardo M. Martín de la Guardia, Guillermo A. Pérez Sánchez (coordinadores) ; autores, Mª Paz Cabello Rodríguez... [et al.]. - Valladolid : Secretariado de Publicaciones e Intercambio Científico, Universidad de Valladolid, [1996]

151 p. : map. ; 24 cm. - (Manuales y textos universitarios. Historia ; 2)
ISBN 84-7762-663-4

1. HISTORIA MODERNA Y CONTEMPORÁNEA - Estudio y enseñanza (Superior) I. Martín de la Guardia, Ricardo, coord. II. Pérez Sánchez, Guillermo Ángel, coord. III.Cabello Rodríguez, Mª paz, coaut. IV. Universidad de Valladolid, ed. V. Serie

930.85"19"

LECCIONES SOBRE HISTORIA CONTEMPORÁNEA DEL MUNDO EXTRAEUROPEO

RICARDO M. MARTÍN DE LA GUARDIA
GUILLERMO A. PÉREZ SÁNCHEZ
(Coordinadores)

AUTORES:

Mª Paz Cabello Rodríguez
Ricardo M. Martín de la Guardia
José U. Martínez Carreras
Mª Luisa Martínez de Salinas Alonso
Julia Moreno García
José-Vidal Pelaz López
Guillermo A. Pérez Sánchez

SECRETARIADO DE PUBLICACIONES
E INTERCAMBIO CIENTÍFICO
UNIVERSIDAD DE VALLADOLID

SECRETARIADO DE PUBLICACIONES
E INTERCAMBIO CIENTIFICO
UNIVERSIDAD DE VALLADOLID

Diseño de cubierta: J.M. Alonso

ISBN: 84-7762-663-4
Dep. Legal: VA 652 -1996

Composición: B.G.P. y J.A.V. Secretariado de Publicaciones.

Imprime: ANGELMA S.A. VALLADOLID 1996

A los que perseveran en la conquista de una existencia libre, justa y apacible

«Sin querer entretenerme hablando de la euforia de los últimos años del siglo pasado, quisiera subrayar el hecho de que el reencuentro entre las dos alas del mundo desarrollado, esa convergencia hacia unos valores, unas instituciones, un lenguaje y una forma de existencia similares habían puesto de relieve brutalmente el vertiginoso foso que dividía al mundo, esa »falla horizontal» responsable de tantas sacudidas. De un lado, toda la riqueza, todas las libertades, todas las esperanzas. Del otro, un laberinto de callejones sin salida: estancamiento, violencia, rabia y tormentas, contagio del caos, y la salvación mediante la huida masiva hacia el paraíso septentrional.»

Amin Maalouf, *El primer siglo después de Béatrice*

INTRODUCCIÓN

RICARDO M. MARTÍN DE LA GUARDIA
GUILLERMO A. PÉREZ SÁNCHEZ
Universidad de Valladolid

El presente libro es continuación del titulado *El sueño quedó lejos. Crisis y cambios en el mundo actual* que, en 1993, también fue editado por el Secretariado de Publicaciones de la Universidad de Valladolid. Si el objetivo de *El sueño quedó lejos* era presentar algunas de las claves históricas del proceso de cambio que vivió el mundo entre 1989 y 1991 y que produjeron el colapso del sistema comunista de tipo soviético, la desintegración de la URSS y el final de la Guerra Fría; el del que presentamos ahora, *Lecciones sobre historia contemporánea del mundo extraeuropeo*, es resaltar la importancia adquirida por el mundo extraeuropeo, cuyas relaciones contradictorias con el mundo Occidental vienen marcadas por una agudización de las tensiones que ha subrayado la división del planeta entre el Norte y el Sur.

Durante todo el siglo XX se fue consolidando el proceso de recuperación de la propia identidad de los mundos asiático y africano. En este sentido conviene destacar dos hitos importantes: la Conferencia de Bandung (Indonesia, 1955) y la aprobación, en 1960, por la Organización de Naciones Unidas de la «Declaración sobre la concesión de la independencia a los países y pueblos coloniales» (resolución 1514 —XV—), conocida también como la carta marga de la descolonización. Aunque durante estos años pudo conformarse la identidad antes mencionada, sobre la base del «asiatismo» o la «negritud» como movimientos ideológicos, no es menos cierto que el proceso de modernización, sobre la base del desarrollo político, económico y social, no dio los frutos esperados. En la mayoría de estos países perduraron unas condiciones de vida y trabajo penosas, con las lacras permanentes, y especialmente lacerantes en África, de pobreza, analfabetismo y nulo respeto a los derechos humanos.

En cuanto al nuevo continente, a partir de la década de los años ochenta la tradicional relación de dependencia de los países iberoamericanos con respecto a Estados Unidos comenzó a articularse en función de una mayor autonomía, tanto económica como política. En el sector económico dicho proceso podría consolidarse gracias a la propia potencialidad económica de estos países y a la ampliación de sus relaciones comerciales; la autonomía en política ha avanzado después de la desaparición del «peligro comunista» con el inicio de una vía generalizada de transición a la democracia que debe terminar por llevar la «normalidad» política a toda la zona.

Para abordar el reto de reflexionar sobre los ámbitos extraeuropeos mencionados desde una perspectiva histórica, pero también didáctica, teniendo en cuenta la importancia que la nueva ordenación académica universitaria y media concede a la «historia del mundo actual», se ha podido contar con especialistas en estas cuestiones vinculados a la Universidad Complutense de Madrid y a la Universidad de Valladolid.

El complejo y cambiante panorama de las relaciones internacionales desde 1945 hasta los cambios producidos en el mundo después de las revoluciones de 1989 ha sido tratado por *José-Vidal Pelaz López*, quien hace hincapié en la formación y mutua oposición de los dos grandes bloques durante la Guerra Fría.

La quiebra del orden mundial estudiado por el anterior autor da pie a *Guillermo Á. Pérez Sánchez* para presentar las contradicciones y límites de la nueva realidad Norte—Sur, sobre todo desde el punto de vista socioeconómico, que profundizan en la divergencia, hasta ahora inevitable, entre ambas partes del globo.

China representa dentro del conjunto mundial un caso de excepcional importancia tanto por su enorme potencial demográfico como económico en las postrimerías del siglo XX. *Julia Moreno García* hace un sugestivo recorrido por la singular historia del gigante asiático desde la época de la «gran marcha» hasta el inicio de las transformaciones socioeconómicas que pueden abrir una puerta a un diálogo más franco con Occidente, así como a un cambio real en las estructuras políticas del país. *Mª Paz Cabello Rodríguez* analiza uno de los espacios geográficos más complejos, social, religiosa y culturalmente, el subcontinente indostánico. La autora destaca las dificultades en la modernización de dicho ámbito en donde la pobreza, el analfabetismo y la intolerancia, fundamentalmente religiosa, continúan marcando la vida cotidiana.

Del continente negro tratan las dos siguientes aportaciones. *José U. Martínez Carreras* aborda los problemas económicos (el subdesarrollo unido a la dependencia), políticos (dificultades de consolidación de estructuras democráticas), sociales (mejoras de las condiciones de vida) y étnicos (conflictividad tribal dentro de algunos países de la zona) en el África Subsahariana. La parte austral del continente, con especial atención a la República Sudafricana por el enorme peso e influencia que dicho país ha tenido y continúa teniendo en la región, es analizada por *Ricardo M. Martín de la Guardia.*

La aspiración de Estados Unidos por controlar a las naciones de Iberoamérica para satisfacer sus intereses estratégicos y económicos ha provocado a lo largo del siglo XX unas relaciones tensas que en la mayor parte de los casos ha perjudicado el desarrollo armonioso del hemisferio sur tal y como ha analizado en su capítulo *Mª Luisa Martínez de Salinas Alonso.*

Finalmente, queremos dejar constancia de nuestro agradecimiento al Dr. José U. Martínez Carreras, profundo conocedor de la historia contemporánea de África y Asia, cuyas sugerencias han hecho posible la realización de la presente obra. Debemos agradecer también al Dr. Celso Almuiña Fernández, Catedrático de Historia Contemporánea y

Director del Departamento de Historia Moderna, Contemporánea y de América de la Universidad de Valladolid el apoyo recibido para que este proyecto pudiera consolidarse en publicación. Al mismo tiempo, nuestro reconocimiento va también dirigido al Secretariado de Publicaciones de la Universidad de Valladolid —y muy especialmente a su director, el Dr. Alfredo Allué Buiza; sin olvidar a Jesús María Alonso— por la confianza otorgada al proyecto en cuestión y la prontitud con que el original se ha convertido en libro.

La Guerra Fría y el Tercer Mundo (1945—1991)

José-Vidal Pelaz López
Universidad de Valladolid

«La sujeción de pueblos a una subyugación, dominación y explotación extranjeras constituye una denegación de los derechos humanos, es contraria a la Carta de las Naciones Unidas y compromete la causa de la paz y de la cooperación mundiales.

Todos los pueblos tienen el derecho de libre determinación; en virtud de este derecho, determinan libremente su condición política y persiguen libremente su desarrollo económico, social y cultural»

(ONU, 14-12-1960)

LA GUERRA FRIA Y LOS NUEVOS IMPERIOS

En 1945 las potencias europeas dominaban aún unos imperios coloniales de enormes dimensiones. Sólo el Imperio Británico tenía bajo su control más de una cuarta parte de la superficie y de la población del planeta. Sin embargo, la guerra había provocado en el mundo colonial una revolución de las ideas que ya se venía prefigurando desde los «Catorce Puntos» de Wilson, tras la Gran Guerra. Las derrotas de los occidentales a manos de los japoneses en Asia habían demostrado que la superioridad europea era un mito. Estaba además la contradicción flagrante de defender en Europa y contra Hitler principios de libertad y democracia que luego no eran aplicados en las colonias. Como colofón, la ONU en su Carta fundacional establecía claramente el derecho de autodeterminación de los pueblos. Los franceses en Indochina, los holandeses en las Indias Orientales y los británicos en Malasia tuvieron pronto que emplear la fuerza para imponer de nuevo su presencia tras la derrota del Mikado. Las guerrillas antijaponesas alentadas por los aliados en tiempos de guerra, y ahora con fuerte componente comunista, se resistían a abandonar las armas condescendiendo al regreso de la antigua metrópoli.

El lamentable estado de las potencias coloniales recién terminada la Segunda Guerra Mundial era, por último, un acicate más para los pueblos que luchaban por su independencia. Europa, arrasada por seis años de guerra, debía afrontar su lento pero inevitable declive histórico. El suelo europeo era ahora escenario del enfrentamiento entre Estados Unidos y la Unión Soviética, los auténticos vencedores de la guerra. Consciente de su debilidad, el Reino Unido concedía en 1947 la independencia a la India, auténtica perla de su Imperio, y, ese mismo año, se deshacía también de su engorroso problema palestino, dando vía libre a la creación del Estado de Israel. Era una premonición de lo que se avecinaba[1].

Así, en 1945 existía un enorme grado de turbulencia en la situación mundial que, como apunta Paul Kennedy, si bien resultaba peligrosa para las viejas potencias que querían restablecer el orden colonial antiguo, era toda una oportunidad de expansión para las nuevas superpotencias[2]. Los principios que defendían soviéticos y americanos eran todos de aplicación universal: liberalismo económico frente a planificación socialista, parlamentarismo frente a partido único, etc. Y ambos eran anticolonialistas; los americanos por historia y por el obstáculo que los imperios representaban al libre comercio mundial; los soviéticos por su visión revolucionaria del mundo. En este contexto, cada nuevo país independiente era un socio en potencia. Para la Unión Soviética no había duda, el apoyo a los movimientos de liberación nacional contra las potencias coloniales era un factor más de debilitamiento del capitalismo, en la línea de lo que ya apuntara en su día Lenin. Los Estados Unidos, sin embargo, se hallaban envueltos en la contradicción. De entrada les repugnaba comprometerse en defensa de los imperios coloniales de viejo cuño. Su dilema estribaba en que no hacerlo significaría franquear definitivamente las puertas al comunismo.

La primera disputa extraeuropea entre la URSS y Occidente estalló en Irán. Entre 1941 y 1943 el país había sido colocado bajo administración tripartita. En 1946 Moscú decidió unilateralmente no retirarse y animó a los movimientos separatistas y procomunistas del Norte. La enérgica respuesta del presidente Truman hizo desistir a los soviéticos al mismo tiempo que preparaba psicológicamente a los Estados Unidos para la política de contención que definirían para Europa un año después.

En octubre de 1949, mientras el enfrentamiento entre las superpotencias en Europa tendía a la estabilización —ya que cualquier intento de alterar el precario equilibrio provocaría un conflicto general de consecuencias funestas— un acontecimiento desviaba la atención mundial hacia Asia. Tras años de guerra civil, los comunistas de Mao Zedong convertían a la milenaria China en República Popular mientras los nacionalistas seguidores de Chiang-Kai-Chek buscaban refugio en la isla de Formosa. A comienzos de 1950 un tratado de alianza ligaba con validez de treinta años a la China de Mao con la URSS de Stalin. Con ello el Imperio comunista alcanzaba unas impresionantes dimensiones geográficas y de potencial humano a lo largo de dos continentes.

En enero de 1950, en unas declaraciones públicas, el Secretario de Estado norteamericano, Dean Acheson, definía el perímetro defensivo de Estados Unidos en el Pacífico desde las Aleutianas al Japón, y desde allí a las Filipinas. En esos límites no se incluía la península

---

[1] Sobre las causas y desarrollo del proceso descolonizador en su conjunto se pueden ver entre otras muchas obras GRIMAL, H.: *Historia de las descolonizaciones del siglo XX*, Iepala Editorial, Madrid, 1989 y MARTINEZ CARRERAS, J.U.: *Historia de la descolonización 1919-1986. La independencia de Asia y Africa*, Istmo, Madrid, 1987.

[2] KENNEDY, P.: *Auge y caída de las grandes potencias*, Globus Comunicación, Madrid, 1994, págs. 461 y ss.

de Corea, dividida en dos zonas de ocupación desde 1946, tras la expulsión de los japoneses, y en dos Estados, uno comunista y otro no, desde 1948. El 25 de junio de 1950 las tropas de la República Democrática Popular de Corea del Norte, con armamento soviético, cruzaban la frontera con su vecina del Sur por el paralelo 38. De inmediato Washington conseguía un mandato de las Naciones Unidas para hacer frente a la agresión. Por esas fechas la URSS no asistía a las deliberaciones del Consejo de Seguridad en protesta por la no aceptación en la ONU de China comunista, por lo que no pudo usar su derecho de veto. La fuerza multinacional integrada por catorce países bajo las órdenes del general MacArthur —que se desplazó con las primeras tropas norteamericanas desde Japón— rechazó pronto a los invasores hasta la frontera norte de Corea, lindando con China. Quizá Mao pensara entonces que Estados Unidos pretendía aprovechar la ocasión para derribarle. Lo cierto es que el mundo contuvo de nuevo la respiración cuando en noviembre de 1950 medio millón de «voluntarios» chinos cruzaban el río Yalu haciendo retroceder a los aliados. MacArthur solicitó el empleo del arma atómica y fue destituido por Truman. Los soviéticos por su parte presionaron a China. Nadie quería un conflicto total. Finalmente la guerra se estabilizó en torno a la antigua frontera y allí permanecería transformada en guerra de posiciones hasta la firma del armisticio de Panmunjon, en 1953.

Las lección que de la guerra de Corea extrajo la administración norteamericana fue clara, era necesario definir una nueva «política de contención» también en Asia. Sus anteriores reparos fueron olvidados. Estados Unidos se comprometía en el sostenimiento de los regímenes de Corea del Sur o el de los exiliados chinos de Taiwán con sendos pactos firmados en 1954. También había que proporcionar ayuda a los viejos imperios, a Francia en Indochina —a la que posteriormente incluso sustituiría con sus propias tropas— y a los británicos en Malasia. En 1951 se firmaba un pacto de alianza con Filipinas. De forma paralela a lo ocurrido en Europa con Alemania, el planteamiento de la guerra fría en Asia hizo a los Estados Unidos reconsiderar su política con el vencido Japón. Era necesario confirmar la inclusión de Japón en el sistema capitalista, haciéndole capaz de competir con el incipiente comunismo asiático y, a la vez, iniciar el proceso de remilitarización de la industria japonesa. El 8 de septiembre de 1951 se firmaba en San Francisco el Tratado de Paz con el Japón, que incluía un pacto de alianza con los Estados Unidos.

El mundo había estado muy cerca de la catástrofe, pero lo más positivo fue comprobar como ni soviéticos ni norteamericanos estaban interesados en llevar su hostilidad hasta las últimas consecuencias. En efecto, Corea marcaba una pauta. Como señala Lozano Bartolozzi, tras la guerra coreana los objetivos de las superpotencias fueron «localizar los conflictos, aislarlos, no perder posiciones ni prestigio y mantener las relaciones»[3]. Corea significó también que el desafío entre la Unión Soviética y los Estados Unidos desbordaba el escenario europeo. El tablero del gran enfrentamiento sería, desde entonces, el mundo.

A partir de la década de los cincuenta, pero sobre todo a comienzos de la siguiente, los Imperios coloniales europeos se fueron viniendo abajo sucesivamente. Entre 1945 y 1960

---

[3] LOZANO BARTOLOZZI, P.: *Relaciones internacionales. Volumen I. «El gran consulado». De la Segunda Guerra Mundial a la coexistencia (1939-1975)*, EUNSA, Pamplona, 1994, pág. 227. La emergencia del Tercer Mundo, las primeras descolonizaciones y la extensión de la guerra fría a Asia a finales de los años cuarenta en págs. 153-217.

cuarenta nuevos países y una cuarta parte de los habitantes del planeta —unos ochocientos millones— alcanzaron la independencia. Era una revolución sin precedentes en la historia de las relaciones internacionales. Los últimos intentos de las potencias tradicionales para mantener su prestigio internacional estaban condenados al fracaso. Así sucedió en 1956, cuando la intervención franco—británica de Suez contra la nacionalización del Canal por Nasser, terminó por convertirse en el auténtico canto de cisne del colonialismo.

El enorme vacío de poder que fueron dejando los viejos imperios desde comienzos de los años cincuenta provocó la inevitable movilización de las superpotencias. Se podría decir que, en cierto sentido, la guerra fría fue principalmente un complejo enfrentamiento a la vez ideológico, estratégico, económico y político por lo que Sauvy pronto denominará Tercer Mundo. No es que la tensión hubiera abandonado la vieja Europa, donde las superpotencias admitían tácitamente ya como definitivas las fronteras del Telón de acero; sino que era fuera de Europa donde los contendientes podrían conseguir victorias de envergadura tal que llegaran a desestabilizar y aislar de forma definitiva al contrario, propiciando, tal vez, su derrota.

LA UNIÓN SOVIETICA Y LA REVOLUCIÓN MUNDIAL

Tras la muerte de Stalin en 1953, Kruschev se volcó hacia el Tercer Mundo. La iniciativa en este escenario estaba indudablemente en manos de los soviéticos que esgrimían el argumento propagandístico de la lucha contra el imperialismo para ganar adeptos entre los países recién independizados que deseaban escapar del neocolonialismo e instituir una economía planificada[4].

Convencido de la superioridad de la URSS, Kruschev proporcionó un gran empuje a la política exterior soviética. Después de todo, los años cincuenta registraron grandes éxitos para su país. En 1953, estalló la primera bomba de hidrógeno de fabricación soviética, apenas nueve meses después de la norteamericana. Los avances en misiles, gracias sobre todo a la ayuda proporcionada por los técnicos alemanes, provocaron la alarma en Washington. En 1957 la URSS sorprendía al mundo con el primer satélite artificial de la historia, el Sputnik. Aún por detrás de los Estados Unidos en la carrera de armamento, indudablemente los soviéticos estaban realizando progresos.

En el plano estratégico, aunque podía considerarse a la URSS como una superpotencia encerrada en tierra, los avances de su flota, sobre todo submarina, pero también de superficie, le permitían comenzar a proyectar su poder por todo el mundo. En 1953 se concedió ayuda a la India; en 1955-56 la URSS sustituyó a Occidente en la financiación de la presa de Assuán en Egipto, con lo cual inició su penetración en ese área sensible, contribuyendo a transformar la hostilidad árabe-israelí en un episodio más de la guerra fría.

---

[4] Sobre la política exterior soviética respecto al Tercer Mundo puede verse EDMONS, R.: *Política Exterior Soviética (1962-1973)*, I.E.P., Madrid, 1973; KORBONSKI, A. y FUKUYAMA, F. (eds): *The Soviet Union and the Third World. The Last three Decades*, Cornell University Press, Ithaca and London, 1987; V.V. A.A.: *Historia de la política exterior de la URSS*, Progreso, Moscú, 1977.

En esos años se concertaron ayudas para Irak, Afganistán, Yemen del Sur, Argelia, Siria, Vietnam, Mongolia, Ghana, Mali o Guinea. El apoyo a los movimientos de independencia afro-asiáticos aseguró el continuo crecimiento del número de aliados o satélites. En un discurso del 6 de enero de 1961 Kruschev expresaba su convencimiento de que la victoria comunista no llegaría mediante la guerra nuclear, que destruiría a la humanidad, sino gracias a las «guerras de liberación nacional» que minarían al imperialismo[5]. Su destitución en 1964 no alteró estos planteamientos.

Sin embargo, el proceso de mundialización de la guerra fría colocó de nuevo al planeta al borde de la catástrofe en 1962. En 1959 Fidel Castro había tomado el poder en La Habana, liquidando a la corrupta dictadura de Batista. A pesar de su indefinición ideológica, Castro había topado con la hostilidad norteamericana, lo que le inclinó a firmar un pacto de colaboración comercial con la URSS en 1960. La guerra fría llegaba al continente americano, considerado como coto privado por los Estados Unidos desde la doctrina Monroe. La violación de la frontera psicológica del hemisferio occidental era inaceptable para los norteamericanos que ya en 1961 intentaron la ocupación de Cuba, mediante un fallido intento de desembarco en Bahía de Cochinos. La decisión de Kruschev en 1962 de instalar misiles de alcance medio en la isla antillana como forma de garantizar su seguridad era inaceptable para el presidente Kennedy. Durante una semana, en octubre de 1962, el mundo vivió al borde de la Tercera Guerra Mundial. Solo la retirada soviética, con el acuerdo tácito de Estados Unidos de no invadir la isla como contrapartida, evitaron la catástrofe.

Tras la abrupta caída en desgracia de Kruschev, Leonid Breznev heredaba el poder en un país cuyo poderío alcanzaba cotas impresionantes. Nunca desde 1917 había sido la URSS tan importante en el mundo. Como afirmó el casi eterno ministro de exteriores Andrei Gromiko: «Hoy ningún problema de importancia puede ser solventado sin contar con la URSS o en oposición a ella» [6]. A comienzos de los años 70 la Unión Soviética alcanzaba la paridad atómica con los Estados Unidos. La expansión de la flota rusa no era sólo un hecho numérico, sino también geográfico. Cada vez con más frecuencia escuadras rusas dejaban sentir su presencia en los puertos de todo el mundo, y sus salidas al Mediterráneo Oriental empezaban a ser preocupantes para la VIª Flota de los Estados Unidos. Su dotación de submarinos era superior a la occidental y comenzaban los trabajos para proveer a la Armada soviética de los primeros portaviones. Finalmente, la crisis económica occidental de 1973 llevaba a muchos entusiastas a predecir que el capitalismo agonizaba.

El reforzamiento militar acelerado en todos los campos en la época de Breznev hizo posible una política soviética más agresiva en el Tercer Mundo. Tras guerras civiles muy prolongadas, en los años setenta acabaron por imponerse nuevos movimientos revolucionarios que mostraron distintos grados de proximidad con la URSS: Angola, Mozambique,

---

[5] JOHNSON, P.: *Tiempos Modernos. La historia del siglo XX desde 1917 hasta la década de los 80,* Javier Vergara, Buenos Aires, 1988, pág. 618.

[6] Citado por TAIBO, C.: «La política exterior» en TAIBO, C. (ed.): *De la revolución de octubre a Gorbachov. Una aproximación a la Unión Soviética,* Ed. Fundamentos, Madrid, 1991, pág.194.

Somalia, Etiopía. Se consolidaron también regímenes aliados en Vietnam, Camboya y Laos. Libia, Irak o Argelia podían considerarse como Estados amigos. Se demostraba así la mayor facilidad para engrosar el bloque socialista por parte de aquellos países con independencias traumáticas; mientras que, en general, en los casos de descolonización pacífica y rápida, Occidente había sido capaz de mantener sus lazos con los antiguos súbditos imperiales. Sin embargo, a pesar de estos éxitos en apariencia espectaculares, eran numerosos los claroscuros que podían detectarse en la política exterior soviética.

El acontecimiento esencial, por lo negativo, de la década de los sesenta para la URSS, fue la ruptura del monolitismo en el bloque socialista mundial derivada del enfrentamiento con China. Entre 1959 y 1963 se había producido un paulatino alejamiento de posturas en relación con la interpretación general del socialismo, pero también por la definición de esferas de influencia, algo sorprendente en el contexto de la solidaridad del proletariado universal. La suspensión por los soviéticos de la ayuda al programa nuclear chino y su anuncio de apoyo económico a la India, fueron seguidas de la denuncia de Mao del «entreguismo» de Kruschev en la cuestión cubana. En 1963 se produjo el primer choque fronterizo entre tropas rusas y chinas. La tensión fue en aumento hasta los graves incidentes de la isla de Damansky (o Chenpao) en 1969. Desde 1964 China estaba en posesión de la bomba atómica con lo que la tensión entre ambos países alcanzó una temperatura elevadísima.

Estratégicamente, esta división en el mundo socialista era el acontecimiento más importante desde 1945. Esto no quería decir que China hubiera accedido súbitamente al rango de superpotencia, ya que a su enorme debilidad económica sumaba su atraso tecnológico y militar. Pero sí significaba que las relaciones internacionales se estaban diversificando y que el eje de enfrentamiento Washington-Moscú, dejaba de ser el único. La existencia de un franco enemigo en retaguardia obligó a la URSS a replantearse su política de defensa, lo cual se tradujo en que, a finales de los sesenta, se daba la circunstancia de que mantenía más tropas en la frontera china que en Europa Oriental. La idea de tener que luchar con otro estado marxista además de contra los Estados Unidos, acentuada tras el viaje de Nixon a Pekín en 1972, era realmente una hipótesis preocupante para el Kremlin. La secesión china impulsaba a Moscú a potenciar las conversaciones de desarme y a mejorar sus relaciones con Occidente. A partir de estos momentos comenzó en el Tercer Mundo una extraña rivalidad entre las dos potencias socialistas por ganarse el favor de los pueblos. Así, Pekín apoyó a Pakistán en sus choques con la India, condenó la invasión de Afganistán y se enfrentó con el Vietnam aliado de Rusia.

Paralelamente a estas disensiones «familiares», la política imperial en el Tercer Mundo pasaba su factura. El grado de control que la URSS conseguía sobre sus aliados no era muy alto, mientras que el costo económico de su relaciones con esos países resultaba desproporcionado. El gasto militar soviético, entre tanto, alcanzaba niveles claramente desmesurados para una economía en pleno estancamiento, a la vez que su relativa inferioridad tecnológica se hacía notar cada vez más. Las relaciones con sus aliados tercermundistas no eran precisamente fáciles y en 1972, por ejemplo, Moscú tuvo que soportar la expulsión por Sadat de sus 20.000 «consejeros» en Egipto. A pesar de que en aquellos momentos podía resultar difícil de detectar, lo cierto era que la URSS en materia de relaciones exteriores se había embarcado en una política de «exportar las dificultades». Una huida hacia adelante que podía ofrecer a veces resultados espectaculares, como lo fueron la cadena de éxitos en el Tercer Mundo en la década de los 70 que culminó con la intervención militar directa en Afganistán en 1979. Pero estos beneficios propagandísticos a corto plazo ocultaban una dramática realidad interna que no tardaría en emerger en los 80.

En 1985, Mijail Gorbachov resultaba elegido Secretario General del PCUS. Consciente de las hondas dificultades de su país anunció un programa de *perestroika* (reestructuración). Mediante una parcial liberalización del sistema socialista se pretendía aumentar la producción para mejorar el nivel de vida de la población, la competitividad y la productividad. También aspiraba a reformar la administración para disminuir la burocracia. Pero este plan de reformas no era posible sin un cambio radical en la política exterior imperial que hipotecaba la economía de la URSS. Se imponía terminar con las intervenciones exteriores y reducir drásticamente el presupuesto de defensa. Así Gorbachov formuló su denominado *«nuevo pensamiento»* en política internacional, consistente en una apuesta por la sana rivalidad entre los bloques que sustituyera al anterior antagonismo aniquilador. Se trataba en apariencia de una nueva definición de la «coexistencia pacífica». Con una sutil diferencia; y es que, mientras Kruschev proponía la competencia con Occidente convencido de la superioridad del modelo comunista, Gorbachov lo hacía desde el reconocimiento implícito de su inferioridad. Era la crítica situación interna, agravada por la agresiva política del presidente norteamericano Ronald Reagan, la que obligaba a mejorar las relaciones con Estados Unidos[7].

Así, después de 1985 la URSS comenzó una política de repliegue tendente a desembarazarse de la onerosa carga de la era Breznev, un rosario de aliados que sostener por todo el mundo. La muestra más clara de la nueva voluntad soviética fue la retirada de Afganistán en 1988-89. En Iberoamérica Gorbachov hizo valer su influencia en Nicaragua para que los sandinistas apostaran por unas elecciones libres, que a la postre significaron su salida del poder. Entre 1988 y 1989 los cubanos abandonaron Angola y los vietnamitas Camboya. Por parte soviética, la «batalla» del Tercer Mundo se daba por concluida[8].

Con su política Gorbachov había generado una revolución en las relaciones internacionales. Impulsando las negociaciones con Estados Unidos terminó en la práctica con la guerra fría. Sin embargo, el precio pagado por ello fue altísimo, la URSS perdía el rango de superpotencia por el que había venido trabajosamente luchando desde 1945. Su política de sumisión a los dictados americanos en la Guerra del Golfo en 1990-91 demostró con claridad que el papel y la influencia de Moscú en el Tercer Mundo se habían desvanecido. El siguiente paso sería la desaparición de la «patria de la Revolución» antes de terminar 1991. Lo que ocurrió después fue casi un sarcasmo, comenzaba la «descolonización» del último imperio, el soviético.

---

[7] Sobre la evolución de la *perestroika* desde 1985 hasta 1991 puede verse una síntesis clarificadora en MARTIN DE LA GUARDIA, R. y PEREZ SANCHEZ, G.: *La Unión Soviética: de la perestroika a la desintegración*, Istmo, Madrid, 1995, págs. 17-186. Una visión de conjunto sobre toda la historia soviética en TAIBO, C.: *La Unión Soviética (1917-1991)*, Síntesis, Madrid, 1993. De gran interés la visión del propio Gorbachov en *Perestroika. Mi mensaje a Rusia y al mundo entero*, Ediciones B, Barcelona, 1990 y *Memorias de los años decisivos (1985-1992)*, Acento, Madrid, 1993.

[8] Sobre las repercusiones del «nuevo pensamiento» en el Tercer Mundo, una síntesis en MARTIN DE LA GUARDIA y PEREZ SANCHEZ: *op. cit.*, págs. 161-164.

ESTADOS UNIDOS Y LA «FORMACIÓN DE NACIONES»

La guerra fría era un tipo de conflicto que resultaba incomprensible y extraño a los Estados Unidos, acostumbrados a guerras habitualmente cortas y victoriosas. Eisenhower la definió como «la paz incómoda»[9]. América tenía que hacer frente, por primera vez en su historia, a sus responsabilidades como líder de una parte del mundo. Sin embargo, no había un plan preconcebido. Como apunta Johnson, el Imperio Americano se fue formando al estilo del Imperio Británico, sin una lógica o coherencia global, «puede hablarse más bien de una serie de expedientes prácticos, con enormes fallas y huecos y muchas contradicciones»[10], respondiendo de forma desordenada en función de los retos que el rival iba presentando. En cierto sentido, al igual que Estados Unidos había sustituido al Reino Unido en Europa como contrapeso al poder continental soviético, también a escala internacional los norteamericanos reemplazaban al Imperio Británico en su papel de «policía mundial», como factor de estabilidad[11].

Después de sus dudas iniciales, tras la guerra de Corea, Estados Unidos acabó decantándose por la estabilidad y el interés estratégico en detrimento de los principios. La libertad de los pueblos colonizados se convirtió pronto en algo secundario. Los norteamericanos daban con frecuencia su apoyo sin prejuicios a las viejas potencias coloniales en su lucha contra las guerrillas comunistas y, en los casos en que la independencia era irreversible, concedían su ayuda a los nuevos gobiernos, con tal de que garantizaran su anticomunismo. El secretario de Estado de Eisenhower, el inflexible Foster Dulles, sintetizó en la llamada «teoría del dominó» la principal preocupación de su país frente al emergente Tercer Mundo. Según esta doctrina la caída de un país en manos del comunismo arrastraría inexorablemente a sus vecinos y desestabilizaría todo un área del globo. Para evitarlo su Departamento desarrolló una extensa política de alianzas regionales, lo que en su tiempo fue conocido como la «pactomanía». Entre 1947 y 1948 se definió la política de los Estados Unidos respecto al continente americano con la firma del TIAR y el nacimiento de la OEA. En 1951 se firmaba el ANZUS con Australia y Nueva Zelanda. En 1954 nacía la SEATO que vinculaba a Norteamérica con Australia, Gran Bretaña, Francia, Nueva Zelanda, Pakistán, Filipinas y Thailandia. En 1959 se creaba el CENTO, formado junto con Irak, Turquía, Irán, Pakistán y Gran Bretaña. En 1957 se definía la «doctrina Eisenhower» por la que se garantizaba a los Estados de Oriente Medio ayuda militar contra los ataques comunistas. Dulles complementaba la política exterior americana con la aplicación de su doctrina de «represalias masivas» —llamada gráficamente «al borde del abismo»— según la cual todo desafío soviético localizado debería ser respondido con la amenaza de la guerra nuclear total.

---

[9] LOZANO BARTOLOZZI: *op. cit.*, pág. 92.

[10] JOHNSON: *op. cit.*, pág. 449.

[11] Sobre la política exterior norteamericana respecto al Tercer Mundo puede verse HOROWITZ, D.: *Estados Unidos frente a la revolución mundial. De Yalta al Vietnam*, Ediciones de Cultura Popular SA, Barcelona, 1968.

Sin embargo, la política de los Estados Unidos no se hizo realmente mundial hasta principios de los años sesenta, ante la sensación generalizada de que el llamado «mundo libre» estaba en franco retroceso frente al comunismo en todos los ámbitos, ya fuera en la carrera de armamentos, ya en la competencia desatada en el Tercer Mundo. Bastaba un somero vistazo al mapa del mundo y compararlo con el previo a la Segunda Guerra Mundial. Se hablaba incluso de un «vacío de misiles». Así las cosas, en su famoso discurso de toma de posesión en enero de 1961 John F. Kennedy se comprometía como ningún presidente antes había hecho,

> «Que sepan todas las naciones, nos quieran bien o mal, que en aras de la supervivencia y del triunfo de la libertad, hemos de pagar cualquier precio, sobrellevar cualquier carga, sufrir cualquier penalidad, apoyar a cualquier amigo u oponernos a cualquier enemigo. A todo esto nos comprometemos y a mucho más. (...) A aquellos pueblos que en chozas y aldeas, en la mitad del Globo, luchan para romper con la miseria de las masas les prometemos nuestros mejores esfuerzos para ayudarles a que se ayuden a sí mismos durante todo el tiempo que sea necesario (...), no porque los comunistas lo estén haciendo, no porque busquemos sus votos, sino porque es justo»[12].

Estaba naciendo la «Presidencia Imperial». En 1970 Estados Unidos tenía un millón de soldados repartidos en 30 países, tratados de defensa mutua con 42 naciones y proporcionaba ayuda militar o económica a casi 100 Estados. «El planeta se ha vuelto muy pequeño» argumentaba el Secretario de Estado Dean Rusk en 1965. Efectivamente, era una red de compromisos que habría puesto nerviosos a Luis XIV o a Palmerston[13].

La presidencia de Kennedy generó también nuevos conceptos y nuevos modos en la lucha contra la subversión comunista en el Tercer Mundo. Se impulsaron las tácticas de contraguerrilla en las que el presidente depositó una enorme confianza. Pero sobre todo, Kennedy acuñó un nuevo concepto, la «formación de naciones», que suponía la superación de la política de contención formulada por su predecesores. Truman había definido su política frente al comunismo en Europa, decidiendo apoyar la recuperación de los países occidentales para evitar que su colapso económico, social y militar facilitara la acción soviética. Todos los receptores de la ayuda americana eran viejos Estados Nación, con sistemas políticos consolidados, con economías capitalistas y una larga tradición de presencia en el concierto mundial. Al extenderse fuera de Europa la guerra fría obligaba a los norteamericanos a depositar su confianza en países nuevos, sin historia, sin sociedades estructuradas, a veces incluso sin fronteras definidas. Si Estados Unidos quería frenar eficazmente al comunismo, pensaba Kennedy, no bastaba con el apoyo militar o económico, había que ayudar a esos incipientes países a convertirse en auténticas naciones democráticas según el modelo norteamericano considerado como universalmente válido. La contención del comunismo no era suficiente, Estados Unidos debía volcarse en la

---

[12] KENNEDY, J.F.: *Como piensa y actúa el Presidente Kennedy*, Ed. Novaro-Mexico SA , Mexico, 1962, págs. 28-32.

[13] KENNEDY, P.: *Auge y caída... op. cit.* pág. 481.

«formación de naciones»[14]. El principal campo de experimentación de esta nueva política sería Vietnam.

Indochina era una preocupación para Washington desde los tiempos finales de la dominación francesa, pero hasta Kennedy nunca se habían mandado unidades de combate. Kennedy pensaba que Indochina representaba la batalla decisiva que determinaría si Estados Unidos podría hacer frente con éxito a la guerra de guerrillas comunista y dar un vuelco decisivo a la guerra fría[15]. Con Eisenhower había en Vietnam unos 700 asesores americanos, con Kennedy eran ya 15.000 incluido personal combatiente. En 1968, bajo la presidencia de Lyndon B. Johnson, medio millón de soldados norteamericanos sostenían al corrupto régimen de Vietnam del Sur. En realidad, la política de «formación de naciones» estaba condenada al fracaso desde el principio. Lo quisiera o no, y ante la virtual amenaza comunista, Estados Unidos se vería siempre obligado a sostener económica, política y militarmente a una serie de gobiernos como el de Vietnam del Sur, más caracterizados por su feroz anticomunismo, que por su respeto a los derechos humanos o su amor a la democracia. El gravísimo error de cálculo en Vietnam fue llevar esa política hasta sus últimas consecuencias comprometiendo tropas sobre el terreno en una guerra que nunca se podría ganar[16].

Las indefiniciones en la dirección de la guerra, su costo creciente en vidas humanas y la repercusión que tuvo el conflicto en los medios de comunicación, en una época en la que ya no había un hogar americano sin televisor, convirtieron Vietnam en un auténtico calvario nacional. En 1973 el último soldado americano salía de Saigón y dos años más tarde Vietnam del Norte ocupaba militarmente a su vecino del Sur. La guerra se saldaba con un doloroso fracaso que obligaba a Norteamérica a replantearse profundamente sus prioridades políticas y estratégicas. Vietnam mostraba también cuales eran los límites del poder americano. De nada valía todo su arsenal nuclear si no podía ser utilizado porque, después de todo, aquél pequeño país del sudeste asiático nunca podría haber sido considerado como una amenaza realmente vital para sus intereses. La guerra demostraba por añadidura que, a pesar de la imagen de infinita opulencia americana, los gastos militares excesivos podían conducir a un recorte en los presupuestos sociales, algo que el presidente Johnson al presentar su programa «Gran Sociedad» había predicho que nunca ocurriría.

A comienzos de los años setenta el liderazgo americano en el mundo pareció tambalearse. El presidente Nixon, que había conseguido el éxito espectacular de la apertura a China en 1972 provocando una auténtica revolución diplomática que anunciaba el fin de la guerra fría en Asia y que en 1973 había logrado, mal que bien, sacar a su país de Vietnam «con honor», se veía súbitamente obligado a dimitir en 1974 a consecuencia del escándalo

---

[14] Kennedy y la «formación de naciones» en KISSINGER, H.: *Diplomacia*, Ediciones B, Barcelona, 1996, págs. 696 y ss.

[15] *Ibidem*, pág. 691.

[16] Lo cual, por cierto, recordaba bastante las acertadas previsiones del analista Walter Lippman en 1947 acerca de los riesgos de «hiperextensión» en la política exterior americana. PEREIRA, J. C.: *Pasado y presente de la Guerra Fría*, Istmo, Madrid, 1989, págs. 17 y ss.

Watergate. Además, la recesión económica de los primeros setenta puso en crisis el sistema monetario internacional creado en Bretton Woods, que colocaba al dólar como punto de referencia de la economía mundial. La crisis del petróleo recordó de pronto que la llave del bienestar podía encontrarse en manos de un grupo de Estados árabes simplemente interesados en hostilizar al pueblo de Israel. Nunca fue tan alta la impopularidad de los Estados Unidos en el mundo, ni nunca su representante en la ONU pareció tan aislado y asediado. Las alianzas se debilitaron ante la duda de que Estados Unidos fuera capaz de cumplir con su compromisos. La patria de Washington atravesaba una crisis de identidad sin precedentes.

En la segunda mitad de la década, la decidida política de Breznev de «exportar las dificultades» colocó a Norteamérica, afectada hondamente por el síndrome vietnamita y en franco retroceso, ante una sucesión en cadena de espectaculares éxitos comunistas por todo el planeta. Entre 1975 y 1979 siete países quedaron bajo control comunista: Vietnam del Sur, Laos, Camboya, Angola, Etiopía, Afganistán y Yemen del Sur[17]. Las fichas del dominó realmente parecían estar cayendo. Ante el desconcierto de la administración Carter, un presidente imbuido de principios wilsonianos que ofrecían recetas sencillas para un mundo demasiado complejo, 1979 marcaba el punto más bajo del poder americano en el mundo desde el final de la Segunda Guerra Mundial. Ese año los soviéticos intervenían militarmente en Afganistán, volvía a planear sobre América el fantasma de Castro con el triunfo de la revolución sandinista en Nicaragua y el prestigio estadounidense quedaba, una vez más, bajo mínimos a consecuencia del derrocamiento del Sha de Persia y la subsiguiente crisis de los rehenes. Los sucesos iraníes repercutieron en el seno de la OPEP provocando el aumento de los precios petrolíferos lo que daba lugar a una segunda crisis económica mundial en seis años.

En estas circunstancias a finales del año 1980 el republicano Ronald Reagan resultaba elegido presidente de los Estados Unidos en competencia con un deshauciado Carter. Su presencia en la Casa Blanca se hizo notar enseguida. En el plano exterior, su pensamiento se resumía en una mezcla de nacionalismo sublimado y anticomunismo beligerante. Reagan pretendía recomponer el prestigio de su país y revertir lo que, desde la década de los setenta, se percibía como una continua expansión de la influencia soviética en el mundo[18].

Su aportación más novedosa quedaba plasmada en la llamada «doctrina Reagan», que defendía la necesidad de plantear «guerras de baja intensidad» en aquellos escenarios en los que un triunfo soviético amenazara con provocar un desequilibrio regional. Su aplicación tendría lugar principalmente en Centroamérica. Estados Unidos consideraba que en ese área tenía que hacer frente a un enemigo «ya instalado» al que había que desalojar o cuando menos bloquear en su expansión. El centro de experimentación fue Nicaragua. El apoyo a la guerrilla antisandinista, la «contra», adquirió caracteres de política de Estado en Norteamérica, con polémicas públicas en el Congreso y pugnas sobre las aportaciones

---

[17] LOZANO BARTOLOZZI, P.: *Relaciones Internacionales. Volumen II. «El directorio mundial». De la distensión al tiempo post-soviético (1976-1994)*, EUNSA, Pamplona, 1994, pág. 88.

[18] Sobre la política exterior de los Estados Unidos en estos años cruciales puede verse BARNET, R: *Los Estados Unidos y el final de la Guerra Fría*, Ed. Fuhem, Madrid, 1990; PALOMARES LERMA, G.: *La política exterior de las últimas Administraciones republicanas*, CEDEAL, Madrid, 1993. Desde un punto de vista muy crítico CHOMSKY, N.: *El miedo a la democracia*, Crítica, Barcelona, 1992.

presupuestarias. Si en Nicaragua se trataba de desalojar a un gobierno revolucionario apoyado por Cuba, en Honduras, Guatemala o El Salvador, Estados Unidos se comprometía en el sostenimiento de gobiernos acosados por guerrillas de izquierda. Sólo El Salvador recibiría entre 1982 y 1983, la cifra de 700 millones de dólares, es decir casi un millón diario. La complicidad gubernamental con las extendidas prácticas de «guerra sucia» ponía en tela de juicio ante la opinión pública la moralidad de la actuación norteamericana.

Pero, cuando la acción mediante intermediarios no era posible, la administración Reagan era partidaria de las demostraciones de fuerza, mediante una política de intervención directa. Así, el 25 de octubre de 1983, los marines invadían Granada ante el temor de radicalización del régimen socialista de la isla caribeña. Era la lección que Reagan había extraído de Vietnam: si se decidía la intervención, había que emplear con decisión todos los medios para obtener la victoria de la manera más rápida posible. Esta misma política fue empleada en varias ocasiones en otra área del mundo, en el Mediterráneo, contra el régimen libio del coronel Gadaffi, considerado en gran parte responsable del terrorismo internacional. En 1981 cazas de la VIª Flota derribaban dos aviones libios sobre el Golfo de Sidra. En 1986 Trípoli y Bengasi eran bombardeadas por la aviación norteamericana.

Como apunta Kissinger, Reagan fue «el primer presidente de postguerra que pasó a la ofensiva, tanto en lo ideológico como en lo geoestratégico»[19]. Su agresiva política exterior combinada con la desastrosa situación de la economía soviética estaban destinadas a surtir un efecto devastador en las viejas estructuras de la URSS[20].

A MODO DE EPÍLOGO

Con los dos países vencedores de la Segunda Guerra Mundial convertidos en superpotencias enfrentadas entre sí, su hostilidad mutua fue la principal protagonista de la vida política mundial durante más de 40 años. De un lado y de otro de la frontera que los separaba, fueron alineándose en mayor o menor grado casi todos los países del mundo. Las relaciones internacionales en este período estuvieron marcadas, pues, por la existencia de bloques de alianzas enfrentadas (económicas, políticas y militares) y por la progresiva extensión, es decir, mundialización del conflicto[21]. Para las superpotencias el Tercer Mundo fue el campo de batalla perfecto para sus disputas porque permitía acosar al rival sin el riesgo directo de guerra total, aunque hubiera peligrosas excepciones, como la crisis de los misiles cubanos en 1962. No hubo conflagración universal, pero no por ello la guerra dejó

---

[19] KISSINGER: *op. cit.*, pág. 829.

[20] En este sentido no cabe olvidar el decisivo impulso dado por Reagan a la carrera de armamentos, con el planteamiento de su «guerra de las galaxias», un desafío económico y tecnológico que quedaba claramente fuera del alcance de las capacidades soviéticas. La preocupación de Gorbachov por esta cuestión quedó claramente de manifiesto en todas las cumbres que sostuvo con Reagan.

[21] Según TAIBO: art. cit., pág. 187 al final de la guerra fría podían considerarse Estados «amigos» de la URSS fuera de Europa los siguientes: Nicaragua, Cuba, Argelia, Libia, Congo, Angola, Mozambique, Etiopía, Irak, Siria, Yemen del Sur, Afganistán, India, Laos, Camboya, Vietnam, Mongolia y Corea del Norte.

de estar presente. Estos fueron años salpicados de conflictos localizados: hasta 1976, 120 guerras en los territorios de 71 países con una pérdida de 25 millones de vidas[22].

En este contexto de hostilidad entre el Este y el Oeste tuvo lugar la descolonización, uno de los acontecimientos más importantes del siglo XX. Quizá el cambio en el equilibrio estratégico a nivel mundial más importante desde la Edad Moderna, cuando la Historia se hizo auténticamente universal con el descubrimiento de América. Si en 1945 componían la ONU 51 países, en 1975 eran ya 144. El retroceso de la presencia europea en el mundo fue acompañada por la proyección general de la guerra fría. La misma expresión «Tercer Mundo» hace referencia a la existencia de otros dos, diferentes y antagónicos.

Hubo, sin embargo, un intento por parte de los pueblos descolonizados de permanecer al margen del conflicto abierto entre capitalismo y comunismo. En 1955 se reunieron en Bandung (Indonesia) representantes de 29 países de Asia y Africa que aspiraban a crear una tercera vía, lo que tras la conferencia de Belgrado de 1961 sería conocido como Movimiento de los No Alineados. Tito, Nasser o Nehru lo personificaron. En realidad, su opinión era en general fuertemente antioccidental, y la mayor parte de estas naciones se acabaron comprometiendo de una manera u otra con alguno de los bloques[23]. Su valor consistió, sobre todo, en hacer llegar a la escena política internacional la voz de los más desfavorecidos y hacer ver que, junto a la maniquea dialéctica Este-Oeste, existía otra Norte-Sur no menos importante[24].

En general las relaciones de soviéticos y norteamericanos con los países del Tercer Mundo fueron cambiantes y complejas. Se producían frecuentes revoluciones, cambios de regímenes o guerras civiles que a menudo sorprendían a las superpotencias. El mensaje universalista de capitalistas y comunistas no siempre era automáticamente aceptado —y, menos, comprendido— por otras sociedades y culturas. El mundo no era tan sencillo como se pretendía desde Washington y Moscú.

En cierto sentido, podría apuntarse que fue un escenario decisivo en el enfrentamiento entre soviéticos y americanos. A comienzos de los años setenta los éxitos soviéticos en el Tercer Mundo estuvieron a punto de provocar el colapso de la acción exterior norteamericana. Después de Vietnam el retroceso de los Estados Unidos fue visible, y corrió paralelo a la expansión de la URSS. Sin embargo, casi todas las victorias soviéticas de los años setenta se convirtieron posteriormente en derrotas, aunque para ello hubiera que esperar a la presidencia de George Bush: Camboya, Angola, Etiopía, Nicaragua, Afganistán. De hecho, cabría afirmar con Kissinger que la debilidad americana subsiguiente a Vietnam produjo la paradoja de alentar la extensión estratégica de la URSS, que a la postre se revelaría como excesiva y funesta[25]. Porque fue precisamente la política exterior y de defensa del Estado

---

[22] Datos en PEREIRA: *op. cit*, pág. 254.

[23] KENNEDY, P.: *Auge y caída... op. cit.*, págs. 483-487.

[24] Sobre el Movimiento de los No Alineados y, en general, sobre la problemática del Tercer Mundo en las relaciones internacionales puede verse GUNDER FRANK, A.: *La crisis mundial. El Tercer Mundo*, Bruguera, Barcelona, 1980; MOITA, L.: *El movimiento de los No Alineados. Historia y Doctrina*, Revolución, Madrid, 1983; WORSELEY, P.: *El Tercer Mundo. Una fuerza viva en los asuntos internacionales*, Siglo XXI, Madrid, 1972. Sobre el futuro del problema Norte-Sur EMMERIJ, L.: *El enfrentamiento Norte Sur. Un polvorín en el mundo moderno*, Ediciones Paidós, Barcelona, 1993.

[25] KISSINGER: *op. cit.*, pág. 752.

soviético, que hipotecaba su economía, la que obligó a Gorbachov a su programa de *perestroika* y, por tanto, a intentar mejorar las relaciones con Occidente. Y fue la *perestroika* la que abrió la espita para el desmoronamiento final de la Unión Soviética en 1991. En definitiva, y siguiendo de nuevo a Kissinger, lo que ocurrió realmente fue, en síntesis, que «la Unión Soviética no era lo bastante fuerte ni dinámica para desempeñar la función que sus gobernantes la habían asignado»[26].

[26] *Ibidem*, pág. 821.

OCCIDENTE Y EL MUNDO ASIÁTICO Y AFRICANO ANTE LA NUEVA REALIDAD INTERNACIONAL: ¿CONVERGENCIA O DIVERGENCIA?

GUILLERMO Á. PÉREZ SÁNCHEZ
Universidad de Valladolid

*«Donde los estándares difieren habrá conflicto:
¿Cómo unificar los valores del mundo?»*
—Mo-Ti—

INTRODUCCION: ORIENTE Y OCCIDENTE, NORTE Y SUR ANTE EL «NUEVO ORDEN MUNDIAL»

Con la quiebra del sistema socialista en los países de Europa del Este y la desintegración de la URSS[1] terminaba el periodo de la historia reciente conocido como la «guerra fría»[2]. Al mismo tiempo, comenzaba una etapa que anunciaba un «nuevo orden mundial». Sin embargo, dicha nueva época, según la evolución de los acontecimientos, podrá estar influida por del diálogo de culturas o, por el contrario, llevar en su seno la semilla maligna del conflicto socioeconómico planteado entre el Norte y el Sur[3], e incluso la tragedia colectiva ante el choque irremediable de civilizaciones que se dará entre Oriente y Occidente. A este último aspecto se ha referido recientemente Luis Racionero:

---

[1] Sobre la crisis final del sistema del socialismo real en la Europa del Este y en la antigua Unión Soviética *vid.*, MARTÍN DE LA GUARDIA, Ricardo M. y PÉREZ SÁNCHEZ, Guillermo Á., *La Europa del Este, de 1945 a nuestros días*, Madrid, Síntesis, 1995; y de los mismos autores, *La Unión Soviética, de la perestroika a la desintegración*, Madrid, Istmo, 1995.

[2] Cfr. PELAZ LÓPEZ, José-Vidal, «El final de la Guerra Fría. Los interrogantes del Nuevo Orden Mundial», en MARTÍN DE LA GUARDIA, Ricardo M. y PÉREZ SÁNCHEZ, Guillermo Á. (Coords.), *El sueño quedó lejos. Crisis y cambios en el mundo actual*, Valladolid, Universidad de Valladolid, 1993, pp. 22-27. Del mismo José-Vidal PELAZ LÓPEZ *vid.*, en el presente libro, su artículo titulado: «La Guerra Fría y el Tercer Mundo (1945-1991)».

[3] *Vid.* la aportación de CABELLO RODRÍGUEZ, Mª Paz, «Perspectivas del Sur ante la nueva situación mundial«, en MARTÍN DE LA GUARDIA, R. M. y PÉREZ SÁNCHEZ, G. Á. (Coords.), *El sueño quedó lejos...*, *op. cit.*, pp. 57-76.

«A mi entender, el tema del final del siglo XX es el nuevo orden mundial, y dentro de él, la relación entre Oriente y Occidente propiciada por los cambios económicos, militares y culturales sobrevenidos durante el siglo.»[4]

El nuevo orden mundial, que anunciaba la defunción del antiguo que reposaba sobre el equilibrio de fuerzas, surgía «legitimado por el Consejo de Seguridad de la Naciones Unidas y garantizado por el poder norteamericano»[5]. Debía velar por el establecimiento de la paz en todos los rincones de la tierra[6], sobre la base del reconocimiento del llamado «derecho de injerencia humanitaria»[7]; debía extender la justicia social y la prosperidad económica[8]; y, además, debía asegurar el respeto y cumplimiento en todos los países de los derechos humanos. Sin embargo, la ilusión del nuevo orden comenzó a difuminarse muy rápidamente (como tal sólo prevaleció entre 1990 y 1992), ya que nuevos conflictos surgidos en los cuatro puntos cardinales del planeta vinieron a demostrar que ni la ONU ni las potencias mundiales eran capaces de garantizar a medio y largo plazo sus promesas de paz, igualdad y justicia para todos los hombres y países de la tierra.

Así, más allá de la tesis voluntarista del fin de la historia propiciada por el triunfo del sistema liberal capitalista[9], la desaparición en Occidente de la confrontación entre el comunismo y la democracia tras la desintegración sistémica de aquél, sacó a la luz una realidad mucho más compleja de lo esperado. Aparecía un mundo extraeuropeo o extraeuroamericano —compuesto por siete civilizaciones: japonesa, confuciana, hindú, islámica, africana, eslava-ortodoxa e iberoamericana[10]— plural y opuesto teóricamente al mundo Occidental. Por ello, dicha realidad pasaba a ser considera como fuente potencial

---

[4] *Oriente y Occidente*, Barcelona, Anagrama, 1993, p. 13.

[5] ROUILLÉ D'ORFEUIL, Henri, *El tercer mundo. Claves de lectura*, Santander, Sal Terrae, 1994, p. 143. En relación con lo anterior, y por lo que al Mediterráneo en general y al *Magreb* en particular se refiere, cfr. MORATINOS CUYAUBÉ, Miguel A., «El Magreb tras la Crisis del Golfo: Transformaciones Políticas y Orden Internacional»; y ORTEGA CARCELÉN, Martín C., «El Mediterráneo en el Nuevo Orden Mundial. Los cambios internacionales y el Mediterráneo tras la guerra del Golfo», en LÓPEZ GARCÍA, Bernabé y MONTABES PEREIRA, Juan (Eds.), *El Magreb tras la crisis del Golfo: transformaciones políticas y orden internacional*, Granada, Universidad de Granada, 1994, pp. 15-19 y 23-39, respectivamente.

[6] *Vid.* a este respecto, AMIN, Samir y GONZÁLEZ CASANOVA, Pablo (Dirs.), *La nueva organización capitalista mundial vista desde el Sur, —II. El Estado y la política en el Sur del Mundo—*, Barcelona, Anthropos, 1996.

[7] Cfr. LÓPEZ GARCÍA, Bernabé, «Los nacionalismos magrebíes ante el «derecho de injerencia», en LÓPEZ GARCÍA, B. y MONTABES PEREIRA, J. (Eds.), *El Magreb tras la crisis del Golfo...*, *op. cit.*, pp. 321-332.

[8] *Vid.* a este respecto, AMIN, Samir y GONZÁLEZ CASANOVA, Pablo (Dirs.), *La nueva organización capitalista mundial vista desde el Sur, —I. Mundialización y acumulación—*, Barcelona, Anthropos, 1995.

[9] *Vid.* FUKUYAMA, Francis, *El Fin de la Historia y el último hombre*, Barcelona, Planeta, 1992.

[10] Como nos recuerda Racionero, según listado de civilizaciones realizado por Toynbee, en la actualidad estarían vigentes seis: china, japonesa, hindú, la occidental europea y los países por ella colonizados, la rusa y el mundo islámico, cfr. *Oriente y Occidente*, *op. cit.*, p. 22. La obra clásica de Arnold J. Toynbee es *Estudio de la Historia*, Buenos Aires, Emecé Editores, 1952. De siete civilizaciones extraoccidentales habla Samuel Huntington, director del Instituto Olin de Estudios Estratégicos de la Universidad de Harvard, en un trabajo titulado «Choque de civilizaciones», publicado en la revista *Foreign Affairs*, y, posteriormente difundido en español por el diario *ABC* en su Suplemento Cultural de los viernes (julio 1993), pp. 16-26. Una visión crítica de los postulados de Huntington en OJEDA, Jaime de, «¿Guerra de civilizaciones? Crítica a las tesis de Huntington», *Política Exterior*, vol. VIII, nº 42 (1994-1995), pp. 162-172.

de conflictos entre Oriente y Occidente o, si se prefiere, entre el Norte y el Sur, bajo la forma de choques culturales o de civilizaciones, además de socioeconómicos, ya que nadie puede olvidar las contradicciones surgidas en función de los distintos proyectos frustrados de modernización[11].

ORIENTE Y OCCIDENTE Y EL POSIBLE «CHOQUE DE CIVILIZACIONES»

Una gran pregunta surge inmediatamente a la hora de reflexionar sobre la nueva realidad mundial: ¿Qué nos deja este fin de siglo? Si hemos de hacer caso a Alvin Toffler, el fin de siglo deja una carga muy pesada, lo que nos anuncia un futuro poco resplandeciente. En resumidas cuentas, este fin de siglo deja «tras de sí un mundo en el que entre veinte y treinta naciones industrializadas dependían de las subvenciones ocultas de energía barata y materias primas baratas para gran parte de su éxito económico. Deja una infraestructura mundial —el Fondo Monetario Internacional (FMI), el GATT, el Banco Mundial, etc.— que regula el comercio y las finanzas en beneficio de las potencias de la segunda ola. Deja a muchos países pobres con economías de monocultivo destinadas a servir a las necesidades de los ricos»[12]. En definitiva, el final de siglo deja un planeta dividido por la falla horizontal que no cesa de agrandarse, y, por lo tanto, un mundo cada vez más divergente en su evolución. De ahí que, en general, los países no occidentales se opongan a que las decisiones tomadas por los países occidentales, aunque éstas lleven el sello de las grandes organizaciones supranacionales —ya sea la ONU, y en especial su Consejo de Seguridad permanente; o el FMI)[13], se presenten como como emanación de los deseos de la comunidad internacional, cuando en realidad sólo obedecen a los intereses particulares de Occidente, con el afán de preservar su dominio político, económico y militar, además de fomentar su valores de civilización e intentar ampliar su influencia en todo el mundo.

Así, en palabras de V.S. Naipaul, la civilización occidental pretende presentarse como la «civilización universal», la única que puede englobar a todos los hombres y países. Ciertamente, no se puede negar que bien por el antiguo dominio colonial, bien por la actual influencia neocolonial en materia cultural o económica, o bien debido a la generalización de la comunicaciones a lo largo y ancho de la «aldea global» en que se ha

---

[11] *Vid.* MENZEL, Ulrich, «El final del «Tercer Mundo» y el fracaso de la gran teoría», *Debats*, nº 45 (septiembre 1993), pp. 38-54. Otros estudios de conjunto sobre el Tercer Mundo son, por ejemplo, los de BAIROCH, Paul, *El Tercer Mundo en la encrucijada*, Madrid, Alianza, 1985; ROUSSELET, Micheline, *Les Tiers Mondes*, Paris, Le Monde-Editions, 1994; y RUIZ GARCÍA, Enrique, *El Tercer Mundo*, Madrid, Alianza, 1969.

[12] *La tercera ola*, Barcelona, Plaza & Janes, 1993, p. 421.

[13] Como a partir de la década de los ochenta la deuda externa de los países se disparó —en 1992, la deuda acumulado por el Sur era de 1.500.000 millones de dólares [más de 250.000 millones de dólares en África]— el FMI puso en marcha unos «planes de ajuste estructural», o lo que es lo mismo, un ajuste sin desarrollo para los países del Sur. Así, «son las capas más pobres de la población las que pagan el precio de estos planes de ajuste: mientras por un lado crece el paro, por otro lado se reducen los presupuestos de educación y sanidad y todos los gastos sociales. De esta manera, desde 1982 el ajuste está suplantando al desarrollo.», IRAZABAL, Juan Antonio, *Norte y Sur, unidos pero enfrentados. Problemas actuales del Tercer Mundo*, Bilbao, Mensajero, 1993, p. 21. *Vid.*, a este respecto, SERULLE, José y BOIN, Jacqueline, *Fondo Monetario Internacional. Deuda externa y crisis mundial*, Madrid, IEPALA, 1984.

convertido el planeta[14], los valores occidentales han penetrado en mayor o menor medida en los ámbitos de las restantes civilizaciones mundiales aún existentes. Sin embargo, dichos valores occidentales (especialmente los asociados al Estado de Derecho, a la libertad individual y a la tolerancia religiosa) están todavía muy lejos de ser una realidad universalmente aceptada, y en la actualidad son rechazados de manera radical por las civilizaciones opuestas a Occidente, entre otras por la civilización islámica[15], cuyos planteamientos de fundamentalismo religioso[16] cuentan, paradójicamente, con la adhesión de los sectores más jóvenes de las sociedades vinculadas al Islam.

Al diferir los valores básicos de cada civilización y al estar inmerso el mundo en una realidad cada vez más divergente, la eventualidad del conflicto de civilizaciones se hace patente. Así, al menos, lo cree Samuel Huntington[17], cuando afirma que «la fuente fundamental de conflictos en este nuevo mundo no será primordialmente ideológica ni primordialmente económica. Las grandes divisiones de la Humanidad y la fuente predominante de conflictos serán culturales», y que dicho fenómeno dominará la política mundial. De esta manera, los conflictos más importantes de nuestro tiempo —presente o futuro— ocurrirán a lo largo de las líneas de quiebra culturales que separan a las civilizaciones que todavía existen en esta hora final de la modernidad, y pueden estallar por un sinfín de causas. En primer lugar, siempre según Huntington[18], porque «las diferencias entre civilizaciones no sólo son reales; son fundamentales». En segundo lugar, porque «las interacciones entre pueblos de diferentes civilizaciones van aumentando; y estas crecientes interacciones intensifican la conciencia de civilización y la percepción de las diferencias entre civilizaciones». En tercer lugar, porque la pérdida de identidad en buena parte del mundo está siendo llenada por la religión «a menudo bajo la forma de movimientos que se clasifican como "fundamentalistas"». En cuarto lugar, porque «el crecimiento de la conciencia de civilización se ve potenciado por el doble papel de Occidentes. Por una parte, Occidente se encuentra en una cima de poder. Al mismo tiempo, sin embargo, y quizá

---

[14] Sobre la extensión de las comunicaciones y la unión del planeta —la «aldea global»— gracias a las mismas, *vid.* SANCHEZ JIMÉNEZ, José, «Los mass media», *Cuadernos del Mundo Actual —Historia 16—*, nº 42, pp. 5-31. *Vid.*, a este respecto, la obra clásica de McLUHAN, Marshall, *La Galaxia Gutenberg. Génesis del «homo typographicus»*, Madrid, Aguilar, 1969; y también de McLUHAN, Marshall y POWERS, Bruce R., *La aldea global*, Barcelona, Gedisa, 1990.

[15] *Vid.*, a este respecto, BALTA, Paul (comp.), *Islam. Civilización y sociedades*, Madrid, Siglo XXI, 1994; BURGAT, François, *El islamismo cara a cara*, Barcelona, Bellaterra, 1996; y HORRIE, Chris y CHIPPINDALE, Peter, *¿Qué es el Islam?*, Madrid, Alianza, 1994.

[16] Dice Roger GARAUDY que el «islamismo» (término «que designa la corrupción de la fe musulmana bajo el signo del integrismo islámico») no es otra cosa que «una enfermedad del Islam»; según este mismo autor las variantes actuales del integrismo se inspiran en tres «modelos»: «los Hermanos Musulmanes en su segunda versión, es decir, el paradigma integrista de Arabia Saudí; la «comunidad islámica» de Mawdudi en Paquistán, propagada por los príncipes saudíes en el mundo; y la «revolución islámica» de Irán», *Los integrismos. Ensayo sobre los fundamentalismos en el mundo*, Barcelona, Gedisa, 1995, p. 13 y 89, respectivamente. Sobre esta misma cuestión, cfr., entre otras aportaciones, ELORZA, A., *La religión política. «El Nacionalismo Sabiniano» y otros ensayos sobre nacionalismo e integrismo*, Donostia-San Sebastián, Haranburu Editor, 1995, el epígrafe «Un paradigma: el integrismo islámico», pp. 87-123; HORRIE, C. y CHIPPINDALE, P., *¿Qué es el Islam?..., op. cit.*, pp. 129-143; y VV.AA., *El fundamentalismo islámico*, Madrid, Fundación Cánovas del Castillo —Colección Veintiuno—, 1992.

[17] Cfr. «Choque de civilizaciones», *art. cit.*, p. 16.

[18] «Choque de civilizaciones», *art. cit.*, p. 18.

como consecuencia de ello, se está produciendo un fenómeno de retorno a las raíces entre las civilizaciones no occidentales. Así, Occidente, en la cumbre de su poder, hace frente a "no-Occidente" que cada vez tiene más deseos, voluntad y recursos para dar forma al mundo de manera no occidental». Y en quinto lugar, porque «las características y las diferencias culturales son menos mudables y, por consiguiente, se comprometen y resuelven con menos facilidad que las políticas económicas».

SOBRE LAS CIVILIZACIONES ASIÁTICAS Y AFRICANAS

Las civilizaciones de Asia —ya se trate del Extremo Oriente, del Asia meridional y suroriental o del Medio y Próximo Oriente— hunden sus raíces en el principio de los tiempos. Sin embargo, durante las últimas centurias el mundo asiático vivió en gran medida mediatizado por el colonialismo occidental[19]. El Asia Oriental o Extremo Oriente engloba a naciones tan distintas en la actualidad como Japón, las dos Coreas, China o Mongolia[20], cuya tradición secular ha sido modelada fundamentalmente por corrientes religiosas, filosóficas o vitalistas como el sintoísmo, el zen, el taoísmo o el confucionismo[21]. Por su parte, el Asia Meridional y Suroriental abarca una amplísima zona continental, del Indostán a Indochina, y los grandes conjuntos insulares de Indonesia, Malasia y Filipinas, territorios cuyas señas de identidad han sido conformadas por el brahamanismo, el budismo o el islamismo. Finalmente, el sector Suroccidental de Asia lo forman los países del Medio y Próximo Oriente, del occidente del *Machrek* a Afganistán, y de la península Arábiga a Turquía (con excepción de los países de Asia Central de la antigua Unión Soviética, que sólo después de la desintegración de la URSS a finales de 1991 pueden ser integrados en una nueva entidad geopolítica): un conjunto de pueblos cuyo punto de referencia esencial lo constituye la civilización islámica[22].

En cuanto a África, podemos distinguir tres zonas esenciales para la debida comprensión de su evolución reciente. En la primera zona —siguiendo la dirección norte sur— se encuentra el África septentrional arábigo-islámica. Si consideramos que la gran «nación árabe» se extiende del *Machrek* —el levante u oriente, en el Próximo Oriente— al *Magreb* —el poniente u occidente, en el norte de África—, descubrimos perfectamente la existencia de dos sectores diferenciados unidos entre sí gracias al papel de bisagra entre dos continentes que ha desempeñado secularmente el Valle del Nilo y, en especial, Egipto, el país de la arabidad por excelencia. Así, los países del Valle del Nilo (Egipto y Sudán) y los del *Magreb* (Túnez, Libia, Argelia, Marruecos y Mauritania) constituyen la parte africana de la nación árabe[23]. La característica esencial de todos ellos es la pertenencia a una misma

---

[19] Sobre la evolución reciente de Asia, *vid.* MARTÍNEZ CARRERAS, José U., *Historia de la descolonización (1919-1986): Las independencias de Asia y África*, Madrid, Istmo, 1987.

[20] Una obra de conjunto sobre esta zona es la de MORENO GARCÍA, Julia, *El Extremo Oriente, siglo XX*, Madrid, Síntesis, 1992. Sobre el caso particular del Japón, *vid.*, por ejemplo, BEASLEY, W.G., *Historia contemporánea de Japón*, Madrid, Alianza, 1995.

[21] Cfr. RACIONERO, L., *Oriente y Occidente...*, *op. cit.*, pp. 109-132.

[22] Cfr., por ejemplo, HORRIE, C. y CHIPPINDALE, P., *¿Qué es el Islam?...*, *op. cit.*, pp. 220-394.

[23] *Vid.*, sobre esta zona, las siguientes aportaciones: BALTA, Paul, *El gran Magreb. Desde la independencia hasta el año 2000*, Madrid, Siglo XXI, 1994; HORRIE, C. y CHIPPINDALE, P., *¿Qué es el Islam?...*, *op. cit.*, pp.

civilización, definida por la misma etnia —árabe, fundamentalmente— y por la misma religión —el Islam—, motivo por el cual sus valores tradicionales han alimentado secularmente dos objetivos irrenunciables el panarabismo y el panislamismo. En la actualidad, estos países presentan, desde el puntos de vista de la organización del Estado, grandes diferencias: Marruecos es una monarquía tradicional; y los demás países son repúblicas: Mauritania y Sudán, islámicas; Libia, popular y revolucionaria; y Egipto, Argelia y Túnez, presidencialistas.

En la parte central del continente se encuentra la segunda zona de interés que corresponde al África Subsahariana[24]. Esta parte África es un verdadero mosaico de países y un auténtico conglomerado de culturas, razas y tribus, que abarca todas las tierras comprendidas entre el Sahara y el sur profundo del continente (del Chad a Zaire) y del océano Atlántico al Índico (de Guinea a Somalia). Es el África negra por antonomasia, cuyos valores comunes son la *negritud* y la *africanidad*, origen del sueño *panafricano*, de tanta importancia para la culminación del proceso descolonizador[25]. Las lacras económicas —el África Subsahariana presenta las mayores tasas de desnutrición y mortalidad— han incidido dramáticamente en una situación social desgarrada, desarticulada y enfrentada en múltiples conflictos étnicos, tribales —incluso guerras civiles— y en una situación cultural bajo mínimos —en África Subsahariana también se dan las mayores tasas de analfabetismo— con pervivencias atávicas que el equilibrio entre tradición y progreso deberán erradicar lo antes posible.

La tercera zona es el África Austral, la cual ha estado marcada de forma indeleble por el protagonismo del hombre blanco y la segregación racial (*apartheid*), practicada sobre todo por la República de Sudáfrica cuya influencia se ha dejado sentir especialmente en países como Lesotho, Swazilandia, Bostwana, Zimbabwe o Namibia (los últimos en acceder a la independencia, después de haberla logrado a partir de mediados de los setenta las antiguas colonias portuguesas). La oposición a dicha influencia la han ejercido tradicionalmente los países que formaban la denominada «Línea del Frente», esto es, Zambia, Malawi, Mozambique y Angola. Sin embargo, en la actualidad el principal objetivo de todos los Estados de la región —empezando por Sudáfrica, donde los primeros jalones se pusieron a partir de abril de 1994 con la convocatoria de elecciones— es avanzar en la construcción de una sociedad multirracial lo más justa, libre y tolerante posible.

* * *

237-246, 289-307, y 320-323; MARQUINA, Antonio (Editor), *El Magreb: concertación, cooperación y desafíos*, Madrid, AECI, 1993; MORALES LEZCANO, Víctor, *Situación y desarrollo de la U.M.A, entre la Comunidad Económica Europea y la crisis de Oriente Medio*, Madrid, UNED, 1993; y SEGURA I MAS, Antoni, *El Magreb: del colonialismo al islamismo*, Barcelona, Universidad de Barcelona, 1994.

[24] Sobre esta región africana, *vid.* la obra de MARTÍNEZ CARRERAS, José Urbano, *El África Subsahariana*, Madrid, Síntesis, 1993. De este mismo autor *vid.* tambien en el presente libro su artículo «Problemas actuales del África Subsahariana: subdesarrollo, democratización, conflictos».

[25] *Vid.* a este respecto la obra de SENGHOR, Léopold Sédar, *El Diálogo de las Culturas*, Bilbao, Ediciones Mensajero, 1995.

En todo caso, sólo a partir del «giro de los años noventa» comenzó a vislumbrarse un nuevo futuro para los países asiáticos y africanos[26], con todas las precauciones que dicho proceso implica (como demuestra el golpe de Estado de Níger, en enero de 1996). Del éxito de las transiciones a la democracia dependerá la erradicación de los conflictos, y del acierto de los nuevos proyectos de modernización social y económica la mejora y consolidación de unas óptimas condiciones de vida y de trabajo.

LAS ZONAS DE FRICCIÓN ENTRE CIVILIZACIONES EN EL MUNDO ACTUAL

El eje central de la política mundial del futuro, según Kishore Mahbubani, es probable que sea el conflicto entre «Occidente y los demás»; sin olvidar los conflicto entre las «demás» civilizaciones al margen de Occidente. En el Lejano Oriente, China mantiene importantes cuestiones sin resolver, especialmente la de Taiwan y la del Tibet. Al mismo tiempo, una vez terminada la guerra fría, las diferencias entre China y el mundo occidental han aumentado considerablemente ante el nulo respeto de los derechos humanos por parte de las autoridades chinas y por el creciente belicismo del que hace gala Pekín; como afirmó Deng Xiaoping, en 1991, una «nueva guerra fría» esta incubándose entre China y Estados Unidos[27]. Lo cierto es que, como hemos dicho, China pretende ejercer un dominio en su zona de influencia geoestratégica, que quiere hacer extensivo a otras zonas potencialmente conflictivas del Sur, conformando lo que Charles Krauthammer ha denominado «Estados de Armas» (la propia China, Corea del Norte, además de los países más importantes del subcontinente indostánico y del Medio y Próximo Oriente) en oposición a Occidente[28].

---

[26] «Por tanto, se plantea la cuestión democrática, y con ella la civilización del capitalismo, no sólo en las sociedades industriales occidentales; ésta debería convertirse también en programa para la teoría del desarrollo y la política Norte-Sur. En este sentido es más necesaria que nunca la consideración retrospectiva de la fase temprana del desarrollo capitalista en Europa y de las instituciones y derechos conseguidos aquí a través de las luchas populares. La propuesta de «aprender de Europa», en el sentido de que al menos en una serie de países la industrialización pudo llevarse a cabo conjuntamente con la redistribución y la democratización, ha adquirido a la luz de los acontecimientos del año 1989 una actualidad muy especial.», MENZEL, U., «El final del «Tercer Mundo...», *art. cit.*, p. 52. Sobre la evolución reciente de Sudáfrica, *vid.* en el presente libro la aportación de Ricardo M. MARTÍN DE LA GUARDIA: «Notas sobre la historia de Sudáfrica después de 1945»

[27] Sobre la historia contemporánea de China, *vid.*, entre otras, las siguientes aportaciones, KING FAIRBANK, John, *Historia de China. Siglos XIX y XX*, Madrid, Alianza, 1990; y MORENO, Julia, *China contemporánea, 1916-1990*, Madrid, Istmo, 1992. La misma Julia MORENO ha vuelto a reflexionar sobre China en el presente libro con un artículo titulado: «China: del maoísmo a la apaertura capitalista». Sobre los acontecimientos más recientes de la historia china, *vid.*, por ejemplo, las obras de FANJUL, Enrique, *Reforma y crisis en China*, Madrid, Arias Montano Editores, 1991; y *Revolución en la revolución. China, del maoísmo a la era de la reforma*, Madrid, Alianza, 1994.

Una visión novelada del maoísmo y postmaoísmo en CHANG, Jung, *Cisnes salvajes*, Barcelona, Circe, 1993; y MIN, Anchee, *Azalea roja*, Barcelona, Ediciones B, 1994.

[28] Como sostiene Huntington, muy «importante para el desarrollo de la capacidad militar antioccidental es la constante expansión de la potencia militar de China y de sus medios de creación de potencia militar. (...), China está aumentando rápidamente sus inversiones militares y progresando con firmeza en la modernización de sus fuerzas armadas (...). Su acumulación militar y su afirmación de soberanía sobre el mar de China Meridional está provocando una carrera de armamentos regional multilateral en Asia Oriental. China es también un gran exportador de armas y tecnología de armamentos [especialmente a países islámicos, como Irak, Libia o Pakistán; y

Es en la región de Asia Meridional en donde las lacras del proceso de descolonización y el fracaso de los sucesivos procesos de modernización intentados han producido una situación de crisis permanente, sin que se haya conseguido erradicar el subdesarrollo en los denominados «países empobrecidos» del Cuarto Mundo (Bangla-Desh, Nepal, Bhutan, Myanmar o Laos). Además, el conflicto entre civilizaciones extraeuropeas, profundamente arraigado en el subcontinente indostánico, como lo demuestra el tradicional choque entre musulmanes e hindúes en el antiguo *Raj*, se manifiesta en la actualidad no sólo en la rivalidad entre Pakistán y la India, sino también en un conflicto religioso cada vez más intenso dentro de la propia India —o en Bangla-Desh[29]— entre grupos hindúes y la importante minoría musulmana del país[30], lo que puede hacer peligrar la secularización de la India; al mismo tiempo, tampoco podemos olvidar que en estos momentos la India afronta graves problemas socioeconómicos, cuya resolución debe poner coto a «divisiones regionales agudizadas y conflictos de clases agravados»[31].

En el Medio y Próximo Oriente, la huella dejada por el colonialismo ha marcado de forma indeleble su pasado reciente, aunque no de manera uniforme. Frustrado un primer intento panislámico con la desaparición del Imperio Otomano, a partir de los años de entreguerras y, sobre todo, después de la Segunda Guerra Mundial, esta parte de Asia ha vivido en permanente conflicto: en el Próximo Oriente debido a la pervivencia del secular enfrentamiento árabe-israelí[32], a la partición del Yemen o a los nuevos focos de tensión y enfrentamientos bélicos creados por la política expansionista del régimen iraki[33]; en el Medio Oriente, por su parte, debido, sobre todo, al fundamentalismo islámico iraní[34] (sin olvidar la «cuestión kurda»[35] o a la crisis afgana, en especial a a partir del giro de los años

---

por medio de Corea del Norte con Siria e Irán] (...). Ha nacido así una conexión militar confuciano-islámica, destinada a promover la adquisición por sus miembros de las armas y la tecnología de armamentos necesaria para contrarrestar la potencia militar de Occidente.», «Choque de civilizaciones», *art. cit.*, pp. 25-26.

[29] Un relato novelado sobre el conflicto intercomunitario en Bangla-Desh, en NASRIN, Taslima, *Vergüenza*, Barcelona, Ediciones B, 1994.

[30] Cfr. ELORZA, A., *La religión política...*, *op. cit.*, el epígrafe «*Hindutva*: un integrismo antimusulmán», pp. 125-148.

[31] EMMERIJ, Louis, *El enfrentamiento Norte, Sur: un polvorín en el mundo moderno*, Barcelona, Paidós, 1993, p. 133. Mª Paz CABELLO RODRIGUEZ plantea algunas de estas cuestiones en su artículo «Pobreza y transformaciones en el ámbito indostánico», publicado en el presente libro.

[32] *Vid.*, entre otras, las aportaciones de DURET, Alain, *Oriente Medio. Crisis y desafíos*, Barcelona, Salvat, 1995, pp. 9-77; MARTÍNEZ CARRERAS, José U., *El Mundo Árabe e Israel*, Madrid, Istmo, 1991; y MESA, Roberto, *Palestina y la paz en Oriente Medio*, Madrid, Editorial Beramar, 1994.

[33] *Vid.*, a este respecto, DURET, A., *Oriente Medio...*, *op. cit.*, pp.103-132; y KING, Ralph y KARSH, Efraim, *La Guerra Irán-Irak*, Madrid, Ministerio de Defensa, 1988.

[34] Sobre la revolución islámica iraní de 1979, *vid.* GÓMEZ PARRA, Rafael, *Jomeini. El profeta de la guerra*, Barcelona, Ediciones B, 1989. *Vid.* también, VV.AA., *El fundamentalismo islámico...*, *op. cit.*, pp. 65-88; HORRIE, C. y CHIPPINDALE, P., *¿Qué es el Islam?...*, *op. cit.*, pp. 139-143; y GARAUDY, R., *Los integrismos...*, *op. cit*, en especial el epígrafe «La decadencia de Occidente: el islamismo iraní», pp. 67-73.

[35] *Vid.*, entre otras, la aportación de BELMONTE DE RUEDA, Esperanza y MARTORELL, Manuel, «El Kurdistán frente a la geopolítica: un nacionalismo imposible en Oriente Próximo», en AGUIRRE, Mariano (ed.), *Raíces de los conflictos armados*, Barcelona, Icaria, 1996, pp. 167-184; MORENO, Susana, «La tragedia Kurda», *Historia 16*, nº 181, año XV (mayo 1991), pp. 18-26; *vid.*, también, DURET, A., *Oriente Medio...*, *op. cit.*, pp. 111-112.

setenta). Como sostiene Ernest Gellner, es en el *chiísmo* —donde se sustenta el fundamentalismo iraní— donde está contenido «lo que sólo puede llamarse un misticismo político y un absolutismo político. La habitual nomocracia musulmana está fundida con un frenético mesianismo y lo mismo que el resto del islamismo, el *chiísmo* considera la fe como algo inherente relacionado con la regulación de toda vida social, pero a diferencia de todo el islamismo, los *chiítas* aspiran a que el orden social impuesto por la divinidad sea administrado en última instancia, no por la mano de hombres ordinarios, seleccionados tan solo por su celo y conocimientos, sino por la mano de seres (en efecto) casi divinos»[36]. Todo ello, con el objetivo supremo de instaurar una sociedad teocrática.

Los intentos acometidos en el período de entreguerras y, en especial, a partir de los años cincuenta por los nuevos países del Oriente Medio y Próximo y del Norte de África para crear Estados laicos o, en todo caso, deslindar los campos de la política —vida pública— y de la religión —vida privada— no han dado por lo general (con las posibles excepciones por el momento de Turquía y Túnez) los resultados esperados. Los modelos de modernización social, económica y política sobre la base del nacionalismo y del socialismo árabe no se han consolidado y su vacío está siendo llenado por la poderosa fuerza del movimiento islamista. Dicho movimiento, por lo que al *Magreb* y a Egipto se refiere, se basa en el *wahhabismo* saudí (recuérdese que el de tipo iraní, imperante en Sudán, es *chii*) en el que «Estado y religión constituyen una unidad» según los postulados de la *charía* o ley islámica[37], de ahí que la pretensión de este movimiento sea la instauración en todo el mundo árabe del Estado islámico a imagen y semejanza de Arabia Saudí, país considerado como el Estado islámico por excelencia[38].

La secta *wahhabista* más antigua en el Norte de África es la de los «Hermanos Musulmanes» en Egipto[39]. La influencia de los postulados islámicos creció considerablemente en el país del Nilo tras la muerte de Nasser y surgieron nuevos grupos cada vez más radicales. Los islamistas egipcios y su consigna —«El Corán es nuestra única constitución»— han gozado de un gran predicamento sobre todo en Argelia donde ha aparecido

---

[36] *Cultura, identidad y política. El nacionalismo y los nuevos cambios sociales*, Barcelona, Gedisa, 1989, pp. 152-153. *Vid.*, además, RICHARD, Yann, *El Islam Shií*, Barcelona, Edicions Bellaterra, 1996.

[37] Según afirma Roger Garaudy, «el integrismo reposa sobre una confusión permanente entre la libertad responsable del hombre y la necesidad del orden general del mundo querido por Dios, entre la ley moral de Dios, la *charía*, y la jurisdicción de los poderes, *fiqh*, entre la palabra de Dios y la palabra humana.» Así los islamistas integristas -siempre según Garaudy- extraen del «Libro Santo algunos versículos, fuera del contexto y de las situaciones históricas en las cuales fueron revelados, para «deducir» de ellos consecuencias aplicables a todo tiempo y todo lugar.» En todas sus variantes —indica Garaudy—, los términos *charía* [shari'a] o *chira* [shir'a] tienen por raíz el verbo *charáa* [shara'a]: dirigirse hacia un manantial. El camino es el que conduce a un manantial, a la fuente, y, como metáfora, lo que conduce a Dios, las virtudes que placen a Dios. Esto es muy distinto de las prescripciones jurídicas elaboradas por los hombres a partir de estos principios, en cada época y dentro de cada pueblo, para organizar la vida en sociedad, y que constituye aquello que los juristas musulmanes, los *fuqahas*, denominan *fiqh* (jurisprudencia).», *Los integrismos...*, *op. cit.*, en el epígrafe «La *charía* confundida con el *fiqh*», pp. 91, 92 y 93-94, respectivamente. En relación con todo lo anterior, cfr., por ejemplo, HORRIE, C. y CHIPPINDALE, P., *¿Qué es el Islam?*-, pp. 131-135; y VV.AA., *El fundamentalismo islámico...*, *op. cit.*, pp. 13-64.

[38] Cfr. GELLNER, E., *Cultura, identidad y política...*, *op. cit.*, pp. 157-160.

[39] Cfr. DURET, A., *Oriente Medio...*, *op. cit.*, pp. 208-209; GARAUDY, R., *Los integrismos...*, *op. cit.*, en especial el epígrafe «El integrismo saudí y los hermanos musulmanes», pp. 77-85; y HORRIE, C. y CHIPPINDALE, P., *¿Qué es el Islam?...*, *op. cit.*, pp. 135-139.

el «Frente Islámico de Salvación» (FIS). La actuación del movimiento islamista en el Valle del Nilo y en el *Magreb* consiste en la llamada «revolución desde abajo», es decir, en ganarse a los sectores más activos de la sociedad —los universitarios— y a los desheredados —los grupos populares de las grandes ciudades— a través de la labor de la clerecía en las mezquitas predicando la instauración de la *charía* en contra de los valores occidentales. Esta labor cotidiana ha rendido sus mejores frutos en Argelia[40], un país dominado durante treinta años por un partido único —el Frente de Liberación Nacional (FLN)— de corte occidental.

En el mundo árabe-islámico del Próximo y Medio Oriente y los países del *Magreb* y del Valle del Nilo, los intentos de apertura de los regímenes dictatoriales y autoritarios de derecha e izquierda han beneficiado especialmente a movimientos islamistas integristas o radicales. Por ello, a ambos lados de la «falla», la interacción entre el Islam y Occidente se considera un choque de civilizaciones. «La próxima confrontación de Occidente —según observa M.J. Akbar, autor musulmán indio— definitivamente procederá del mundo musulmán. Es en esa extensión de las naciones islámicas desde el *Magreb* a Pakistán donde comenzará la lucha por un nuevo orden mundial.» De esta manera, observamos lo problemático de la convergencia cuando una de las partes interesadas pretende imponer por la fuerza su valores a la otra parte. Es el caso del fundamentalismo islámico, ya que el islam, por encima de las otras religiones del Libro —o incluso como el hinduismo o el budismo—, «tiene preceptos para todo cuanto incumbe al hombre y a la sociedad»[41]. Así, a las puertas del tercer milenio el *panislamismo* radical o fundamentalismo islámico —las señas de identidad del mundo árabe e islámico— se está convirtiendo en la gran fuerza transformadora de dichas sociedades[42], en oposición a los valores occidentales.

Al mismo tiempo, se ha producido la confrontación entre los islamitas árabes y los pueblos negros vecinos de la zona subsahariana. Por ejemplo, el conflicto desarrollado en el Chad entre insurrectos apoyados por Libia y las fuerzas progubernamentales; la persecución de la minoría cristiana en el Sudán, tal como puso de manifiesto el discurso pronunciado en Jartum por el Papa Juan Pablo II en febrero de 1993; las tensiones

---

[40] Según Roger Garaudy, en los programas para la transformación social que esgrimen los integristas argelinos «no hay ninguna respuesta a los problemas más angustiantes de la Argelia actual: el desempleo, la desertificación de los campos, el autoabastecimiento alimentario, la deuda y las servidumbres impuestas por las multinacionales y el Banco Mundial, el ejército, la participación popular en la solución de todos estos problemas de los cuales depende su destino.», *Los integrismo...*, *op. cit.*, en el epígrafe «Las secuelas del colonialismo: el islamismo argelino», p. 65.

Sobre la evolución de Argelia desde la independencia a nuestros días, *vid.* la aportación de EVENO, Patrick, *L'Algérie*, Paris, Le Monde-Editions, 1994. Una visión de los últimos acontecimientos vividos en Argelia en las aportaciones de MARTÍN MUÑOZ, Gema, «Argelia: deficiencias y dilemas de la transición democrática»; y ROUADJIA, Ahmed, «Une année de gestion municipale du FIS», en LÓPEZ GARCÍA, B. y MONTABES PEREIRA, J. (Eds.), *El Magreb tras la crisis del Golfo...*, *op. cit.*, pp. 193-208 y 273-301, respectivamente. *Vid.* también BARNIER, Hélène, «Los dilemas sobre Argelia», en AGUIRRE, M. (ed.), Raíces de los conflictos..., *op. cit.*, pp. 133-152. En relación con todo lo anterior *vid.* la obra de GOYTISOLO, Juan, *Argelia en el vendaval*, Madrid, El País-Aguilar, 1994.

[41] GELLNER, E., *Cultura, identidad y política...*, *op. cit.*, p. 147.

[42] Por lo que al norte de África se refiere, cfr., por ejemplo, RUIZ-ALMODÓVAR, Caridad, «Modelos islámicos de sociedad en el Magreb actual», en LÓPEZ GARCÍA, B. y MONTABES PEREIRA, J. (Eds.), *El Magreb tras la crisis del Golfo...*, *op. cit.*, pp. 303-309.

permanentes entre cristianos ortodoxos y musulmanes en el Cuerno de África; sin olvidar la situación de violencia permanente que se vive en Nigeria entre musulmanes y cristianos.

Todo lo anterior corrobora la afirmación según la cual la línea divisoria entre civilizaciones es un foco permanente de conflictos. Estos se dan, por ejemplo, en Eurasia, de manera muy especial a lo largo de las fronteras del bloque islámico, «en forma de media luna», desde el saliente africano hasta Asia Central, en la antigua Unión Soviética; pero también en el subcontinente indostánico o en el sureste asiático: conflicto entre musulmanes e hindúes en la India o en Bangla-Desh; entre musulmanes y budistas en Birmania; y entre musulmanes y católicos en Filipinas.

EL FIN DEL «MUNDO FELIZ» IMAGINARIO: LA «FALLA HORIZONTAL» Y LA AGUDIZACION DE LAS TENSIONES NORTE-SUR

Sin menospreciar la posibilidad del choque de civilizaciones, lo que ha dejado al descubierto el final de la confrontación ideológica entre el Este y el Oeste ha sido la agudización de las tensiones socioeconómicas entre el Norte y el Sur[43]. La ruptura entre el Norte y el Sur por causas socioeconómicas puede iniciarse en las zonas más pobres del planeta, es decir, en el África Subsahariana (que alberga a la mayoría de los considerados «países empobrecidos» o menos avanzados) o en el Asia meridional, especialmente en el subcontinente indostánico[44]. Toda ellas, son sociedades consideradas en desarrollo: con economías de tipo bajo; con menos de 3.000 calorías per cápita; con una esperanza media de vida por debajo de los 60 años, sobre todo en África, al sur del Sahara, y en el subcontinente indostánico; y con unas tasas de analfabetismo entre el 20 y el 80%, éstas también con mayor incidencia en el África subsahariana y en la península indostánica.

Así, al comenzar la década de los noventa, las diferencias entre el Norte (Estados Unidos, Canadá, Japón, Australia, Nueva Zelanda y Europa) y el Sur (el resto de los países del planeta) eran muy profundas, prácticamente insalvables: «el Norte, con una población de 1.200 millones de personas, un 23% de la población del planeta, se asegura el 84% de la producción bruta mundial. Por el contrario, el Sur, que acoge a los 4.100 millones de habitantes, participa en el producto bruto mundial con una cuota en torno al 16%. El resultado es que cada habitante del Norte dispone de una riqueza que es casi 19 veces más alta que la de un habitante del Sur»[45]. Son estas enormes diferencias —que inciden en la

---

[43] Cfr. RÉMOND, René, *Introducción a la historia de nuestro tiempo. El siglo XX, de 1914 a nuestro días*, Barcelona, Editorial Vicens-Vives, 1980, pp. 260-261.

La expresión Norte-Sur comenzó a utilizarse a partir del denominado «Informe Brandt», elaborado en 1980.

[44] Los diez países con más pobres del mundo son los siguientes: la India (350 millones de pobres, el 40% de la población del país); China (105; 9%, respectivamente); Bangla-Desh (93,2; 78%); Brasil (72,4; 47%); Indonesia (47,8; 25%); Nigeria (46,4; 40%); Vietnam (37,6; 54%); Filipinas (35,2; 54%); Pakistán (35; 28%); y Etiopía (31,9; 60%). Fuente: «Programa de las Naciones Unidas para el Desarrollo»: Informe de 1994, las cifras y porcentajes corresponden a 1992.

[45] CENTRO NUEVO MODELO DE DESARROLLO, *Norte-Sur. La fábrica de la pobreza*, Madrid, Editorial Popular, 1994, p. 11.

El Sur estaba formado hasta la crisis de 1989-1991 por los llamados Tercer y Cuarto Mundo. Este Cuarto Mundo «tiene unos 500 millones de personas y no posee ni industria ni materias primas. Los países pertenecientes a

degradación económica y social que sufren los pueblos del Sur— las que pueden prender la llama de la «guerra civil» —pero también la llama de la guerra entre civilizaciones, ésta a mayor escala—, que, como sostiene Hans Magnus Enzensberger, no es sólo una costumbre ancestral, sino la forma primaria de todo conflicto colectivo:

> «Si nos imaginamos un atlas que muestre la distribución territorial de todas estas masas «superfluas» —es decir, por un lado las regiones del subdesarrollo en sus diversas gradaciones, y por otro las zonas de infraocupación en las metrópolis—, y si a continuación tomamos los lugares en los que habitan dichas masas y los comparamos con los focos de las pequeñas y las grandes guerras civiles, obtendremos una clara correlación. Y entonces llegaremos a la conclusión de que la violencia colectiva no es más que reacción desesperada de los perdedores ante su situación económica sin futuro.»[46]

Por lo tanto, en el umbral del siglo XXI, la reordenación del mundo en positivo debería llevar a la reducción de la «falla horizontal» entre el Norte rico y el Sur pobre. Sin embargo, la internacionalización de la actividad humana «ha producido una extraordinaria concentración de las actividades económicas (comercio, inversión y préstamos) en los 24 países de la OCDE. El 18% de la población mundial produce —y se beneficia de— el 66% del valor económico del mundo. El problema de esta concentración es que, a diferencia del nivel estatal, a nivel internacional no hay mecanismo alguno de redistribución»[47]. Lo anterior contribuye al mantenimiento de una situación radicalmente injusta entre el Norte y el Sur[48]. Así, Asia cuenta todavía con 778 millones de pobres absolutos (el 25% de la población del continente), pero es en África donde se encuentra el mayor número de pobres absolutos: 642 millones de personas, es decir, el 62% de su población; además, la zona del África Subsahariana sufre de hambre crónica, padecida por 168 millones de personas, o sea, el 33% de la población de la región; aquí, debido a un gran número de causas (guerras civiles, deforestación, corrupción, importación indiscriminada de materias primas, etc.), la producción agrícola no ha podido mantener el mismo ritmo de crecimiento que el aumento de población. Por todo lo dicho, África en general y el África

---

este bloque son también «países menos avanzados» y la ONU los describe como «países empobrecidos» y mal equipados para desarrollar sus economías y para asegurar a sus habitantes adecuados niveles de vida. Son 42, algunos de ellos muy pequeños, y pertenecen en gran parte a África.», *Ibidem*, p. 15.

[46] *Perspectivas de guerra civil*, Barcelona, Anagrama, 1994, p. 37.

Sobre lo superfluo y lo necesario, Hans Magnus ENZENSBERGER indica lo siguiente: «Cierto que en todas las épocas ha habido grandes masacres y pobreza endémica; los enemigos eran enemigos, y los pobres eran pobres. Pero sólo desde que la historia se ha convertido en historia mundial se ha condenado a pueblos enteros declarándolos superfluos.Y curiosamente los autores de tales sentencias se mantienen despersonalizados: se llaman «colonialismo», «industrialización», «progreso tecnológico», «revolución», «colectivización», «solución final», «Versalles» o «Yalta ; las sentencias se dictan en voz alta y se ponen sistemáticamente en práctica, de modo y manera que a nadie le pueda quedar la menor duda del destino que le ha sido asignado: éxodo o emigración, destierro o genocidio [en todo tipo de sociedades, para cualquier Estado o para cualquier multinacional] cualquiera puede resultar superfluo mañana mismo. ¿Qué hacer con él?», *La gran migración*, Barcelona, Anagrama, 1992, p. 32.

[47] SEBASTIÁN, Luis de, *Mundo rico, mundo pobre. Pobreza y solidaridad en el mundo de hoy*, Santander, Sal Terrae, 1992, p. 41.

[48] Cfr. MENZEL, U., «El «final del Tercer Mundo...», *art. cit.*, pp. 42-44.

Subsahariana en particular se encuentran hoy en día en peor situación que al iniciarse el proceso descolonizador a gran escala.

LA LACERANTE SITUACIÓN DE ÁFRICA A FINALES DEL SIGLO XX

Más allá del idealismo esperanzado que la conquista de la independencia hizo concebir a los críticos del colonialismo, la marcha de los países africanos por la senda de la libertad y la soberanía nacional ha estado plagada de dificultades sin fin. No es que no fuera cierto el análisis de René Dumont, cuando señalaba en 1962 que «África había arrancado mal», sino que este autor estaba además presagiando cómo iba a ser el futuro. Por paradójico que parezca, la radical diversidad de África presenta en la actualidad un signo común, aunque negativo: la desesperanza[49]. En efecto, todos los estudiosos coinciden en señalar que el presente y el futuro de África es problemático. Si hace años se afirmaba en la Asamblea General de la Organización para la Unidad Africana (OUA) que «África era un desastre», en nuestros días se afirma con igual rotundidad que «África no tiene remedio»; en palabras de Edem Kodjo, exSecretario General de la OUA, «África está en peligro de muerte». Las ilusiones depositadas en el proceso descolonizador —impulsado por la Carta del Atlántico, por las Naciones Unidas y, sobre todo, por la Conferencia de Bandung— que la ONU amparó con su «Declaración sobre la concesión de la independencia a los países y pueblos coloniales» de 1960 (resolución 1514 —XV—, conocida como la Carta Magna de la Descolonización), se han visto frustradas; aún más, a la luz de las estadísticas oficiales, se puede afirmar que África está hoy peor que hace cuarenta años. Como afirmó Amílcar Cabral, para todos estos pueblos «la etapa más difícil vendría después de la victoria sobre el colonialismo»[50].

Especialmente significativo ha sido el fracaso generalizado de los denominados «movimientos de liberación», que al socaire de la construcción del socialismo —en cualquiera de las tres vías africanas: el «árabo-islamismo», el «afro-humanismo» y el «afro-comunismo»—, y con pretensiones superadoras del modelo occidental heredado del colonialismo, edificaron unos sistemas dictatoriales de partido único, que se perpetuaron en el poder, o llegaron al mismo, por la práctica del «golpe de Estado militar». Este fenómeno terminó por convertirse en el cáncer político de África, generador de una inestabilidad permanente[51]: entre 1952 —golpe de Estado en Egipto— y 1991 —golpe de Estado en Malí— se habían producido sesenta y siete golpes de Estado en todo el continente africano[52]. Así, la esquizofrenia social de que sufre África contribuye al

---

[49] Cfr. AMIN, Samir, *El fracaso del desarrollo en África y en el Tercer Mundo*, Madrid, IEPALA, 1994, p. 9.

Como afirma Louis Emmerij, la situación de África desde mediados de los setenta es cada vez más preocupante: «La historia reciente del continente no es más que una sucesión de tragedias humanas y culturales. El fracaso de la administración económica, política y social es evidente.», *El enfrentamiento Norte-Sur...*, *op. cit.*, p. 109.

[50] Citado en «Introducción», *África Internacional*, nº 5-6 (1987-1988), p. 8.

[51] En efecto, tal como sostiene Samuel HUNTINGTON, «en lo que va del siglo XX, la inestabilidad ha sido frecuente en Asia, África y América latina, debido en gran parte a que el ritmo de modernización fue mucho más rápido que en los primeros países que pasaron por ese proceso.», *El orden político en las sociedades en cambio*, Barcelona, Paidós, 1990, p. 52.

[52] Cfr. *ibidem*, p. 175.

mantenimiento de todo tipo de conflictos —tribales, étnicos, civiles o religiosos—, con el corolario de centenares de miles de víctimas y millones de refugiados (en la actualidad se barajan cifras en torno a los cinco millones de refugiados)[53].

Todo lo anterior demuestra que ni el antiguo imperialismo ni el más reciente eocolonialismo son los únicos culpables de la dramática situación por la que pasa actualmente África[54]. En el cuadro de responsables del drama africano debemos incluir también a los dirigentes autóctonos, una elite que no acertó con los remedios a la hora de modernizar económica, social y políticamente sus respectivos países. En palabras de Enzensberger:

> «Las teorías que se limitan a achacar la pobreza de los pobres exclusivamente a factores externos no sólo alimentan la indignación moral, sino que tienen otra ventaja: exculpan a los gobernantes del mundo pobre y achacan todas sus miserias a Occidente, recientemente rebautizado como *El Norte*. Los africanos, que ya se han percatado de esta artimaña, afirman ahora que sólo hay una cosa todavía peor que ser explotados por las multinacionales: no ser explotados por ellas. Según ellos, el enemigo principal ya no son los centros del capitalismo sino aquellos gángsters políticos que desde hace años arruinan sistemáticamente sus respectivos países.»[55]

Tampoco podemos pasar por alto la impericia demostrada por las organizaciones internacionales[56] en la planificación y ejecución de los proyectos de ayuda a África. Buena prueba de ello fue, por ejemplo, el «Plan de Recuperación para África», que, aprobado en

---

[53] Cfr. EMMERIJ, L., *El enfrentamiento Norte-Sur...*, *op. cit.*, pp. 110-112.

Como sostiene Antonio Remiro Brotons, «los nuevos Estados no han sido un pasaporte para la felicidad de la mayoría de los pueblos africanos [siendo cierto, además] que hace treinta años el continente africano era alimentariamente suficiente y hoy ya no lo es. Entregada la representación de los Estados nuevos a movimientos en absoluto pluralistas con la bendición de la ONU según el reparto de poder de la Grandes Potencias, territorio y población han sido frecuentemente propiedad o botín de un grupo o tribu, incluso minoritaria, articulado grotescamente en partido único usufructuario de las instituciones con una cobertura pseudo-ideológica», «Prólogo: El riesgo de un continente fallido», en KABUNDA BADI, Mbuyi, *La integración africana. Problemas y perspectivas*, Madrid, AECI, 1993, p. 18.

[54] A este respecto debe verse el artículo ya citado de Ulrich Menzel, en especial el epígrafe titulado «Los doce tabúes del debate sobre el desarrollo» (1. ¿Qué significa realmente desarrollo?. 2. El papel del colonialismo. 3. La función legitimadora de las teorías del imperialismo y de la dependencia. 4. El papel de los factores internos. 5. El etnocentrismo de los movimientos de solidaridad. 6. Socialismo y desarrollo recuperador. 7. La recepción ahistórica de la teoría clásica. 8. La relación entre actor y sistema. 9. Sindicalismo y solidaridad con el «Tercer Mundo». 10. Las modas teóricas. 11. Los narcisismos de la mínima diferencia. Y 12. La culpa de la teoría), «El final del «Tercer Mundo...», pp. 47-52.

[55] *Perspectivas de guerra civil*, *op. cit.*, pp. 37-38.

Según Samir Amin, el fracaso del desarrollo en África «tiene profundas raíces, precoloniales y coloniales. Desgraciadamente, después de la colonización se ha hecho poco para invertir las tendencias», *El fracaso del desarrollo en África...*, *op. cit.*, p. 16.

[56] La ineficacia ha sido hasta el momento la norma en lo que se refiere a la actuación de organizaciones supranacionales tanto regionales como globales: «La OUA va de crisis en crisis. El «Plan de Acción de Lagos», que planteaba por primera vez en 1979 la cuestión del desarrollo económico a escala africana no ha tenido más efecto que el de irritar al Banco Mundial, que presentó inmediatamente un contrainforme. La ASEAN, que agrupa a los cinco países del sudeste asiático, o el Pacto Andino se contentan con discursos de circunstancias (...). Estos intentos son laboriosos, y con frecuencia, vanos. Sin embargo, para los pequeños países no existe prácticamente otra solución que la de integrarse en espacios económicos más amplios que el espacio nacional.», ROUILLÉ D'ORFEUIL, H., *El tercer mundo...*, *op. cit.*, p. 131.

junio de 1986 por la ONU en sesión extraordinaria —la primera dedicada monográficamente a un continente desde la fundación de Naciones Unidas—, nunca satisfizo a los dirigentes africanos.

De esta forma el «afropesimismo» ha terminado por enseñorearse de todo un continente que va a la deriva; un continente que un buen número de especialistas considera irremediablemente perdido. Dicha sensación, sin embargo, no es nueva. Mentes lúcidas ya la habían percibido anteriormente; así, por ejemplo, S. de Beauvoir, cuando en su obra *Final de cuentas*, afirmaba lo siguiente:

> «Durante un breve instante se pudo pensar que la emancipación del Tercer Mundo iba a abrir a la humanidad perspectivas imprevistas. Los africanos prometían renovar la civilización, agregar un nuevo «color al arco iris». Esas esperanzas parecen hoy ilusorias.»

Como ha quedado reflejado, cincuenta años después de iniciarse el proceso hacia la independencia, en el umbral del tercer milenio, África arrastra graves problemas[57]. En primer lugar, los de índole demográfico —triplicándose el número de habitantes en los últimos treinta años, y una tasa de fecundidad el doble de la media mundial—; en segundo lugar, los de índole vital, ya que al menos el 25 por ciento de la población se encuentra por debajo de la línea de subsistencia (recuérdese que 168 millones de pobres viven en la región subsahariana, el 33% de la población de la zona), padeciendo un déficit alimentario permanente, motivado, sobre todo, por la carencia de cereales y agua potable. En tercer lugar, y como corolario de lo anterior, una economía en situación crítica, que ha mantenido al continente africano en general en un nivel de subdesarrollo permanente (26 países de los 35 así clasificados son africanos; de los 42 países considerados como «empobrecidos» 31 son africanos: los 642 millones de pobres absolutos de éstos representan los dos tercios de la población total del continente negro), con una renta per cápita media de 340 dólares —solamente siete países superan los 1.000 dólares—, un crecimiento desorbitado de la deuda externa, debido al descenso de los precios de la materias primas. Sin olvidarnos de la lacra permanente de la enfermedad —tanto de tipo antiguo como la malaria o modernas como el sida— o del analfabetismo que sufre al menos el 49% de la población.

El «afropesimismo» alcanza su máxima expresión al evaluar la situación del África Subsahariana. Este territorio vario y plural, de desierto, sabana y selva, auténtico rompecabezas de etnias, tribus y Estados-nación artificialmente creados[58], nos ofrece un

[57] Cfr. «Introducción», *África Internacional*, nº 5-6 (1987-1988), p. 7-9.

«El atraso de África tiene su origen profundo en el hecho de que el continente en su conjunto aún no ha iniciado lo que se puede llamar «la revolución agrícola», condición previa necesaria. De este atraso fundamental se derivan los demás, especialmente el de la industria, prácticamente bloqueada (...) en una fase demasiado elemental como para que se pueda hablar de tejido industrial y de industrialización. En estas condiciones, el crecimiento demográfico y la urbanización acelerada sin industrialización toman un cariz dramático y agudizan la fragilidad de los Estados y de las sociedades.», AMIN, S., *El fracaso del desarrollo en África...*, *op. cit.*, p. 16. Cfr. EMMERIJ, L., *El enfrentamiento Norte-Sur...*, *op. cit.*, pp. 110-112.

[58] «¿Pueden los pueblos africanos fiar su libertad y su bienestar por venir a la recuperación del Estado *fallido*, esa combinación perversa de descomposición institucional, colapso económico, violación de derechos humanos fundamentales, desintegración social y corrupción generalizada, un espacio en el que se agita una población en

compendio actualizado de los graves problemas que sufren los africanos. Desde el punto de vista económico, nos encontramos con la zona de mayor pobreza del continente[59] (según las estadísticas, el PNB per cápita de 1989 oscilaba entre los 120 dólares de Etiopía y los 2.960 de Gabón), en donde, además, la agricultura —básica en estas regiones— está en recesión.

Ante dicha situación, la cooperación para impulsar la economía en general y la agricultura en particular se hace más necesaria que nunca, como puso de manifiesto la OUA en la XXI Cumbre de la Organización celebrada en 1985: los llamados pactos de Addis-Abbeba suscritos por 49 países africanos se basaban en la autocrítica y pretendían la aceptación unánime de un gran plan de desarrollo agrícola auspiciado por la ONU y los países ricos; pero la urgencia de dicha cooperación está chocando con una situación de crisis económica mundial.

Como vemos, la situación divergente de África con respecto al mundo desarrollado no admite duda, pero la solución a sus problemas debe interesar en primer lugar a los propios africanos. Según Antonio Remiro Brotons: «África tendrá que hacerse más fuerte contando consigo misma. De no ser así está condenada a la marginación o a la dependencia periféricas. El riesgo de que el mundo (desarrollado) abandone África no se combate, desde luego, abandonando África el mundo»[60]. La OUA debe coadyuvar a la normalidad política y social y al desarrollo sostenido del continente africano. La OUA tiene, además, la obligación de armonizar los distintos intereses de sus Estados miembros con los intereses generales del continente y, al mismo tiempo, de alentar la integración regional, sobre todo desde el punto de vista socioeconómico; en este sentido, conviene resaltar el Tratado de Abaja de 1991, embrión de una futura «Comunidad Económica Africana». Ésta para ser efectiva deberá estar basada, como sostiene Kabunda Badi, en la autosuficiencia colectiva, el desarrollo endógeno y la complementariedad regional, única estrategia posible para hacer frente, según el propio Kabunda, «a los desafíos de la supervivencia y del desarrollo, mediante la explotación común y racional de los recursos humanos y naturales potenciales de los países africanos. Única manera de conseguir la independencia económica y de resistir a los retos internacionales»[61]. Todo ello sin dejar de lado el compromiso con los derechos

---

medio del caos y la anarquía, la inseguridad y la violencia, atrapada por el hambre, angustiada por la supervivencia, víctima de la bandería y el tribalismo?

»- Centrarse en la integración estatal ahora hará más difícil la integración regional, inexcusable para el desarrollo africano (...).

»Y, sin embargo, de no procederse así, ¿qué futuro aguarda a más de la mitad de los Estados de África, el continente de las plagas, incluidas las gubernamentales? La existencia de un *Cuarto Mundo*, que englobaría a aquéllos, situados mayormente al Sur del Sahara, cuya viabilidad —incluso en las mejores condiciones políticas— sólo es posible con ayuda internacional, parece hoy definitivamente establecida. En el Informe sobre Comercio y Desarrollo 1993 de la UNCTAD se ofrece el dato de que los términos de intercambio comercial del conjunto de países del África subsahariana cayeron en un cuarenta por ciento de 1981 a 1991, quince puntos más que el conjunto de países en desarrollo. Esos Estados son el *Sur del Sur* [zona de la miseria hecha cotidianidad: recordemos que 31 de los 42 países del Sur del Sur son africanos]», REMIRO BROTONS, A., «Prólogo...», en KABUNDA BADI, M., *La integración africana..., op. cit.*, pp. 19-20.

[59] Sobre todo por lo que se refiere a los países del Sahel (Malí, Níger, Burkina Fasso, Chad) o al cuerno de África (Etiopía, Eritrea, Somalia, Yibuti).

[60] «Prólogo...», en KABUNDA BADI, M., *La integración africana..., op. cit.*, pp. 20-21.

[61] *La integración africana..., op. cit.*, p. 282.

humanos, tal como se anunció en la «Declaración Africana» de 1986 y en el «Acuerdo de Arusha» de 1990, tarea todavía pendiente de resolver adecuadamente: como ha señalado Enzensberger, todavia en la actualidad «cuatro quintas partes de la población mundial viven bajo condiciones que constituyen un claro insulto a la retórica de la Declaración [de Derechos Humanos, aprobada por la ONU en 1948]. Y año tras año se suman millones de personas cuyas perspectivas son todavía mucho peores que las de sus padres»[62]. Si, a pesar de todo, estas últimas iniciativas y la potencialidad del continente africano son buenas razones para el optimismo, no debemos olvidar que aún hoy en día en esta parte del mundo «el malestar y la esperanza se confunden, ya que, sin ser oscuro el porvenir, no parece resplandeciente».

LA REALIDAD DIVERGENTE ENTRE EL NORTE Y EL SUR

La agudización de las tensiones entre el Norte y el Sur se debe sobre todo a las disparidades económicas y sociales que se dan entre ambos mundos. La cuestión que se plantea no es otra que la corrección de dichas desigualdades, es decir, la reducción del desnivel existente entre los países ricos y los pobres. Sin embargo, al finalizar el siglo XX estas diferencias, como ha señalado Alvin Toffler[63], parecían insalvables: las tres cuartas partes de la población, más de 1.100 millones de personas, están en una situación de «relativa pobreza»[64], con más de 600 millones en situación de «pobreza absoluta», según terminología del Banco Mundial; otros 1.500 millones no cuentan con cobertura sanitaria ni disponen de agua potable; al mismo tiempo, si nos fijamos en otros aspectos del nivel de vida, como la educación, los datos disponibles indican que unos 600 millones de personas son analfabetas.

Así las cosas, reducir las diferencias existentes no es tarea fácil. Además, no parece apreciarse, como explica Hans Magnus Enzensberger, «el menor indicio de voluntad política tendente a una redistribución global. Medio siglo de existencia de la llamada política para el desarrollo permite vaticinar que todas las esperanzas puestas en un giro de este tipo resultan utópicas»[65].

De poco han servido para el desarrollo integral y armonioso del Sur las políticas de «cooperación para el desarrollo» impulsadas a partir de los años sesenta y setenta[66]: en 1973

[62] *Perspectivas de guerra civil*, *op. cit.*, p. 65.

[63] Cfr. *La tercera ola*, *op. cit.*, p. 420.

[64] En el África Subsahariana se contabilizaban 180 millones de pobres (120 de los cuales eran pobres extremos o absolutos); en Asia del Este 280 (120 de pobres extremos) —en China, 210 y 80, respectivamente—; y en Asia del Sur 520 (300 de pobres extremos) —en India, 420 y 250, respectivamente. Fuente: «Banco Mundial, *Informe del Desarrollo Mundial*, 1990»

De hecho, el 90% de los pobres del mundo están distribuidos en cuatro zonas: el 40% de los mismos en el sur de Asia, el 13% en el Asia suroriental, el 23% en el África subsahariana y el 14% restante en Iberoamérica.

Los diez países con menor desarrollo humano —nueve de los cuales se encuentran en África— son los siguientes: Guinea, Burkina Faso, Afganistán, Sierra Leona, Níger, Chad, Mali, Gambia, Somalia y Guinea-Bissau. Fuente: «Programa de las Naciones Unidas para el Desarrollo (PNUD)».

[65] *La gran migración*, *op. cit.*, p. 72.

[66] Cfr. IRAZABAL, Juan Antonio, *Norte y Sur, unidos pero enfrentados...*, *op. cit.*, pp. 15-19.

los Países No Alineados proclamaban la necesidad de crear un «nuevo orden económico internacional», aspiración que un año más tarde hizo suya la ONU, instando a la elaboración de un «programa de acción en favor de un Nuevo Orden Económico Internacional»[67]. En 1975 se llegó a un acuerdo para la firma de un tratado de cooperación, la Convención de Lome, entre la Comunidad Económica Europea y los países ACP (de África, el Caribe y el Pacífico). Al mismo tiempo, se celebró en París la Conferencia sobre la Cooperación Económica Internacional (la denominada «Conferencia Norte-Sur); y la Organización Internacional del Trabajo, en la Conferencia de 1976, insistió en esta misma línea, al recordar las «necesidades esenciales» de las que debía ocuparse toda buena estrategia para el desarrollo.

Fue en 1980, al comenzar el «tercer decenio para el desarrollo», cuando las organizaciones supranacionales —como el Banco Mundial por medio de la denominada «Comisión Brandt» o la Conferencia de Países Menos Avanzados (PMA)— solicitaron a los países más ricos la masiva transferencia de recursos económicos y humanos a los países del Sur con el objetivo de hacerles del círculo vicioso de un mal desarrollo crónico el que éstos estaban inmersos: se puso en marcha la campaña para obtener de los países más industrializados el 0,7% del PIB para ayuda al desarrollo; aunque, por el momento, no se ha pasado del 0,3%, como media. Pero las soluciones concretas para reducir las diferencias abismales entre Norte y Sur no acaban de cuajar, y sus resultados no son los deseados. Un buen ejemplo de lo anterior lo tenemos en las resoluciones de la última Cumbre Mundial sobre Desarrollo Social, celebrada en Conpenhague, del 6 al 12 de marzo de 1995, de los cuales presentamos a continuación un extracto crítico:

> «Se ha acordado que hay que erradicar la pobreza, pero no se ha dicho cómo. Se ha fijado como objetivo de "máxima prioridad" la lucha contra el desempleo; se ha ratificado la prohibición del trabajo infantil; la extensión de la educación universal primaria en todos los países "antes del 2015"... Pero todo aquello que implicara desembolso económico ha sido relegado al olvido. Y así no se ha aprobado el Principio 20/20; la cancelación de la deuda externa a los

---

«Jean-Jacques Servan-Schreiber nos informa en su *Desafío mundial* —tal como nos ha recordado Léopold Sédar Senghor— que, desde la primera conferencia organizada, en 1974, sobre el tema «Norte-Sur», se han celebrado 2.000 conferencias, simposiums y demás coloquios. Por desgracia, todos resultaron un fracaso o un semifracaso. Incluida la conferencia de Cancún, que había preconizado una conferencia general en la que debían organizarse unas «negociaciones globales».», *El Diálogo de las Culturas...*, *op. cit.*, pp. 125-126.

[67] El diplomático finlandés Max Jakobson comentó en su momento, como ha señalado Flora Lewis, «que los años setenta fueron testigo de un intento de convertir la ONU en el administrador de un Estado mundial del bienestar. Las consecuencias políticas fueron desastrosas (...). La campaña radical, respaldada por los soviéticos, para crear un nuevo orden internacional económico se convirtió en un asalto ideológico a los valores occidentales en general, y a los estadounidenses en concreto.

»Naturalmente, Estados Unidos no estuvo de acuerdo. (...). Por una parte, la ONU se convirtió en el lugar al que las naciones podían llevar sus esperanzas y agravios para airearlos ante el mundo entero. Así, la organización se convirtió en la capital del Tercer Mundo, acentuando el importante papel de los Gobiernos. Por otra, se la veía como a una especie de Parlamento universal, una especie de fuente autónoma de ley, moralidad, justicia y compasión. (...).», «¿Es esta ONU la que queremos?», *El País* —World Media—, 1-II-1996, p. 6, c. 4-5.

países pobres se estudiará "en cada caso", y la propuesta de creación de un "fondo social", hecha por los países en desarrollo, ha sido pospuesta para una mejor ocasión.»[68]

Durante la segunda mitad del siglo XX, el Tercer Mundo o el Sur no ha dejado de crecer: de estar formado por veinticinco países en 1955 (Conferencia de Bandung), pasó a setenta y siete en 1977 (cumbre de Lima)[69], y a ciento setenta y dos en nuestros días; los países del Sur engloban en la actualidad a las tres cuartas partes de la población mundial. La convulsa evolución de esta parte del mundo —con grandes carencias en todos los órdenes de la vida, cuyos mayores afectados son los grupos más débiles de la sociedad, es decir, las personas mayores, las mujeres y los niños—[70], y el castigo permanente a que se somete al medio ambiente[71], pueden hacer descargar sobre la tierra nuevas «plagas», desconocidas y mortíferas.

La primera de ellas afectaría al aire: es la llamada «carcoma del cielo», producida por el calentamiento global —el efecto invernadero— o por la destrucción de la capa de ozono; la segunda, al agua: la «sed de planeta»; la tercera, al suelo: la «desertización»; la cuarta, a la flora (la desaparición de la vegetación y el arbolado por el problema de la «lluvia ácida») y a la fauna, con el peligro de abortar las potencialidades genéticas de la tierra; y la quinta, a la supervivencia misma de la especia humana ante el crecimiento desmesurado de la población[72].

---

[68] RIVARES, José Ignacio, «Conciencia sin compromiso», *Ecclesia*, nº 2.729, año LV (25 de marzo de 1995), p. 19.

El proyecto común de declaración de la Cumbre contenía el siguiente decálogo: «1. Crear un marco económico, político, social, cultural y legal, que favorezca el desarrollo social. 2. Erradicar la pobreza en el mundo a través de actuaciones en el plano nacional y de la cooperación internacional, como un imperativo ético, social, político y económico. 3. Promover el pleno empleo como prioridad básica de las políticas económicas y sociales. 4. Promover la integración social a través de sociedades basadas en el respeto de todos los derechos humanos y en la no discriminación. 5. Reconocer el papel fundamental de la educación y de la formación en el desarrollo social. 6. Promover el pleno respeto de la dignidad humana y de la igualdad entre mujeres y hombres y reconocer el liderazgo de las mujeres. 7. Acelerar el desarrollo económico, social y de los recursos humanos de África y de los países menos desarrollados. 8. Garantizar que los programas de ajuste estructural incluyan objetivos de desarrollo social, en particular, la erradicación de la pobreza, la promoción del empleo pleno y productivo y el incentivo de la integración social. 9. Aumentar significativamente y utilizar con la mayor eficiencia los recursos asignados al desarrollo social. Y 10. Mejorar y fortalecer el marco de la cooperación internacional, regional y subregional para el desarrollo social.»

[69] El denominado «Grupo de los 77», un instrumento de acción concertada en materia económica, surgió gracias al impulso de la Conferencia de las Naciones Unidas para el Comercio y el Desarrollo (CNUCED). Cfr. IRAZABAL, J.A., *Norte y Sur, unidos pero enfrentados...*, *op. cit.*, p. 15.

[70] Así, «de los 900 millones de niños menores de quince años con los que contaba el planeta en 1985, el 90% vive en el tercer mundo. La tercera parte de los 3.800 millones de habitantes de los países en vías de desarrollo esta subalimentado o mal alimentado; un niño de cada seis muere en esos países antes de haber alcanzado los cinco años. En el tercer mundo hay 800 millones de analfabetos y se produce sólo la sexta parte de los seis billones de dólares a la que asciende la producción mundial», ROUILLÉ D'ORFEUIL, Henri, *El tercer mundo...*, *op. cit.*, p. 9.

[71] *Vid.*, a este respecto, VALVERDE ORTEGA, Antonio, «Las características del Nuevo Orden Ecológico Mundial», en MARTÍN DE LA GUARDIA, Ricardo M. y PÉREZ SÁNCHEZ, Guillermo Á. (Coords.), *El sueño quedó lejos...*, *op. cit.*, pp. 43-55.

[72] Cfr. SEBASTIÁN, L. de, *Mundo rico, mundo pobre...*, *op. cit.*, pp. 128-130.

Esta última «plaga», la del crecimiento de la población, es de especial importancia por afectarnos directamente en cuanto especie, cuestionando nuestros conocimientos científicos y las pautas de nuestro nivel de desarrollo, sin olvidar la colisión que puede ocasionar en nuestras convicciones morales o éticas. El crecimiento estimado de la población en los próximos cincuenta años (de 5.716 millones de personas en 1995, a 9.833 millones en el 2050) preocupa de manera especial a los dirigentes mundiales. Las previsiones indican que se producirá con mucha mayor intensidad en las zonas más deprimidas del planeta: en África se dará una auténtica «explosión» demográfica, al triplicarse en dicho periodo de tiempo su población (de 728 millones a 2.140 millones, respectivamente); mientras que en Asia aumentará en un cincuenta por ciento (de 3.457 millones a 5.741, respectivamente), la media del planeta. En cuanto a las otras partes del globo, en Iberoamérica se multiplicará por dos; en Norteamérica el crecimiento será lento, pero estable; en Oceanía el aumento de población no se dejará notar; siendo Europa la única parte del planeta en donde la población no crecerá, acentuándose en el viejo continente el llamado «invierno demográfico». Por lo tanto, refiriéndonos al Sur, «la tierra da la impresión de estar llegando a los límites de seres humanos que puede albergar dignamente, dado el estado de la ciencia[73]».

El hecho de la cada vez mayor divergencia entre el Norte y el Sur[74], de la ampliación de la falla horizontal entre ambos mundos[75], del crecimiento de las diferencias entre los países más avanzados y los países menos avanzados (PMA), se puede comprobar fácilmente por el aumento de éstos últimos entre 1981 y 1991: en la primera fecha, la Conferencia de París, convocada por la ONU para estudiar la situación del desarrollo mundial, clasificó a 31 países (21 de ellos africanos) entre los PMA. En 1990, el número de estos países era de 40; y un año más tarde, de 47. Los países menos avanzados presentan unas características comunes: corta esperanza de vida, baja tasa de alfabetización, bajo consumo de calorías, bajo consumo de energía, baja renta por habitante y año y muy fuerte crecimiento demográfico. Estas

---

[73]«En 1990, la población había crecido en un 40% en 20 años (...). Cada día nacen 200.000 niños, y 45 millones de ellos morirán a lo largo del año a causa del hambre. La tierra alberga a unos 1.000 millones de analfabetos totales y 1.500 millones funcionales; 1.500 millones de pobres absolutos, y otros tantos de pobres «a secas». Nada ha crecido tanto como los desheredados y las basuras en este siglo.», *ibidem*, p. 130.

[74]«Ya he dicho que la distancia entre los países pobres y nosotros, los "egoístas desarrollados", se ha vuelto *intolerable*. Los 10 millones de belgas "hacen" 130 mil millones de dólares de PNB anual, tanto como los 500 millones de habitantes del África intertropical: la proporción es de 50 a 1 y no cesa de aumentar. Esto fue lo que condujo a África, después del sur de Asia y de América del Sur a lanzarse también, para sobrevivir, al tráfico de drogas.

»Reducir dicha distancia únicamente mediante la elevación del nivel de los pobres sería demasiado lento y, en última instancia, demasiado peligroso para la ecología. Es nuestro nivel de despilfarro, llamado abusivamente nuestro nivel de vida, lo que debemos reducir.», EMMERIJ, L., *El enfrentamiento Norte-Sur...*, *op. cit.*, p. 16.

[75] Como sostiene Louis Emmerij, al acercarnos al final del siglo XX, «la agravación de la fractura Norte-Sur constituye uno de los más grandes peligros inherentes al nuevo orden económico: supremacía del capital sobre el trabajo y la naturaleza; supremacía de la oferta sobre la demanda y, con más razón, sobre las necesidades; supremacía de los valores de eficacia, de reducción de costes y del máximo beneficio frente a la equidad y el desarrollo (...) las desigualdades se intensifican, la ruptura entre ricos y pobres se generaliza sin respeto de fronteras: en el Sur existe un Norte y en el Norte existe un Sur: mundos de diferencia.», *ibidem*, p. 159.

poblaciones sufre unas condiciones de habitabilidad inhumanas, agravadas cuando se hacinan en el mundo urbano, es decir, en un ambiente pseudourbanizado de chabolas que conforman los llamados «cinturones de miseria». Según Henri Rouillé D'Orfeuil: «Ese es el punto de gravitación en el que, en definitiva, repercuten las evoluciones malignas del subdesarrollo. La tensión endémica estalla a veces en revueltas: revueltas por el hambre, como en Brasil, en Egipto o en Marruecos; revueltas por la exasperación racial; violencia permanente, como en Kingston o en Bogotá; inseguridad creciente en todas partes.»[76]

Sólo el cambio en la estrategia que pareció apuntarse a partir de los años 1989—1991, en relación con los criterios económicos para el desarrollo, sobre todo teniendo en cuenta el balance negativo de las actuaciones llevadas a cabo en África, en Iberoamérica o en Asia occidental durante la década de los ochenta, podría hacer variar la evolución de los acontecimientos en el Sur. Sin embargo, dicha nueva teoría para el desarrollo, como ha señalado Louis Emmerij, «no es verdaderamente nueva. Retoma ideas expuestas en la década de 1970 e incluso antes. Sin embargo, tiene a su favor las lecciones de la experiencia, los balances extraídos y asimilados de las políticas recomendadas y aplicadas en 1980. La reflexión sobre el desarrollo que de aquí resulta coloca la erradicación de la pobreza, el desarrollo humano y mejores sistemas de gobierno en el centro de las prioridades»[77].

A MODO DE CONCLUSIÓN: ENTRE EL DIÁLOGO DE CULTURAS Y EL CONFLICTO DE CIVILIZACIONES

Como es incontestable que nos encontramos en un mundo sumamente diverso, el reto de nuestro tiempo está en dilucidar si dicha diversidad potenciará la convergencia o, por el contrario, llevará ineluctablemente a la divergencia entre civilizaciones. Y si, al mismo tiempo, seremos capaces de mejorar las condiciones de vida de la humanidad hasta alcanzar los niveles óptimos necesarios, y que los países pobres tengan la oportunidad real de mejorar su desesperada situación actual. Según Toffler, para conseguir esto último es necesario desde todo punto de vista «inventar decenas de estrategias innovadoras y dejar de buscar modelos pertenecientes ya al presente industrial, ya al pasado preindustrial»[78].

Más que una interpretación unidireccional, la división de opiniones marca la pauta a la hora de reflexionar sobre el futuro de la humanidad. Se tienen dudas razonables sobre si prevalecerá el diálogo de culturas o, por el contrario, se avanzará inexorablemente hacia el conflicto final entre civilizaciones.

Para algunos pensadores, como por ejemplo el filósofo Lin Yutang —un hombre de ambos mundos, tanto por antecedentes familiares como por formación—, todavía es posible el encuentro vivificante entre distintas culturas:

---

[76] *El tercer mundo...*, *op. cit.*, p. 53.

[77] *El enfrentamiento Norte-Sur...*, *op. cit.*, p. 168.

[78] *La tercera ola...*, *op. cit.*, p. 430.

«No sé si eventualmente se juntarán Oriente y Occidente; lo cierto es que ya se están encontrando, y se encontrarán más y más estrechamente a medida que se extienda la civilización moder-na, con el aumento de facilidades de comunicación. Por lo menos en China no vamos a desafiar a esta civilización de la máquina, y allí habrá que resolver el problema de cómo llegaremos a fundir estas dos culturas, la antigua filosofía china de la vida y la moderna civilización tecnológica, e integrarlas en una especie de manera aplicable a la vida. Es mucho más problemática la cuestión de si la vida occidental será invadida alguna vez por la filosofía oriental, aunque nadie osaría ser profeta.»[79]

Para otros, como el escritor Amin Maalouf, los problemas derivados del crecimiento de la población y del aumento de la pobreza en amplias zonas del globo, como hemos visto, no han hecho más que agrandar el foso, la «falla horizontal», que separa al Norte y al Sur:

«Fíjese en el mundo de hoy. Está claramente dividido en dos. De un lado, unas sociedades con una población estable, cada vez más ricas, cada vez más democráticas, con unos progresos técnicos casi cotidianos, una esperanza de vida que no cesa de aumentar, una verdadera edad de oro de paz, de libertad, de prosperidad, de progreso, sin precedente, sin ningún precedente en la Historia. Del otro, unas poblaciones cada vez más numerosas, pero que se empobrecen sin cesar, unas metrópolis tentaculares que tienen que ser abastecidas por barco, unos Estados que caen en el caos uno tras otro. Desde hace décadas, se buscan soluciones, pero la situación cada vez está peor. Sin lugar a dudas, existen dos humanidades, y el foso entre ellas se ha vuelto insalvable.»[80]

Tal como afirma Louis Emmerij, la divergencia aparece a nuestros ojos como una realidad consolidada, aunque indeseable: «El problema mayor de nuestro planeta no es tanto la existencia de una economía con distintas velocidades. Los países se han desarrollado siempre a ritmos diferentes. El hecho nuevo y grave es que *los países lentos y los países rápidos ya no avanzan en la misma dirección, sino que, por el contrario, divergen.*»[81]

Como sostiene Luis Racionero, la marcha hacia la convergencia sólo podrá realizarse en situación de igualdad entre las distintas civilizaciones. Sin embargo, la recuperación de la identidad puede llevar, en un primer momento, a que el mundo extraoccidental intente invertir las tornas, a querer prevalecer sobre Occidente, perturbando la cómoda existencia de éste, en los ámbitos de la cultura, de la economía, o incluso en el campo militar. Si ello fuera así, la integración de civilizaciones no sería posible, y el Sur correría el riesgo, a corto y medio plazo, de adentrarse en un mar de aguas procelosas y perder el rumbo, de quedar a la deriva[82].

---

[79] *La importancia de vivir*, Barcelona, Apóstrofe, 1994, p. 161.

[80] *El primer siglo después de Béatrice*, Madrid, Alianza, 1993, p. 62.

[81] *El enfrentamiento Norte-Sur...*, *op. cit.*, p. 22.

[82] Incluso, hoy en día, se puede representar el Sur —tal como hace Henri Rouillé D'Orfeuil— como un gran continente, escindido y a la deriva, en medio de una gran océano del cual «emergen el Sudeste asiático, particularmente el mundo chino (Taiwan, Singapur, Hong Kong, las provincias costeras de China y también

Lo anterior, como señala Enzensberger, bien pudiera producirse, ya que en la actualidad «se está renunciando cada vez a más aspectos comunes. La pobreza y la discriminación han llevado a la ideologización de las minorías»[83], las cuales reivindican constantemente su propia «identidad» en oposición a la identidad del «otro». Sin embargo, vista la evolución de los acontecimientos con mayor perspectiva —Occidente en situación de regeneración; y Oriente en situación de transformación, después de recuperar su identidad—, puede pensarse también que «es el momento propicio para una fertilización mutua»[84], que haga posible una vida en común armoniosa y apacible[85]. Así, la clave para evitar la colisión de civilizaciones y poder avanzar hacia la convergencia mundial, estaría en acertar con la fórmula que hiciera posible la instalación definitiva de toda la humanidad en la modernidad, y con un coste social mínimo[86].

En el interés de todos está que las distintas civilizaciones aspiren en un futuro no muy lejano a converger, que aprendan verdaderamente a respetarse y a convivir armoniosamente en un mundo cada vez más amplio y plural, y, como nos recordó Léopold Sédar Senghor, más interrelacionado:

> «Es un hecho, y de dimensión mundial: todas las culturas de todos los continentes, razas y naciones son, hoy, culturas de simbiosis, en las que los cuatro factores fundamentales que son la sensibilidad y la voluntad, la intuición y el raciocinio representan, cada vez más, unos papeles equilibrados. A este diálogo que se realiza a escala de lo Universal, todos los continentes han contribuido, el más viejo, África, como el más joven, América.

Malasia; Tailandia e Indonesia, donde las comunidades chinas son potentes), que ha entrado en sinergia con Japón y Corea; el cono sur latinoamericano (Chile, Argentina); los márgenes fronterizos del Norte, especialmente México, Túnez y Marruecos. A la inversa, aparecen «continentes perdidos» como África y Asia central y meridional», *El tercer mundo..., op. cit.*, p. 145.

[83] *La gran migración, op. cit.*, p. 69.

[84] RACIONERO, L., *Oriente y Occidente, op. cit.*, p. 17.

[85] «Que todo el mundo pueda decir lo que piensa acerca de las autoridades o de Dios sin tener que exponerse a torturas o amenazas de muerte; que las diferencias de opinión puedan dirimirse ante los tribunales y no por la vía de la venganza de sangre; que las mujeres puedan moverse libremente y no estén obligadas a dejarse vender o someterse a la ablación del clítoris; que sea posible cruzar la calle sin morir acribillado por las ráfagas de una soldadesca incontrolada; todo ello no sólo es deseable, sino imprescindible. En cualquier parte del mundo hay bastantes personas, probablemente la mayoría, que desean la existencia de tales circunstancias y que están dispuestas a defenderlas allí donde llevan las riendas del poder. Sin exagerar el énfasis, podría afirmarse que se trata del requisito mínimo de la civilización.

»Sin embargo, a lo largo de la historia de la humanidad este mínimo sólo se ha alcanzado excepcionalmente y por poco tiempo. Es frágil y fácilmente vulnerable. Quien pretenda protegerlo ante eventuales ataques externos, se encontrará ante un dilema. Porque cuanto más intensamente se defienda y cuanto más se amuralle una civilización frente a una amenaza exterior, menor será lo que finalmente quede por defender. Y en cuanto a los bárbaros, no es necesario que esperemos su llegada; siempre han estado entre nosotros.», ENZENSBERGER, H.M., *La gran migración, op. cit.*, pp. 73-74.

[86] Según Ernest Gellner, la fórmula prodigiosa debe tener los siguientes componentes: «alfabetización, movilidad social, igualdad formal con una desigualdad puramente fluida, por así decirlo, atomizada y con una cultura compartida, homogénea, impartida mediante la alfabetización e inculcada en la escuela», *Cultura, identidad y política..., op. cit.*, p. 27.

> «El principal problema, hoy en día, para la humanidad, es que cada continente, raza o nación, cada hombre o mujer tome conciencia, finalmente, de esta Revolución cultural, que, sobre todo, enterrando el desprecio cultural, aporte su contribución activa.»[87]

Para evitar el conflicto entre el Norte y el Sur, en sus distintas variantes de choque de civilizaciones o crisis socioeconómica, Occidente, dada su situación de preeminencia actual, debe impulsar, con decisión y generosidad, la colaboración y participación de todos los Estados del mundo en las organizaciones supranacionales, especialmente en la ONU y en los foros económicos; y debe, al mismo tiempo, buscar la cooperación entre todos los pueblos, con el objetivo primordial de frenar toda posible confrontación que ponga en peligro la paz y la estabilidad mundial.

[87] *El Diálogo de las Culturas...*, *op. cit.*, p. 137.

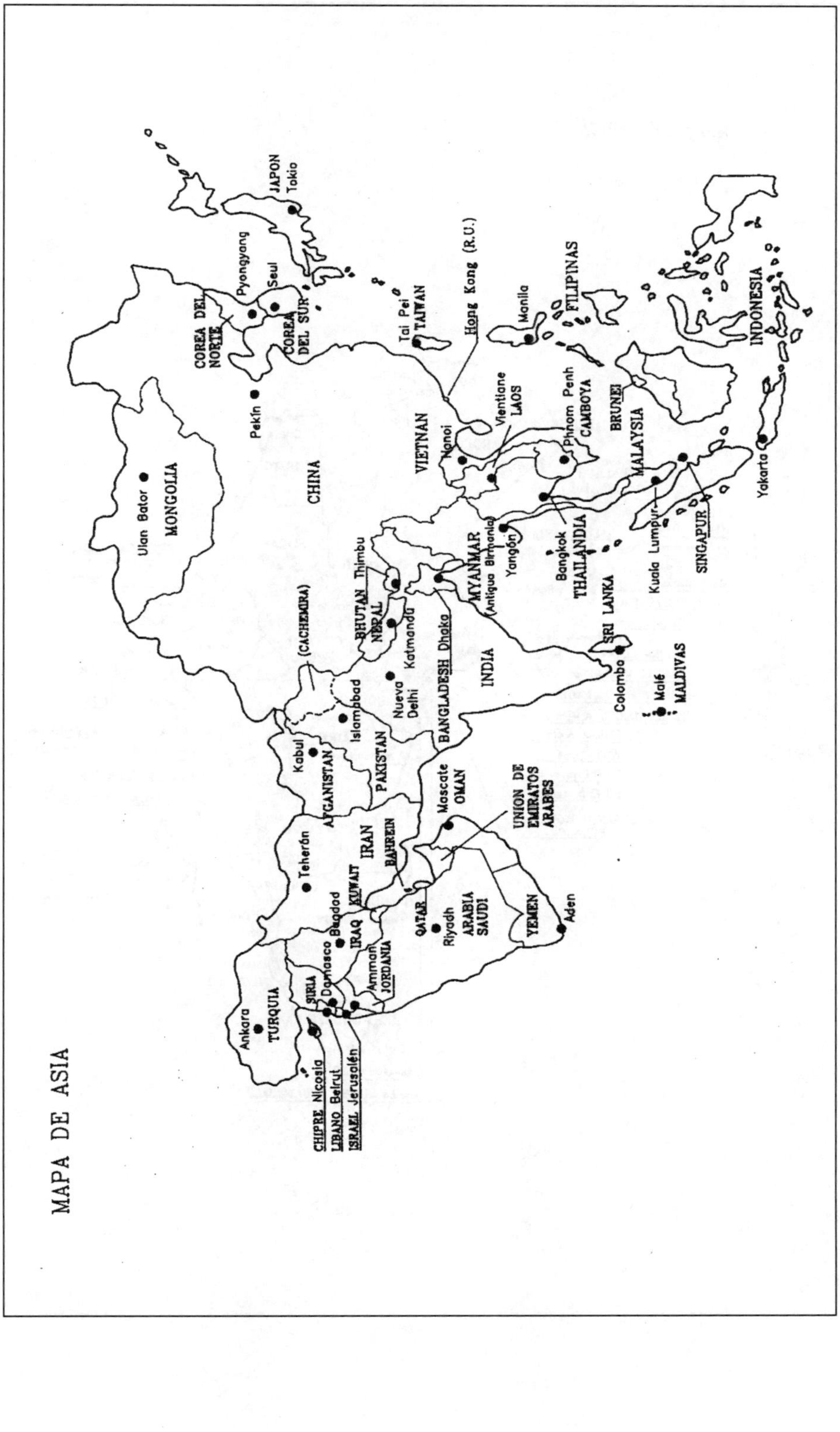
MAPA DE ASIA
CHIPRE Nicosia
LIBANO Beirut
ISRAEL Jerusalén
Ankara
TURQUIA
SIRIA
Damasco
Amman
JORDANIA
Bagdad
IRAQ
KUWAIT
Teherán
IRAN
BAHREIN
QATAR
Riyadh
ARABIA SAUDI
YEMEN
Aden
Mascate
OMAN
UNION DE EMIRATOS ARABES
Kabul
AFGANISTAN
Islamabad
PAKISTAN
Nueva Delhi
(CACHEMIRA)
Katmandú
NEPAL
BHUTAN Thimbu
BANGLADESH Dhaka
INDIA
Colombo
SRI LANKA
Malé
MALDIVAS
MYANMAR
(Antigua Birmania)
Yangón
Bangkok
THAILANDIA
Kuala Lumpur
SINGAPUR
MALAYSIA
BRUNEI
Yakarta
INDONESIA
Phnom Penh
CAMBOYA
Vientiane
LAOS
Hanoi
VIETNAN
Manila
FILIPINAS
Hong Kong (R.U.)
Tai Pei
TAIWAN
CHINA
Pekín
Ulan Bator
MONGOLIA
COREA DEL NORTE
Pyongyang
Seul
COREA DEL SUR
JAPON
Tokio

MAPA DE AFRICA

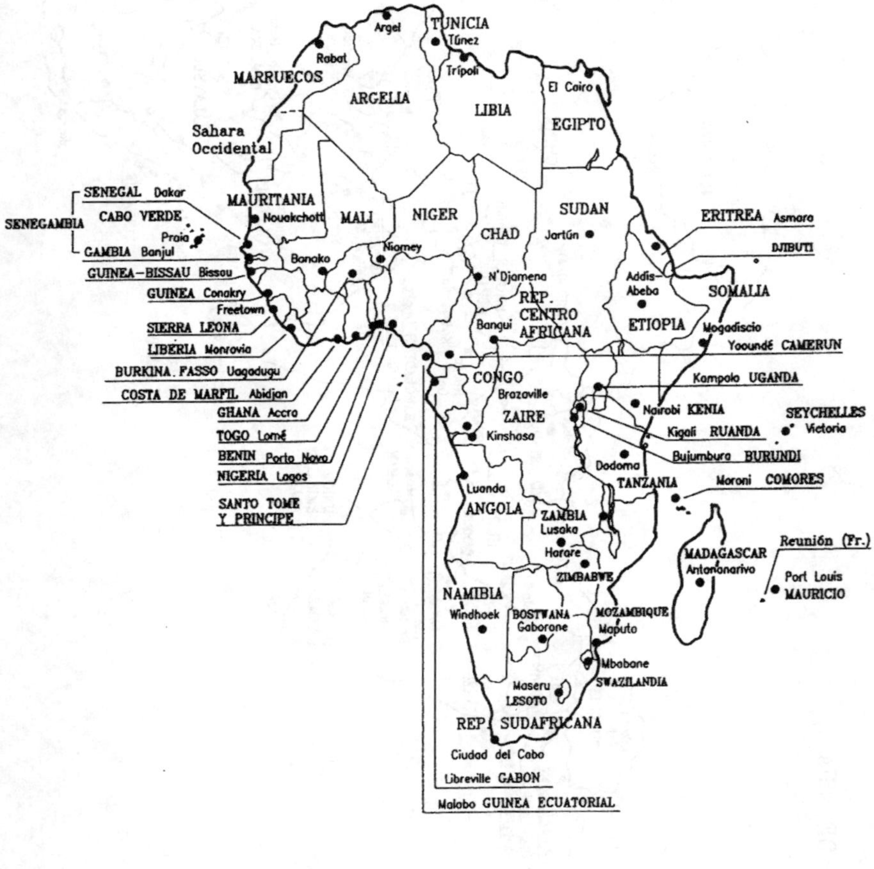

CHINA: DEL MAOÍSMO A LA APERTURA CAPITALISTA

JULIA MORENO GARCÍA
Universidad Complutense de Madrid

CHINA: DE LA MONARQUÍA A LA REPÚBLICA

China vive entre 1911 y 1949 un largo y agitado proceso revolucionario evolucionando desde la monarquía imperial y la dependencia colonial a la República Popular con el triunfo del maoísmo[1].

La dinámica de la revolución china se entiende analizando las fuerzas sociales actuantes que son: en primer lugar, los grupos conservadores, herederos de la época imperial, integrados por la vieja oligarquía, la nobleza, los terratenientes, los militares y la burguesía compradora, vinculada a los intereses coloniales, que han perdido el poder político pero conservan el económico-social e intentan recuperar aquel en defensa de sus intereses de clase y cuya expresión es el régimen de Yuan Che-Kai o los «señores de la guerra» ; en segundo lugar, los grupos reformistas integrados por sectores de la burguesía nacional, profesiones liberales, oficiales y estudiantes, partidarios de la República, la democracia, el liberalismo y la modernización, representados por Sun Yat Sen en la primera fase de la Revolución; y en tercer lugar, el grupo crítico escindido del anterior sector reformista, con intelectuales y grupos de izquierda, que ante el fracaso de la experiencia liberal derivada hacia el autoritarismo militar del Kuomintang, optan por el socialismo y fundan el Partido Comunista cuyas masas se encontrarán en la unión con la cuarta fuerza social: los grupos populares de obreros y, sobre todo, la gran masa de campesinos[2].

En China se van a dar, de forma paralela, dos intentos revolucionarios: el liberal-autoritario del Kuomintang, por la unión entre conservadores, militares y burguesía nacional; y el socialista popular representado por el Partido Comunista, donde se unen burguesía crítica e intelectuales, obreros y campesinos. Entre estas dos opciones revolucionarias: la burguesa y la socialista, la victoria de una supondría el fracaso de la otra.

— El *movimiento revolucionario* iniciado por el primer Kuomintang a finales de 1911 se extendió con facilidad por toda China, produciéndose con el triunfo de la revolución, la caida de la monarquía imperial (1911-1912), y los comienzos de la república de la que fue nombrado

[1] F.SCHURMANN; O.SCHELL en *China Republicana, 1911-1949*, escriben: «Si hay una palabra para describir a China desde 1911 es revolución».

[2] MAO ZEDONG: *La Revolución China*. Madrid, Akal, 1970

presidente Sun Yat Sen (1912)[3]. La doctrina de éste se contiene en el programa nacionalista de los «Tres Principios del Pueblo» que son: la *unidad nacional* como expresión de la independencia frente a la dependencia colonial, la *democracia* como manifestación de la soberania y los derechos del pueblo, y el *bienestar popular* como expresión del desarrollo económico y el equilibrio social[4]. Pero si Sun Yat Sen y los reformistas acertaron a hacer la revolución no pudieron, en cambio, organizar la naciente República y enfrentados a los sectores conservadores, estos impusieron en la presidencia, tras la dimisión de Sun a comienzos de 1912, a Yuan Che-Kai que pone en marcha una dictadura conservadora e intenta restaurar el imperio[5]. La dictadura de Yuan (1912-1916) deriva hacia una nueva situación de guerras civiles entre los «señores de la guerra» y de anarquía (1916-1919) agravada por la amenaza de Japón —las «21 Peticiones» en 1915—. La revolución parece haber fracasado y China se encuentra más enfrentada y dividida que en 1911.

— En 1919 se produce *el reagrupamiento y la recuperación* de las fuerzas revolucionarias, con la reanudación del proceso: este es el significado del Movimiento del 4 de Mayo de 1919 que divide la revolución china en dos etapas históricas[6]. Las fuerzas revolucionarias chinas que van a actuar desde entonces, y unidas, contra los señores de la guerra y la anarquía son, por un lado, el Kuomintang renovado que tras la muerte de Sun en 1925 tiene como dirigente al general Chiang Kai-Chek, y por otro, el Partido Comunista Chino fundado en 1921. Se pasa entonces de la anarquía a la primera guerra civil revolucionaria (1924-1927) y la reconstrucción de la unidad, y de la colaboración entre el Kuomintang y el PCCh desde 1923 a la ruptura y el enfrentamiento entre ambas fuerzas en 1927.

— Desde 1927 hasta 1937 *el Kuomintang predomina*, gobernando la mayor parte de China. En 1927 se registra el conflicto interno entre el Kuomintang y los comunistas[7]. El Partido nacionalista, por un lado unifica el país imponiéndose sobre casi toda China con la segunda guerra civil revolucionaria (1929-1934) y consolida su gobierno, y por otro, evoluciona hasta convertirse en un poder militarista y autoritario, vinculado a los intereses neocoloniales, e imponiéndo Chiang una dictadura militar[8]. Tras el choque entre el Kuomintang y el PCCh, éste vive el período de Kiangsí (1927-1934), para emprender después

---

[3] Como señalan F. SCHURMANN y O. SCHELL «había sido relativamente facil destituir la tambaleante dinastía manchú, pero resultó difícil reemplazarla por nuevas instituciones, nuevos ideales y la jefatura correspondiente. Los jóvenes revolucionarios pronto se dieron cuenta de que la revolución de 1911 sólo era el primer paso en el largo proceso de reconstrucción de la sociedad china».

[4] SUN YAT SEN: *Los Tres Principios del Pueblo.* Taipei, China Publishing Company,1985

[5] V. I. LENIN: *La lucha de los pueblos de las colonias y paises dependientes contra el imperialismo.* Moscú, Ed. Progreso, 1920

[6] MAO ZEDONG: *La Revolución China.* Madrid, Akal, 1970. J. CHESNEAUX: *Asia Oriental en los siglos XIX y XX.* Barcelona, Labor, 1969.

[7] El ambiente sociopolítico de los enfrentamientos de Shanghai ha sido reflejado por A.Malraux en su novela La Condición Humana. Respecto a este enfrentamiento, SCHURMANN y SCHELL señalan: (Chiang) «dio un golpe de inusitada ferocidad contra el Partido Comunista de Shanghai, al empezar a exterminar sistemáticamente a todos los comunistas de la ciudad. El Terror Blanco, como se dió en llamar a este brutal año de sangre, llegó rapidamente a todas las regiones de China».

[8] CHIANG KAI-CHEK: *La Rusia Soviética en China. Un resumen a los setenta años.* Taiwan, Cía. Editora China, 1956. J.VILLALOBOS VELÁZQUEZ: *El Kuomintang decide los destinos de China.* Taipei, China Publishing Company, 1976

la «Larga Marcha»[9] (1934-1935), dando comienzo el periodo de Yenán (1935-1936) y el establecimiento de las bases de la revolución marxista en China: la reforma agraria, el Ejército Rojo, el Partido y la nueva democracia. En este momento, en 1937, se produce la invasión y el conflicto con Japón.

— Entre 1937 y 1945 son los años de la *guerra chino-japonesa*, en el marco general de la Segunda Guerra Mundial. En 1937 Japón, que ya está en Manchukuo, invade China y tanto el Kuomintang como los comunistas luchan contra el invasor japonés. El final de la guerra en 1945 con la derrota de Japón deja de nuevo enfrentados a nacionalistas y comunistas.

— De 1945 a 1949 se produce *la guerra civil* entre el gobierno nacionalista del Kuomintang, apoyado por Estados Unidos, y el comunista, con ayuda de la URSS. La guerra termina en octubre de 1949 con el triunfo de los comunistas que proclaman la República Popular en Pekín presidida por Mao, mientras que el Kuomintang derrotado pasa a Formosa donde organiza un gobierno nacionalista presidido por Chiang, con la alianza de EE.UU.

LA REPÚBLICA POPULAR CHINA

La proclamación de la República Popular el 1 de octubre de 1949 inicia una nueva etapa en China caracterizada por la revolución social y económica[10]. Bajo la dirección de Mao, los comunistas inician un proceso dinámico en el que se pueden distinguir varias etapas:

1. De 1949 a 1952 se desarrolla la fase de instalación y organización del nuevo régimen así como la reconstrucción nacional.
2. Entre 1953 y 1965 son los años de construcción del socialismo, la reorganización política y económica.
3. La «Revolución Cultural» y la crisis política dominan los años que transcurren entre 1966 y la muerte de Mao en 1976.
4. Desde 1976 hasta ahora se desarrolla una nueva etapa caracterizada por una apertura económica y continuas críticas internas al sistema.

INSTAURACIÓN DE LA REPÚBLICA NACIONAL Y RECONSTRUCCIÓN DEL PAÍS (1949-1952)[11]

Esta primera etapa de la República Popular se caracteriza por las tareas de organización e instauración del nuevo régimen: el de la «Nueva Democracia», propuesto por Mao en 1940, teniendo como base los «Tres Principios» de Sun Yat Sen, en la que todos los grupos sociales se unen bajo la dirección del Partido Comunista Chino para la reconstrucción nacional y el desarrollo de una economía común. El régimen de la «Nueva Democracia» se caracterizaba, no por la dictadura del proletariado, sino por la de las cuatro

[9] D. WILSON: *La Larga Marcha de Mao Tse-Tung*. Barcelona, Noguer, 1973. MAO ZEDONG: *Obras escogidas*. Pekin, Ed. en Lenguas Extranjeras, 1951

[10] J. CHESNEAUX: *op.cit.* D.N. ROWE: *Breve historia de la China moderna*. B. Aires, El Ateneo, 1963.

[11] J. MORENO GARCIA: *China Contemporánea, 1916-1990*. Madrid, Istmo, 1992. *Extremo Oriente. Siglo XX*. Madrid, Síntesis, 1992.

«clases revolucionarias»: obreros, campesinos, pequeña burguesía y «burguesía nacional» (capitalistas que aceptaron servir al régimen popular y que conservan provisionalmente la propiedad y la gestión de sus bienes).

Varias son las características generales de este periodo. En primer lugar, la transformación de la estructura política. El Partido Comunista Chino, gobernado por el Buró Político Central, presidido por Mao, se convierte en el poder efectivo y en el elemento motor de la vida pública, desde la fábrica y la aldea hasta la cabeza del Estado[12].

La fundación del nuevo régimen tuvo lugar en la «Conferencia Política Consultiva del Pueblo Chino» (Pekín, 21-29 de septiembre de 1949) a la que asistieron 662 miembros. Al lado de los comunistas, hay representantes de numerosos pequeños partidos anti—Kuomintang (la Liga Democrática y el Kuomintang Revolucionario), de organismos públicos, sindicatos obreros y agrícolas, minorías étnicas, etc. Las primeras medidas se orientaron a la organización y consolidación del nuevo régimen en todos los aspectos.

Después de eliminar los últimos focos de resistencia del Kuomintang en el oeste (Sikiang) y el sur (isla de Jainan) a comienzos de 1950, en 1951 los comunistas restablecen la autoridad de Pekín sobre un Tibet que, a favor de la primera revolución china, había proclamado su independencia en 1913, y que a partir de ahora debe contentarse con un estatuto de autonomía regional.

Desde el punto de vista económico, una de las primeras tareas del nuevo gobierno se orienta a combatir la inflación. Una serie de medidas como la percepción del impuesto agrario en especie y la fijación de los salarios en términos de productos de consumo corriente, la reorganización de la administración fiscal y el restablecimiento progresivo de un equilibrio presupuestario pronto empezaron a dar sus frutos. Durante 1950 se estabilizan los precios.

Desde fines de 1952, la capacidad de producción alcanza los niveles anteriores a la guerra chino-japonesa en transportes e industria. A mediados de 1951 funcionan la totalidad de las vías férreas y cuando termina 1952 se han construido 500 Km de ferrocarril entre Chunching y Chengtu en Sechuan. La reforma agraria continua. Las asociaciones campesinas presiden la redistribución de las tierras y de los bienes confiscados, aproximadamente la mitad de las zonas cultivadas. A partir de 1952, se iniciará una nueva campaña destinada a inculcar a los campesinos las ventajas de la cooperación[13].

Junto a las medidas económicas, militares y políticas se toman medidas sociales y culturales. La revolución social institucionalizó la revolución contra la sociedad tradicional, iniciada con el Movimiento del 4 de Mayo. En este sentido, la ley sobre el matrimonio (1 de mayo de 1950) prohibe los noviazgos de niños y matrimonios impuestos, bigamia, concubinatos, etc.

Los juicios y ejecuciones de terratenientes son el preludio de otras violencias que se desarrollan, tanto en la ciudad como en el campo; 1951 es el año del terror para los contrarrevolucionarios u oponentes en potencia. Campañas y «movimientos de masas» se

[12] R. C. NORTH: *El comunismo chino*. Madrid, Guadarrama, 1965.

[13] J. DELEYNE: *La economía china*. Barcelona, Planeta, 1972

suceden, entre el verano de 1950 y el verano de 1952, con una doble finalidad: combatir y atemorizar al enemigo, pero también para convencer y provocar adhesiones.

La primera campaña está destinada a liquidar a los contrarrevolucionarios: agentes del Kuomintang, miembros de sociedades secretas, bandidos, «enemigos del pueblo», etc. Más estrictas, aunque menos sangrientas, son las campañas conocidas como las de los «Tres Anti» y los «Cinco Anti» (finales de 1951, comienzos de 1952). La primera, destinada a depurar las filas de los cuadros del partido, está dirigida contra la corrupción, el derroche y la burocracia. La campaña de los «Cinco Anti» esta dirigida contra los capitalistas, la «burguesía nacional», pues se enfrenta a las prácticas venales, fraude fiscal o comercial, malversación de fondos públicos y la extorsión de información confidencial de orden económico. Reconocida en 1949, desde 1952 la burguesía nacional es combatida y su independencia económica amenazada. No sobrevivirá a 1956[14].

El último campo de acción del nuevo gobierno es la formulación de la política exterior. En diciembre de 1949, Mao parte hacia Moscú y el 14 de febrero de 1950 se firma con la URSS un «Tratado de amistad, alianza y asistencia mutua», previsto para una duración de treinta años. Este tratado se completaba con dos acuerdos: el primero relativo al ferrocarril entre Port Arthur y Darien y el segundo sobre un préstamo soviético de 300 millones de dólares. Si bien Mao no obtiene lo que esperaba, es decir, renuncia soviética a su posición privilegiada en Manchuria y escasa ayuda financiera comparada con la ayuda americana a los nacionalistas de Formosa, al menos la alianza soviética representa una protección para dedicarse a la construcción del socialismo[15].

Los dos fundamentos de la política exterior china entre 1949 y 1952 serán, por un lado, el antedicho tratado chino-soviético y, por otro, la guerra de Corea, que sirvió al régimen chino como exaltación del sentimiento nacional, ayuda y progreso económico y elevación del prestigio exterior de China que aparece como una potencia militar y política.

A finales de 1952, las condiciones han sido transformadas y la nueva situación se encuentra firmemente estructurada en todo el país. Realizadas la organización de la República Popular y la reconstrucción nacional se pasa a una nueva fase de consolidación política que supone la construcción del socialismo[16].

LA CONSTRUCCIÓN POLÍTICA Y ECONÓMICA (1953-1965)

La reconstrucción económica tenía como eje central el «primer plan quinquenal», que debería cubrir los años 1953-1957, pero éste se hará público en julio de 1955 y sólo a partir de esta fecha será efectivo. Los años comprendidos entre 1953 y 1955 son, más bien, un periodo de experimentación.

---

[14] F. MARMOR: *El maoismo. Filosofía y política*. Barcelona, Oikos-tau, 1978.

[15] F. JOYAUX: *La politique extérieure de la Chine Populaire*. Paris, P.U.F., 1983.

[16] J.U. MARTINEZ CARRERAS: *Historia de la descolonización, 1919-1986. Las independencias de Asia y Africa*. Madrid, Istmo, 1987.

a) El Primer Plan Quinquenal (1953-1957) y la Campaña de las « Cien Flores»

Los objetivos del Primer Plan Quinquenal eran dos: colectivización agraria y prioridad a la industria pesada (85% de las inversiones). Si el desarrollo de la industria pesada intentaba remediar el desequilibrio industrial de la época colonial, que había desarrollado la industria ligera, la colectivización agrícola era necesaria como complemento indispensable de la industrialización. Desde 1956, un 90% del sector agrario está integrado en las cooperativas de producción. En ese mismo año se realiza la socialización del sector privado comercial e industrial; los antiguos propietarios permanecen en su antigua empresa como directores o expertos remunerados y continúan percibiendo una parte de los beneficios.

Las consecuencias de este Primer Plan Quinquenal fueron especialmente significativas en la industria, que creció del 14 al 19 % anual, de media, entre 1952 y 1957. El crecimiento fue más rápido en la producción eléctrica, la extracción de petróleo, las construcciones mecánicas y la industria química.

La rápida industrialización trajo como consecuencia una no menos rápida urbanización que planteó serios problemas relacionados con dos cuestiones primordiales: la crisis de alojamiento y el aprovisionamiento alimenticio de las ciudades. Esto llevó al gobierno a reintegrar al campo un cierto número de emigrantes rurales[17].

En contraste con el proceso de industrialización, la agricultura se enfrenta con una serie de problemas. El crecimiento demasiado lento de la producción y la irregularidad de las cosechas no sólo obligan a un racionamiento alimenticio de la población urbana, sino que, además, el estancamiento agrícola frena también el propio desarrollo industrial al limitar las posibilidades de exportación (compuestas, principalmente, por productos agrícolas) y, por consiguiente, las compras de bienes de equipo, y al suministrar insuficientes materias primas a las industrias textiles y alimenticias.

En suma, el crecimiento económico depende del nivel de la producción agrícola que, sin embargo, permanece prácticamente estacionario entre 1955 y 1957. Al finalizar el primer plan queda patente que si no se encuentra un medio de sacar a la agricultura del estancamiento en que se encuentra, la propia expansión industrial aparece comprometida.

En estos años, las relaciones exteriores chinas están caracterizadas por la amistad con la Unión Soviética que, desde 1954, incrementa su ayuda económica y restituye Port Arthur y Darien. El gobierno chino evoluciona hacia la coexistencia pacífica, mejorando y estrechando lazos con los estados no comunistas del Tercer Mundo: es la época de los «Cinco Principios» (1954) y de la Conferencia de Bandung (1955) donde Chu En-lai jugó un importante papel.

En el interior, se promulga la Constitución de la República Popular China (20 de septiembre de 1954). Desde enero de 1956, el gobierno promete a los intelectuales unas mejores condiciones de trabajo. Se inicia la campaña de las «Cien Flores» (1956-1957), que debería representar una experiencia de libertad de expresión y crítica, sin precedente en ningún régimen comunista. Su objetivo fundamental era utilizar de manera más radical e intensiva el capital del país; se trataba, en definitiva, de movilizar unos recursos científicos e

---

[17] J. DELEYNE.: *op.cit.*

intelectuales no demasiado abundantes y que un país subdesarrollado no puede permitirse el lujo de despreciar durante mucho tiempo[18].

Los intelectuales no comunistas se mostrarán cautos y no responderán a la llamada de hacer una franca crítica de la acción del Partido. La discusión, finalmente, se desencadenará en mayo de 1957 produciéndose una verdadera explosión de descontento, resentimiento y oposición. Las críticas van dirigidas al principio del monopolio político del partido. Los estudiantes de la Universidad de Pekín realizan manifestaciones y agitaciones que preocupan a los dirigentes.

A partir del 8 de julio se produce la reacción y el castigo de los «derechistas» y «contrarrevolucionarios». Muchos intelectuales son mandados a realizar trabajos manuales en el campo o la industria. Esta experiencia «liberalizadora» tuvo como resultado la adopción de una «linea dura» que se manifiesta, además, en la situación económica y en las relaciones chino-soviéticas.

b) El «Gran Salto Adelante» y sus consecuencias (1958-1965)

Económicamente, los dirigentes chinos intentarán establecer el equilibrio desarrollando la agricultura a un ritmo tan rápido como el de la industria. Realizará un «Gran Salto Adelante» que le permitirá cubrir en dos años los objetivos del Segundo Plan Quinquenal (1958-1962).

Se trataba de movilizar una mano de obra rural, tradicionalmente subexplotada, que realizará con mucho esfuerzo y pocos instrumentos, grandes trabajos, obtendrá mejores rendimientos e incluso creará totalmente una industria rudimentaria y descentralizada, que le permitirá bastarse a sí misma. La « autarquía » del mundo rural y la coexistencia de dos sectores industriales (uno moderno, concentrado y gran consumidor de inversiones; otro más tradicional, disperso y consumidor de mano de obra) completan la estrategia de desarrollo[19].

En la agricultura se crean las «comunas populares» que se multiplican rápidamente. En 1958, 26.000 comunas reagrupan a más de nueve décimas partes de la inmensa población rural china. Los resultados no son los esperados e incluso se manifiestan como desastrosos. Los años 1960 y 1961 son años negros. Habrá que esperar a 1963 y 1964 para que la economía china se recupere. Los errores de planificación provocaron graves desequilibrios: exceso de inversión en la industria pesada, que produce más bienes de equipo que los que la economía puede absorber; extrema descentralización; multiplicación excesiva de industria y talleres locales. A todas estas dificultades se une la retirada de los técnicos soviéticos (1960) como consecuencia del creciente deterioro de las relaciones entre China y la URSS.

A partir de 1962 se produce un cambio en el orden de prioridades. En primer lugar, la agricultura; después, la industria ligera y, por último, la industria pesada y en especial sectores indispensables para el desarrollo de la agricultura (abonos químicos). Los resultados no se hacen esperar. La cosecha de 1964 es una de las mejores. La industria pesada apenas se resiente

---

[18] MAO ZEDONG: *Escritos sociológicos y culturales*. Barcelona, Laia, 1977.

[19] L. BIANCO: *Asia Contemporánea*. Madrid, S. XXI, 1976

de su nueva orientación, pues la agricultura no requiere sólo abonos químicos e insecticidas, sino también electricidad, mecanización, equipos para irrigación, etc.

Desde 1957, tanto en el campo ideológico como en el de la política exterior, se desarrolla la «vía china», caracterizada por un endurecimiento. En 1958, China ataca las islas del estrecho de Taiwan. En 1959, el levantamiento tibetano provoca, primero, una fuerte represión y, después, la huida del Dalai Lama a la India. En octubre-noviembre de 1962, un conflicto fronterizo acaba degenerando en abiertas hostilidades en la región de Ladakh. Esta agresiva política exterior no excluye el realismo: aproximación a Francia en el momento en que ésta se decide a reconocer a la China Popular (enero de 1964), y prudencia en el compromiso con Vietnam a partir de 1965.

Desde 1960 se hacen patentes los enfrentamientos entre China y la URSS. Junto a cuestiones geopolíticas, económicas e históricas, el ataque ideológico lanzado por los chinos en agosto de 1960, la réplica de Kruschov y la retirada de los expertos soviéticos son claras muestras del incremento de una crisis que se había iniciado durante la desestalinización. Después de la guerra chino-india y la crisis cubana en 1962, los ataques se incrementan y, a partir de 1963, la ruptura queda consumada.

Las acusaciones de «pseudocomunismo» y revisionismo dirigidas a la URSS tenían mayor trascendencia: si se analizaba el proceso de «descomposición» soviético es para demostrar la amenaza que planea sobre China, si no se dedica a combatir la degradación revisionista en el interior. Estos planteamientos de Mao no son compartidos por la mayoria de los dirigentes del partido cuya cohesión se ha roto tras las consecuencias del Gran Salto.

La lucha contra sus críticos, iniciada por Mao desde 1962, está justificada no sólo por el intento de reconquistar un poder que se le había escapado, sino también de elegir como sucesores a políticos que se sintieran identificados con su visión de una sociedad socialista de masas en movimiento permanente. De 1962 a 1965 se configura el enfrentamiento: la dirección del ejército apoya las concepciones maoístas; la mayoria del aparato civil defiende las posiciones revisionistas de Deng Xiaoping y Liu Shaoqi.

Cuando en septiembre de 1965, Mao exige una campaña de purgas contra los críticos, la dirección del partido le niega su propuesta. Ante esta negativa, Mao, con la ayuda de Lin Piao (ministro de Defensa), prepara su contraataque hacia los dirigentes civiles del partido y contra la propia organización del partido. La ruptura abierta ya no se podía evitar.

DE LA REVOLUCIÓN CULTURAL A LA MUERTE DE MAO (1965-1976)

En la Revolución Cultural que se inicia en 1965 y concluye en 1969 pueden distinguirse cuatro momentos[20].

Una primera fase preparatoria iría de noviembre de 1965 a mayo de 1966. La ofensiva maoísta es discreta y se dirige contra personajes de segunda fila, pero amenaza ya a personalidades más significativas, como Peng Chen, alcalde de Pekín y miembro del Buró Político.

[20] W. BENZ; H. GRAML: *El siglo XX. Problemas mundiales entre los dos bloques de poder*. Madrid, S. XXI, 1982. K.H.FAN: *La Revolución cultural china*. México, Era, 1970.

De mayo de 1966 a principios de 1967 se desarrolla la segunda etapa. La crítica y la depuración están dirigidas contra los más altos dirigentes políticos del país. Se inicia la destitución de los responsables de la información y la propaganda. Desde julio, Mao ataca directamente a sus adversarios más poderosos dentro del Buró Político y del Comité Central: el presidente de la República Liu Shaoqi, y el secretario general del partido, Deng Xiaoping.

En esta etapa, la revolución cultural reviste el carácter de manifestación pública, con la aparición de los primeros grupos de guardias rojos en mayo, seguidos por los periódicos murales (Dazibaos). Son los momentos en que se manifiesta más claramente la presión de las masas y el culto al pensamiento de Mao.

De primeros de 1967 a agosto del mismo año, la ofensiva maoísta está dirigida contra los cuadros del partido en un intento de controlar los órganos provinciales y locales. Esta ofensiva se inicia en Shanghai y se continúa con el establecimiento de los primeros «comités revolucionarios» provinciales, órganos temporales del nuevo poder. La situación se complica al tener que luchar los maoístas en un doble frente: contra los burócratas partidarios de Liu Shaoqi y contra los «ultraizquierdistas» que, al tiempo que pretenden un incremento de la presión contra los anteriores, quieren extender su acción para minar la posición de Chu En-lai.

La cuarta y última etapa se desarrolla entre septiembre de 1967 y abril de 1969. Se caracteriza por la lenta y trabajosa reconquista del poder por los maoístas. Las campañas se dirigen ahora contra los «ultraizquierdistas», mientras que cierto número de antiguos cuadros recuperados se integran en una «Triple alianza» que les une a representantes del ejército y a «rebeldes revolucionarios» maoístas.

Los maoístas convocan el duodécimo pleno del VIII Comité Central (que destituye oficialmente a Liu Shaoqi) en octubre de 1968, y luego el IX Congreso (abril de 1969), que sanciona la victoria de los maoístas o de sus aliados más moderados.

La coalición que salió triunfante de la revolución cultural estaba integrada por dos grupos. Uno de ellos eran los «izquierdistas» agrupados en torno a Mao y a su mujer Chiang Ching [21]; el otro integraba a los militares partidarios de Lin Piao, la administración estatal encabezada por Chu En-lai y los comandantes militares regionales. Las polémicas dentro de este grupo se manifiestan en el ataque contra los «izquierdistas». Las motivaciones de los ataques eran distintas. Lin Piao veía en el grupo izquierdista una amenaza a sus esfuerzos de establecer la disciplina militar y la militarización sistemática de la sociedad, como condición previa para la imposición del concepto de desarrollo movilizador de Mao. Los comandantes regionales y los cuadros administrativos esperaban llevar a cabo una revisión fundamental del programa de la Revolución cultural a través del debilitamiento de las fuerzas maoístas.

Desde el verano de 1970 se inicia sistemáticamente una campaña contra la izquierda de la revolución cultural y contra las organizaciones maoístas. Los hechos más significativos fueron la caída, en agosto de 1970, de Chen Boda, secretario privado de Mao y teórico del partido y la «desaparición y muerte» de Lin Piao (septiembre de 1971). La caída de Lin Piao se tradujo en una serie de cambios en la política interior china que se manifestaron en tres

[21] R.WITKE: *Camarada Chiang Ching*. Barcelona, Plaza y Janes, 1980

esferas: la política de nombramientos, la política económica y social y la política cultural y educativa.

Respecto a la primera de las esferas, desde diciembre de 1971, se inicia la rehabilitación de numerosos funcionarios, que culminó en abril de 1973 con la reaparición en público de Deng Xiaoping como viceprimer ministro. En la política económica y social, los cambios, entre 1971 y 1973, se manifestaron en una mayor autonomía de las direcciones regionales; incremento de técnicos en las empresas industriales y comerciales; imposición de un amplio abanico salarial estimulando la productividad mediante el sistema de incentivos materiales. En la agricultura, se garantizó la posesión de una pequeña parcela privada, se introdujeron mejoras técnicas y mayor diversidad; por último, la remuneración de los campesinos y obreros industriales se volvió a basar exclusivamente en el criterio del rendimiento en el trabajo.

Donde se notaron nuevos cambios fue en la política cultural y educativa, aunque desde septiembre de 1972 se empezaron a celebrar exámenes oficiales de ingreso a las universidades.

Las líneas trazadas después de la Revolución cultural se van a mantener, siendo sus principales impulsores Chu En-lai y Deng Xiaoping. Desde julio-agosto de 1975 un nuevo conflicto estalla dentro del partido. Mao propuso como principio fundamental de la política la lucha de clases, mientras que Deng y Chu eran favorables a la unidad, el desarrollo económico, el estudio y el orden. La izquierda de la Revolución cultural reacciona a favor de Mao movilizando a los estudiantes de Pekín y haciendo llamamientos en favor de la crítica contra los adversarios de la política de la Revolución Cultural.

La muerte de Chu En-lai (enero de 1976) favorece el incremento de izquierdistas contra Deng y sus partidarios, que se manifiesta en el nombramiento, el 7 de febrero, de Hua Quofeng como primer ministro en funciones. Las manifestaciones a favor de Deng y su política se incrementan. El 4 de abril, día de difuntos chino, multitud de visitantes habían depositado, en memoria de Chu En-lai y ante el monumento a los héroes de la Revolución en la plaza de Tiananmen, multitud de coronas y tablillas que recogían los deseos de la población de continuar la política del fallecido Chu[22]. Era claramente una manifestación contra la política de Mao y la izquierda del partido. La retirada de las coronas y carteles del monumento por las fuerzas del orden provocó que lo que hasta entonces había sido una manifestación pacífica tomara las dimensiones de una revuelta violenta contra Mao, su mujer y la izquierda del partido. Los disturbios en la capital se extendieron al resto del país. Las masas exigían su cogestión, en la última crisis del partido antes de la muerte de Mao.

La reacción del gobierno fue radical. El 7 de abril se comunicaba la destitución de Deng de todos sus cargos estatales y de partido y el nombramiento de Hua Quofeng como primer vicepresidente del Comité Central y primer ministro.

La segunda caída de Den y el ascenso de Hua habían sido posibles por dos razones: la abstención de los militares en la crisis de abril de 1976 y porque la muerte de Mao estaba

---

[22] *Reflexiones sobre la Revolución Cultural*. Pekin Informa, 1986

cercana. El 9 de septiembre de 1976 se dio a conocer su muerte. Se iniciaba una etapa que acabaría liquidando el maoísmo.

La política exterior china en esta etapa atraviesa varios momentos. Tras la ruptura con la Unión Soviética, en 1963, se plantea la táctica de enfrentamientos con las dos superpotencias que lleva al aislamiento de China a nivel internacional. Desde 1969, Chu En-lai propugna una política de acercamiento a Occidente. Esta política de acercamiento se vio facilitada por una serie de hechos:

- La crisis de Checoslovaquia (la «primavera de Praga») de 1968, con la invasión soviética que China había asegurado que no se produciría.
- El enfrentamiento chino — soviético (marzo de 1969) en la isla de Chenpao, en el río Usuri, que desencadenó movilizaciones a lo largo de la frontera entre China y la URSS.
- La muerte, a principios de septiembre de 1969, de Ho Chi-minh y el inicio de negociaciones entre Washington y Hanoi emprendidas en contra del consejo de Pekín.
- La crisis interna de Pakistán, en 1971, que llevó a la guerra y posterior independencia de Bangla-Desh.

Consecuencia de todo ello, y tras un viaje secreto de H.Kissinguer a Pekín, el 15 de julio se hace pública la visita de R.Nixon a Pekín por invitación de Chu En-lai para febrero de 1972. La visita se patentizó en los Acuerdos de Shanghai que servirían de base para las futuras negociaciones chino-norteamericanas. Se establecía la cláusula antihegemónica, se reconocía oficialmente a la República Popular China, y se negaba la independencia de Taiwan. El núcleo esencial del acuerdo radicaba en que, por un lado, ambas partes deseaban renunciar a toda pretensión hegemónica en la zona del Pacífico asiático y, al mismo tiempo, se oponían a las aspiraciones hegemónicas de una tercera potencia; por otro lado, se establecía el compromiso norteamericano de enviar un alto funcionario del gobierno a Pekín para impulsar la normalización de las relaciones entre ambos Estados e intercambiar opiniones sobre política mundial[23].

Habrá que esperar a 1978 para que estas iniciativas se concreten. El 15 de diciembre de 1978 el presidente Carter rompió las relaciones diplomáticas con Taiwan, ordenó la retirada de todas las instalaciones militares y tras denunciar el tratado de defensa entre la China nacionalista y Estados Unidos, estableció relaciones diplomáticas con la República Popular China el 31 de diciembre de 1979. El siguiente paso fue la firma del Acuerdo del Pacífico entre China, Japón y Estados Unidos.

CHINA DESPUÉS DE MAO

La muerte de Mao va a traer nuevos cambios en la situación interna e internacional china. A comienzos de octubre de 1976, Hua Quofeng manda encarcelar a la denominada «Banda de los Cuatro», compuesta por la mujer de Mao, Chiang Ching. y por Chang Chunquiao, Yao Wenyuan y Wang Hungwen. Poco después ocupa la presidencia del

[23] W. BENZ; H. GRAML: *op.cit.*

partido. A pesar de estas medidas, sobre todo el encarcelamiento de la «Banda de los Cuatro», se reclama la vuelta de Deng Xiaoping, que ocupa sus antiguos cargos en julio de 1977[24].

REFORMAS POLÍTICAS

Del 12 al 18 de agosto de 1977 se reúne el XI Congreso del PCCh para sancionar el golpe contra los «izquierdistas» de la Revolución cultural, aprobar los nuevos estatutos y discutir el proyecto de una nueva Constitución, que es aprobada en 1978. Con este congreso se inicia un proceso de progresiva normalización política y de consolidación programática de la política del gobierno. Este proceso va unido a la consolidación política de Deng que se realiza a través de la política de nombramientos, en la política social agraria y en el cuestionamiento del papel de Mao[25].

En octubre de 1979 se abandona el modelo maoísta de política agraria. Desde 1978 se establecen las bases para modificar la política de Mao y su culto personal. Se designa a Mao como «camarada» únicamente, se habla de sus defectos y errores y el «pensamiento de Mao» deja de ser exclusivo de Mao y pasa a ser la cristalización de la sabiduría colectiva de Mao y sus compañeros de lucha.

En el invierno de 1978-79 un movimiento de jóvenes intelectuales ponía en entredicho los fundamentos del régimen con sus reivindicaciones de libertad de opinión, asociación y reunión, elecciones libres y autorización de partidos. Desde marzo de 1979 se establecen severas medidas represivas y, tras nuevos incidentes en el verano, en noviembre se pone fin al movimiento disidente.

Desde el 29 de febrero de 1980 Deng dispone de mayoría de votos en el Buró político. Los acontecimientos internos han patentizado los enfrentamientos en el seno del partido entre sectores conservadores y liberales, así como entre el partido y la población, que manifiestan las contradicciones entre la liberalización económica y el conservadurismo político.

En 1982 la Asamblea aprueba una nueva Constitución, que sigue definiendo la RPCh como un Estado socialista de dictadura democrática y popular, pero sin introducir ninguna novedad esencial reduciéndose a pequeños retoques institucionales, entre ellos, el restablecimiento del puesto de presidente de la República, que será elegido para ocupar su cargo durante un periodo de cinco años y su mandato no será renovado. Desde 1993, Jiang Zemin es presidente de la RPCh, cargo que lleva unido los de secretario general del PCCh y presidente de la Comisión de Asuntos Militares. El Primer Ministro es, desde 1988, Li Peng.

En septiembre de 1985 se produce la dimisión de más de un centenar de dirigentes para dejar paso a los más jóvenes[26]. Este hecho supuso una victoria de Deng Xiaoping, que

---

[24] CH. BETTELHEIM: *China después de Mao.* Barcelona, El Viejo Topo, 1978. LYNN PAN: *China después de Mao.* Barcelona, Planeta, 1987

[25] DENG XIAOPING: *Textos escogidos (1975-1982).* Pekin, Ed. en Lenguas Extranjeras, 1984.

[26] Mª J. MERINERO: *China después de Mao.* Cuadernos del Mundo actual. nº 74. Madrid, Historia 16, 1995.

se afianza en su puesto, contando con la colaboración, en la cúpula dirigente, de sus más inmediatos seguidores: Li Xiannian (presidente de la República), Hu Yaobang (secretario general del partido) y Zhao Ziyang (primer ministro). Esta cúpula tenía como objetivo fundamental afianzar las reformas. Estas reformas se caracterizan por una política de apertura al exterior, con aceptación de inversiones extranjeras; el uso de medidas capitalistas y de libre mercado para reactivar la economía y la aceptación de la libre empresa y del incentivo económico frente al monopolio estatal.

Ahora bien, esta reforma económica en ningún caso debe entrar en contradicción con los *cuatro principios fundamentales,*[27] que son: persistir en el camino socialista, en la dirección del Partido Comunista, en la dictadura democrática popular y en el marxismo—leninismo y el pensamiento de Mao Zedong. Estas reformas habían sido ampliamente discutidas en la III Sesión Plenaria del XII Comité Central del Partido Comunista de China, celebrado en octubre de 1984.

Del 25 de octubre al 1 de noviembre de 1987 se celebró en Pekín el XIII Congreso Nacional del Partido Comunista de China. Diversas medidas se encaminan a cuatro tareas fundamentales: separar el partido de la administración gubernamental, transferir más poderes a las instancias inferiores, guerra a la burocracia y lucha contra la corrupción (fubai).

Si bien el XIII Congreso sienta las bases de la reforma política, ésta no puede en ningún caso violar las cuatro reglas de oro del comunismo chino: el pensamiento marxista—leninista, el socialismo como práctica política, la dictadura del proletariado y el papel dirigente del partido. No obstante, hay una «democratización» en el sentido de que los ciudadanos pueden pedir cuentas al Partido Comunista Chino, obligando a que éste sea más responsable y transparente y sus miembros sean menos burócratas y corruptos.

Tres son los objetivos fijados a corto plazo:

1. Revitalizar el partido, sus órganos administrativos y la totalidad del aparato del Estado.
2. Incrementar la eficacia.
3. Estimular la iniciativa ciudadana en todos los campos.

El nuevo Comité Central elegido por el XIII Congreso del Partido ha dado otro paso adelante, al integrar cuadros de menor edad y dotados de conocimientos culturales.

POLÍTICA EXTERIOR

En lineas generales, desde 1980, la política exterior china ha mantenido una línea constante de apertura hacia el exterior con las dos grandes superpotencias

En octubre de 1983 se produce una purga interna que supuso el ocaso, aparentemente definitivo del sector izquierdista o radical que protagonizó la Revolución cultural. Es la «gran purga hacia adelante», necesaria para llevar a cabo las *cuatro modernizaciones* que

[27] DENG XIAOPING, *op. cit.*

practica Deng Xiaoping (industria, agricultura, ciencia y defensa). Esta desradicalización del partido en el interior viene acompañada de una apertura exterior. La política china, en este sentido, se define en 1985 como de no agresión, no intervención y coexistencia pacífica con todos los países, al margen de sus sistemas sociales o políticos. En enero de 1984, el primer ministro chino Zhao Ziyang visitó EE.UU. pidiendo que el Congreso norteamericano modificase la legislación que prohibía a los países comunistas del Tercer Mundo recibir ayuda norteamericana, así mismo consiguió la promesa de EE.UU. de reducir su apoyo oficioso a Taiwan. El acercamiento con EE.UU. se concreta en el Acuerdo de Cooperación Nuclear chino-norteamericano (julio, 1985), firmado por R. Reagan y Li Xiannian, limitado al uso pacífico de la energía nuclear, estableciéndose la oposición de ambos países a la proliferación de armas nucleares. Este acuerdo implicaba la introducción de tecnología militar norteamericana en China.

Igualmente, en enero de 1984, el gobierno chino obtiene un éxito diplomático al conseguir que la primera ministra británica, M. Thatcher, acepte devolver a China la soberanía total de Hong Kong para el 30 de junio de 1997, aunque con una cláusula, en virtud de la cual este territorio conservará su total sistema político, económico y social durante cincuenta años (acuerdo chino-británico de diciembre de 1984)[28] .

El gobierno chino, en su linea de normalización de relaciones, emprendió el acercamiento con la URSS. Así, en febrero de 1984, el viceprimer ministro chino, Wan Li, es enviado al frente de la delegación china a los funerales de Y.Andropov. Este hecho abría la posibilidad de acercamiento, aún lento, entre China y la URSS, cuyas relaciones se habían roto en los años sesenta. La normalización de las relaciones chino-soviéticas se enfrentaba a tres obstáculos: el masivo dispositivo militar soviético en las fronteras con China, la intervención rusa en Afganistán y el apoyo prestado por Moscú a Vietnam para su acción militar en Camboya. Si en un principio las relaciones económico-comerciales se restablecieron, habrá que esperar a mayo de 1989, cuando la llegada de M.Gorbachov a Pekín ponía fin a treinta años de alejamiento chino-soviético, al aceptar la URSS el cumplimiento de las tres condiciones chinas.

A pesar de los éxitos logrados, la política exterior china aún tiene problemas que resolver como son las intervenciones en el Tibet para sofocar los continuados brotes independentistas, y la solución de las relaciones entre China comunista y Taiwan. Si bien en mayo de 1986, se produjo el primer contacto entre ambas desde 1949, aún no se ha llegado a ningún acuerdo sobre la reunificación.

REFORMAS ECONÓMICAS [29]

En los años en que China fue dirigida por Mao, su economía logró un significativo crecimiento que supuso la consolidación de un sistema agrario y la creación de una importante estructura industrial, sobre todo de industria pesada, por lo que, cuando China

[28] *Presencia de China*. Pekín, Ed. en Lenguas Extranjeras, 1989.

[29] P. BUSTELO; A. MARTÍNEZ GONZÁLEZ-TABLAS: «La economía china: reforma y perspectivas», en C. BERZOSA (COORD.), *La economía mundial en los 90. Tendencias y desafíos.* Madrid, FUHEM - Icaria, 1994.

abordó su reforma, estaba en unas condiciones económicas mejores que las de otros países comunistas.

Se pueden distinguir, en líneas generales, dos etapas: la que se inicia a finales de los setenta con la puesta en práctica del lema lanzado por Chu En-lai y Deng Xiaoping sobre las *Cuatro Modernizaciones* (agricultura, industria, ciencia y técnica y defensa). Y una segunda etapa correspondiente a la década de los noventa, en que se pone en marcha la teoría de la *economía de mercado socialista.* Estrategia cuya finalidad es la de acortar distancias con las naciones del sureste asiático, intensificando la reforma económica, recuperando técnicos nacionales que estaban en el extranjero, sin ceder terreno a la apertura política[30].

A finales de los años setenta, los nuevos líderes chinos, encabezados por Deng, decidieron corregir el rumbo de la estrategia económica, con el fin de aumentar el consumo individual y social, de primar la industria de bienes de consumo y la agricultura, de fomentar las empresas colectivas para generar empleo y potenciar la apertura exterior para obtener divisas, tecnología y aprovechar el comercio internacional.

REFORMAS EN LA AGRICULTURA Y EN LA INDUSTRIA

Las reformas se iniciaron en la agricultura. Se desmanteló el sistema de comunas agrícolas creado en 1958 y se creó el «sistema de responsabilidad» de unidades familiares, en virtud del cual se privatizó de hecho la tierra, aunque nominalmente se mantuvo la propiedad colectiva. Además, se abrieron mercados libres para la producción agrícola, al permitirse a los campesinos vender parte de sus cosechas al margen de los canales estatales de distribución.

Los resultados de la reforma no se hicieron esperar: la producción agrícola , que había aumentando a una tasa media del 2,8% entre 1973 y 1980, se incrementó a un ritmo anual de 7,9% entre 1980 y 1986, diversificándose los cultivos y la actividad campesina, con un incremento de las industrias rurales. Además, un efecto significativo de los cambios en el sistema de explotación agraria fue el aumento del éxodo rural hacia las ciudades industriales costeras.

Por lo que se refiere al sector industrial, se permitió la creación de empresas colectivas (no estatales) y privadas (pequeña y mediana empresa, en sectores como pequeño comercio, artesanía, hostelería, etc.). Además se introdujeron sistemas de responsabilidad económica en las empresas estatales, es decir, incentivos a sus gerentes, como la posibilidad de retener beneficios para nuevas inversiones o primas a los trabajadores o de adquirir activos de otras empresas. Pero las grandes empresas estatales no se han privatizado; sólo han llegado a convertirse en empresas mixtas mediante la venta de participaciones al capital extranjero, y en las que el Estado suele mantener al menos el 51 % de la propiedad.

Los resultados de estos cambios se dejaron sentir con rapidez: el crecimiento de la producción industrial pasó de 8,6% entre 1973 y 1980 a 12,5% entre 1980 y 1986.

El sector industrial se diversificó, al aumentar el peso relativo de la industria manufacturera y, dentro de ésta, de la industria ligera. Se registró, igualmente, un cambio en la

---

[30] YAN JIAQI: «La connotación científica de "un país, dos sistemas" y sus peculiaridades», en *China y el Mundo.* Pekin informa, Ed. en Lenguas extranjeras, 1986.

localización geográfica de la industria, con el crecimiento extraordinario de las provincias costeras.

REFORMAS EN LAS CIENCIAS Y TÉCNICAS

Estas reformas son imprescindibles, pues intentan abordar los estrangulamientos fundamentales con los que se encuentra la vasta reforma iniciada: las deficiencias de las infraestructuras y sobre todo la necesidad de una mayor y mejor explotación energética, la carencia de alta tecnología, y las deficiencias educativas que se reflejan en la carencia de personal cualificado.

En las directrices del VII Plan Quinquenal, 1986-1990, relativas a las tecnologías de punta han sido definidos siete sectores de investigación prioritaria: *biotecnologías*: mejoramiento de las especies, progresos en medicina, vacunas, genética; *espacio*: suelos comerciales; *información*: inteligencia artificial, integración de sistemas, adquisición y tratamiento de la información; *automatización*: láseres; *robótica y energía*: especialmente el uso del carbón y de la energía nuclear; y *nuevos materiales*.

Para atajar la deficiencia de infraestructuras son imprescindibles las inversiones exteriores, a las que no son ajenas las grandes corporaciones multinacionales de la construcción, las telecomunicaciones y los equipos de transportes.

REFORMAS EN EL EJÉRCITO

El Ejército de Liberación Popular (ELP), creado en 1927, se ha convertido hoy en una fuerza regular, con un sistema de reclutamiento selectivo y un encuadramiento profesional. Este ejército ha sido durante mucho tiempo tanto una fuerza política como militar. Hasta la muerte de Mao y la llegada al poder de Deng ha sido un pilar del régimen, tan importante como el propio PC. Y por tanto, aunque es la última de las cuatro modernizaciones, ha debido hacerse contemplando dos aspectos importantes: no disgustar mucho al propio ELP y llevar a cabo su modernización sin tener que hacer grandes inversiones, y con dos medidas esenciales: la reducción de los efectivos y la modernización tecnológica.

El primer objetivo de la reforma, consistente en *reducir su número y rejuvenecer y mejorar la cualificación de sus cuadros*, fue aprovechado para jubilar a una serie de hombres de la *vieja guardia* o maoístas ortodoxos, que sirvió para dar una imagen exterior de política pro pacifista, a la vez que se reducía drásticamente el presupuesto militar.

La modernización exigía la profesionalización y, por tanto, nuevos criterios de selección exigiéndose un nivel secundario de educación. La mejor formación de los oficiales ha obligado a una reorganización de las escuelas militares.

POLÍTICA DE PUERTAS ABIERTAS

Complementando las reformas internas, con la apertura al exterior se ha puesto fin a la tendencia al aislamiento que China había mantenido durante siglos, y que ha jugado un papel esencial en la configuración de su sociedad.

La apertura llevada a cabo con la reforma tiene dos importantes características: 1) ha sido una apertura decidida por los gobernantes de la RPCh y 2) esta apertura se ha llevado a cabo desde una posición de fuerza de la RPCh.

La apertura exterior tuvo como objetivos principales la atracción de capital y tecnología extranjeros, con objeto de que contribuyesen a la modernización del tejido industrial y a la creación de puestos de trabajo, así como el fomento de las exportaciones de manufacturas, para generar divisas y aprovechar los impulsos del crecimiento del comercio internacional

Respecto a las exportaciones a partir de 1978, la nueva orientación supuso un formidable desarrollo de los intercambios exteriores. Tres productos han conseguido una mayor expansión, sobre todo a partir de la década de los ochenta, cuando ya la política de reformas había cambiado la estructura empresarial y el desarrollo industrial: los productos textiles, para los que China cuenta con la disponibilidad de materias primas y mano de obra barata; la industria ligera: juguetes, artículos de deporte y papelería; y, finalmente, empiezan a tener peso en la exportación los bienes de consumo electrónico: televisores, radios.

Respecto a la atracción de capital, China ha mostrado uno de sus aspectos más atrevidos en la regulación de las inversiones extranjeras, introduciendo una legislación muy liberal en este aspecto. Las exenciones fiscales para estas inversiones han sido importantes, permitiendo la posibilidad de crear empresas mixtas en las que la aportación china ha consistido generalmente en terrenos, edificios, mano de obra y parte de las materias primas necesarias para la actividad productiva. Por su parte, el socio extranjero ha aportado capital, en forma de maquinaria, tecnología o divisas necesarias para la puesta en marcha de la empresa.

Dentro de la política de atracción de inversores extranjeros, una de las iniciativas más prósperas ha consistido en la creación de *zonas económicas especiales (ZEE)*. Esta política, iniciada en 1979, se lleva a cabo en ciudades portuarias en las provincias costeras, que fueron creadas como zonas francas, con una legislación más favorable que en el resto del país: mayores incentivos fiscales, mayores porcentajes de retención de las divisas ingresadas, regulaciones laborables muy flexibles, etc., con el doble objetivo de contribuir a modernizar la industria china y estimular el comercio. Se eligió la costa por ser una zona de mayor tradición de contactos con el exterior en vínculos comerciales y económicos y por la existencia en ellas de mano de obra más cualificada.

No obstante, en la perspectiva de un decenio, las ZEE presentan un balance muy desigual: 1) en vez de atraer inversiones en sectores de media y alta tecnología, han acogido fundamentalmente empresas extranjeras de la industria ligera, que buscan beneficiarse de los bajos costes laborales y de los incentivos del Estado. 2) En lugar de polos de atracción se han convertido en islotes de prosperidad. 3) Han permitido el fuerte crecimiento de estas zonas portuarias donde se ha producido una alta inflación que ha repercutido en el nivel general de precios. Ante esta situación, las autoridades chinas adoptaron, en abril de 1989, medidas encaminadas a enfriar la economía con políticas restrictivas. Pero dada la abundancia de recursos financieros que tenían, en gran parte no llegaron a aplicarse las restricciones creditícias ni la reducción de inversiones. Y 4) se han creado grandes desequilibrios en el desarrollo entre las regiones más ricas del litoral o las más fértiles de interior con las más alejadas y montañosas. Y ese objetivo del equilibrio entre regiones había sido uno de los objetivos de la política de Mao.

EFECTOS DE LA POLÍTICA DE REFORMAS

China se ha convertido en una incipiente sociedad de consumo; durante la década de los ochenta, la tasa media de crecimiento económico anual fue, aproximadamente de un 10% ; tasa que pocos países alcanzaron, pues no hay que olvidar que durante los primeros años de esta década, la economía mundial se vio afectada por la segunda crisis del petróleo. La mejora en el nivel de vida de la sociedad china ha sido espectacular; la renta per cápita pasó en las zonas urbanas de 136 yuanes en 1978 a 1.387 en 1991, mientras en el mundo rural crecía, en ese mismo periodo de tiempo, de 134 a 630 yuanes.

La pobreza, es decir, la población con una renta que les permite sólo subsistir, ha descendido de un 28 % en 1980 a un 10 % al comienzo de los años noventa.

Los efectos socialmente negativos de la reforma, añadidos a la extensión de la corrupción, la delincuencia, la prostitución y el retorno de costumbres antiguas que ya parecían olvidadas, son varios. Durante los años ochenta crecieron la desigualdad en la distribución territorial y personal de la renta, la proporción de la pobreza en el campo, el deterioro del medio ambiente y la disparidad en el acceso a la educación y a la sanidad. Esto último es una consecuencia directa de la desaparición del sistema de comunas en la agricultura, que, si bien era poco eficiente desde el punto de vista de la producción, garantizaba un acceso igualitario a la enseñanza y a los servicios de salud, especialmente para pobres y ancianos.

MALESTAR SOCIAL: LA PRIMAVERA DE 1989

Con la puesta en marcha de estas las reformas económicas empiezan a plantearse al gobierno chino los primeros problemas políticos, pues los estudiantes, en primer lugar, manifiestan sus deseos de una liberalización política acorde con la economía. Así, en diciembre de 1986, se producen las manifestaciones estudiantiles de Shangahi, que tenían como principales reivindicaciones la democracia y la libertad. La consecuencia de estas manifestaciones fue la destitución, en febrero de 1987, de Hu Yaobang como secretario general del Partido.

La muerte del reformista Hu Yaobang en abril de 1989 (al igual que había sucedido en abril de 1976 a la muerte de Chu En-lai) va a coincidir con nuevas manifestaciones estudiantiles pidiendo democracia y mayores libertades. El 27 de abril una marcha cuyo recorrido iba desde la Universidad de Pekín hasta la Plaza de Tienanmen pedía la incorporación de una quinta modernización: contra el anquilosamiento del sistema y la corrupción. Si en un primer momento el Gobierno chino no da mayor importancia al movimiento, los estudiantes continúan firmes en sus reivindicaciones e inician el 14 de mayo, víspera de la llegada de M. Gorbachov y su «perestroika» a Pekín, una huelga de hambre en la plaza de Tiananmen que es seguida por manifestaciones multitudinarias.

Consecuencia de estos hechos, el 27 de mayo, Deng Xiaoping inicia una purga entre los dirigentes más reformistas del partido. Así, Zhao Ziyang (secretario general), Hu Qili (miembro del Comité Permanente), Qin Jiwei (ministro de Defensa) y Wan Li (presidente de la Asamblea Nacional Popular) son acusados de utilizar el movimiento estudiantil para hacerse con el poder.

Tras el establecimiento de la Ley Marcial el 3 de junio de 1989 las tropas del Ejército Rojo entran en la Plaza de Tienanmen donde están concentrados los estudiantes. Los enfrentamientos son inmediatos y el resultado fue un elevado número de muertos procedentes fundamentalmente de los estudiantes, aunque también algunos soldados fueron asesinados[31] .

En las manifestaciones de los estudiantes confluyeron reivindicaciones de diversa índole. Procedían, sobre todo, del éxito relativo de diez años de reformas económicas y de los efectos negativos de las mismas: la carestía de la vida, el desempleo, la corrupción, etc., pero no se pedía una vuelta atrás sino una mejor gestión de las reformas que condujeran a una mejora de las condiciones de vida[32].

La crisis de la primavera de 1989 tiene rasgos diferenciadoras: 1) el movimiento popular de protesta fue espontáneo, surgido desde abajo —como los precedentes de 1979 y 1986— a diferencia de otros anteriores, que correspondían a la concepción de revolución permanente maoísta que fueron dirigidos desde el poder. 2) En junio de 1989 fue la primera vez en la historia de la RPCh en que se utilizó el poder del Estado, a través del Ejército, para reprimir violentamente un movimiento popular. 3) Los intelectuales, mantenidos durante siglos en la incompetencia política, no han dirigido al poder más que críticas morales. Sólo una minoría entre los estudiantes han ido más allá reclamando libertades y democracia, sin exigir el final del régimen comunista, sólo su renovación. 4) Ha sido un movimiento fundamentalmente urbano, y los campesinos, apenas compenetrados con las reivindicaciones, no han participado en él.

¿ Y EN EL FUTURO QUÉ ?

Las experiencias socioeconómicas llevadas a cabo en China han dado, hasta ahora, un balance positivo. El pragmatismo de sus líderes avala su capacidad para enfrentar nuevos desafíos futuros. Existen factores favorables a su evolución como son: su situación en un área extremadamente dinámica, una cultura proclive a la disciplina y a las actitudes que exige una economía competitiva, y el establecimiento de un Estado fuerte y, aparentemente, capaz de controlar las fuerzas centrífugas y las tendencias disgregadoras. Todo ello parece indicar que, a corto plazo, China podrá mantener un alto y sostenido crecimiento económico.

[31] CHAI LING: *Descripción de la masacre de la Plaza de Tiananmen*. Taiwan, 1989.

[32] *Cómo ven los chinos la sedición en Pekín*. Pekín, E. Nueva Estrella, 1989.

No obstante, subsisten varios interrogantes tales como el rumbo de la reforma tras la muerte de Deng Xiaoping, la incidencia del creciente proteccionismo occidental ante las ofensivas exportaciones chinas, y las dificultades para corregir los inconvenientes que la propia reforma ha provocado.

Además, la reforma económica debe generar y exigir transformaciones sociales y cambios en el sistema político. Los reformadores chinos parecen haber ignorado, o al menos no valorado suficientemente, tales exigencias, manteniendo la postura oficial de respetar escrupulosamente los *cuatro principios básicos.*

A largo plazo, el mantenimiento de la reforma no puede sino agudizar las diferencias sociales: empiezan a perfilarse grupos, e incluso clases, con intereses propios y que van a tratar de defender sus posiciones y ocupar espacios políticos. Junto a ello tiende a actuar la ruptura generacional, alentada por jóvenes que se mueven con exigencias de presente y no con referentes históricos. Por último, está la ruptura entre campo y ciudad con los problemas de distribución de la renta y asignación de recursos.

Resumiendo, los cambios experimentados por la economía china en los últimos años han sido extraordinarios. Su situación a finales de los años setenta, el tipo de reforma que se ha aplicado y su pertenencia a la región más dinámica del planeta explican gran parte del balance positivo de estas transformaciones. No obstante, este éxito se ha visto parcialmente oscurecido por la resistencia a efectuar cambios políticos, por los inconvenientes de la inserción de la economía mundial y por los altos costes medio ambientales. Las perspectivas de la economía china para los próximos años parecen, en términos generales, favorables aunque dependen en gran medida de la coyuntura externa, de la viabilidad del sistema económico novedoso que se quiere instaurar y, sobre todo, de factores extraeconómicos, que ejercen en ese país una influencia que no existe en otros países.

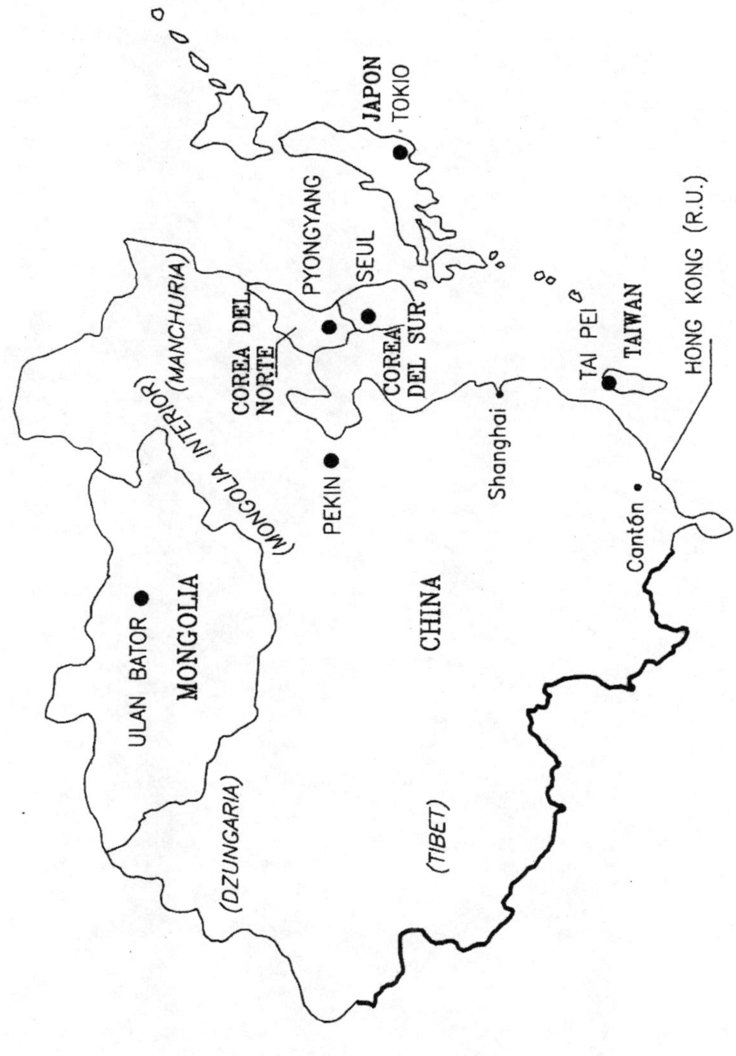

ASIA ORIENTAL (EL LEJANO ORIENTE)
EN LA ACTUALIDAD (1995)

POBREZA Y TRANSFORMACIONES EN EL ÁMBITO INDOSTÁNICO

Mª PAZ CABELLO RODRIGUEZ
Universidad de Valladolid

«Yo te daré terciopelos
y perfumes orientales,
de Grecia te traeré velos
y de Cachemira chales».

(J. Zorrilla, *Oriental*)

I. INTRODUCCIÓN

1. EL ÁMBITO INDOSTÁNICO: ACUMULACIÓN HUMANA EXTRAORDINARIA, BAJOS NIVELES DE VIDA Y «BABEL» DE LENGUAS Y RELIGIONES

El conjunto regional al que pretendo aproximarme en las páginas que siguen —me daría por contenta con vislumbrar los aspectos dominantes de su extraordinaria complejidad— forma parte del gran área del Sur y Sureste asiáticos que se extiende desde el valle del Indo a Japón y cuya característica esencial es ser un auténtico hervidero humano. Más de la mitad del género humano se hacina en este tenso arco de 7.000 kms de largo por 1.500-2.000 de ancho. Yves Lacoste, en la introducción del número que la revista *Hérodote* dedicó al Asia Monzónica, ironiza sobre el calificativo del área precisamente aludiendo al monzón. Si desde el siglo XIX, dice, los geógrafos vienen caracterizando a esta macrorregión en términos de Geografía Física es porque la uniformidad a la que alude este concepto les sirve de escudo para no tener que abordar la perplejidad que produce la concentración humana que es, sin duda, su aspecto esencial.

En los algo menos de 4,3 millones de km^2 que abarcan los actuales estados en que hoy se divide la antigua India británica (India, Pakistán, Bangladesh y Sri Lanka) se agolpan, según datos de 1994, 1.215 millones de personas (¡el 21% de la humanidad en el 3,2% de la superficie del globo!). Los efectivos se han doblado desde 1970, y en los momentos presentes cada año supone un incremento de 50 millones de personas. La India —segunda potencia demográfica mundial después de China— tiene 936 millones de habitantes en 1994; Pakistán, 140,5 y Bangladesh, 120,4 (Sri Lanka, 18). Las tasas de crecimiento son altísimas, superando siempre el 2% anual y rebasando el 3% en el caso de Pakistán. Las previsiones para el año 2.025 estiman en 1.800 los millones de habitantes de la zona. El ámbito indostánico es, sobre todo, un mundo rural, de campesinos, lo que no impide que la tradición urbana, la densidad, el crecimiento de la población y los mecanismos económicos en curso hagan de las grandes ciudades de la zona organismos gigantescos y de una problemática cuya complejidad es difícil de exagerar. Las proporciones de población urbana se mantienen débiles en Pakistán y la India (33 y 26% respectivamente) y son reducidísimas en Bangladesh (18%).

Cualquiera de los indicadores estadísticos más o menos al uso nos pone de inmediato ante la pertenencia de esta gigantesca masa humana entre los más pobres de la tierra. El *Índice de Desarrollo Humano,* que pondera datos relativos a tres dimensiones (las condiciones sanitarias a través de la esperanza de vida, los niveles educativos mediante la alfabetización adulta/los años de permanencia en el sistema educativo y los niveles de ingreso), nos sitúa, en 1992, a estos tres estados en los puestos 132, 135 y 146 sobre un total de 173 naciones, con niveles de 0,393 (Pakistán), 0,382 (India) y 0,309 (Bangladesh), dentro de unos umbrales que oscilan entre el 0,932 alcanzado por Canadá que es el país que encabeza la clasificación y el 0,191 de Guinea—Conakry que la cierra. A efectos de comparación, ese mismo año España ocupaba el puesto 23 con 0,888. Los tres países eran receptores de Ayuda Oficial al Desarrollo en proporciones que se mueven entre el 6,6% de su P.N.B., en el caso de Bangladesh y el 0,8 % de la India, pasando por el 2,3% de Pakistán.

El subcontinente indio presenta unos **límites naturales** claramente marcados: las dos vertientes del océano Índico al Este y Sur, las cadenas montañosas y las selvas birmanas al Noreste, el gigantesco nudo orográfico Pamir—Hindu Kush—Himalaya—Trashimalaya al Norte y por el Noroeste los montes Suleimán y la región de altiplanicies de Beluchistán que se prolongan por el territorio afgano—iraní y por cuyos pasos han llegado a la península indostánica a lo largo de la historia arios védicos, persas, macedonios, hunos, árabes, turcos y afganos, entre otros.

El **relieve** de este gran conjunto se resuelve en tres grandes unidades: una es el conjunto de **las áreas montañosas del Norte** que se extienden por Cachemira, Uttar Pradesh y Bihar, otra, **la gigantesca llanura aluvial indogangética** que ocupa la prefosa alpina; a lo largo de un recorrido de 3.000 kms. desde el delta del Indo al Oeste al del Brahmaputra en el Este no presenta accidentación alguna (la divisoria de aguas entre los dos ríos está a 270 ms.), lo que hace del riesgo de inundaciones una constante y la tercera, al Sur, es **la meseta del Deccán** labrada en el viejo escudo y bordeada a oriente y occidente por las alineaciones de los montes Ghates.

El elemento clave atendiendo a la **configuración climática** viene dado por el monzón que permite que, a la misma latitud que el desierto tropical se desarrolla en África, aquí aparezca un clima tropical lluvioso, vinculado a la estación húmeda introducida por el monzón de verano que entre junio y septiembre trae lluvias que permiten mitigar la sequía que de otro modo asolaría la zona.

Una característica esencial de la región es el haber sido la cuna de las grandes religiones orientales milenarias, el hinduismo y el budismo, caracterizadas por la superación de la dicotomía materia-espíritu y la contemplación como forma de conocimiento divino. Una historia igualmente milenaria de apertura a todos los invasores, a todas las corrientes culturales, a todas las vías comerciales ha venido a ampliar y complicar de forma extraordinaria el mapa religioso. La mayoría hindú se ve completada por una red inextricable de minorías entre las que destaca la musulmana (unos 150 millones en la India), cuyos postulados fundamentales son bien diferentes. Pese a que en los orígenes mismos del nacionalismo indio emerge la tradición integradora y de absorber lo heterogéneo —***«lo Uno y lo Múltiple»***— (característica cultural que alentase la obra y el pensamiento de Gandhi a través por ejemplo del ***movimiento de no violencia***), los enfrentamientos sangrientos entre musulmanes e hindúes en primer término, pero también con otras minorías, asolan la zona. Recuérdese el asesinato de Indira Gandhi en 1984 a manos de miembros de su guardia sij o el de su hijo en 1991 en plena campaña electoral por parte de un comando tamil. Los conflictos entre la enfoscada maraña de minorías, cuya proporción cambia de unas regiones a otras, lejos de desenredarse con el tiempo y con la división política adoptada, reaparecen año tras año zarandeando permanentemente un equilibrio sumamente inestable.

A la diversidad religiosa se suma, sin superponerse, la ***«Babel lingüística»***. La India tiene además del hindi y del inglés otras 14 lenguas regionales reconocidas como oficiales por la Constitución y alrededor de 1.600 lenguas y dialectos no oficiales, aunque su peso es extremadamente desigual. En Pakistán existen, junto al ordú que es el primer idioma oficial, otros seis con ese rango y en Bangladesh coexisten junto al bengalí, el ordú y el inglés, otras muchas lenguas no oficiales. La política lingüística seguida tras la descolonización es otro de los factores que debilita, cuando no hace peligrar, la unidad nacional, especialmente en la India.

A todo lo anterior hay que añadir el cuadro de castas que no sólo no contribuye a fortalecer el sistema social sino que propicia la diversidad. Las intenciones, consagradas con rango constitucional, de acabar con el sistema de castas han permitido avances considerables (en 1992 un intocable fue proclamado vicepresidente de la India), pero no sólo no se ha podido acabar con él, sino que su fuerza es tal que el resto de las minorías religiosas con una larga trayectoria de convivencia con la sociedad hindú (la musulmana y la cristiana incluídas) lo han asumido; muchas subcastas canalizan hoy sus intereses a través de partidos políticos. Aunque se advierten grados de correspondencia muy estrechos entre castas bajas (y sobre todo los ***«sin casta»***) y grupos sociales desfavorecidos, y castas altas y situación socioeconómica mucho más desahogada, no puede decirse que las castas se asimilen hoy a un sistema de clases.

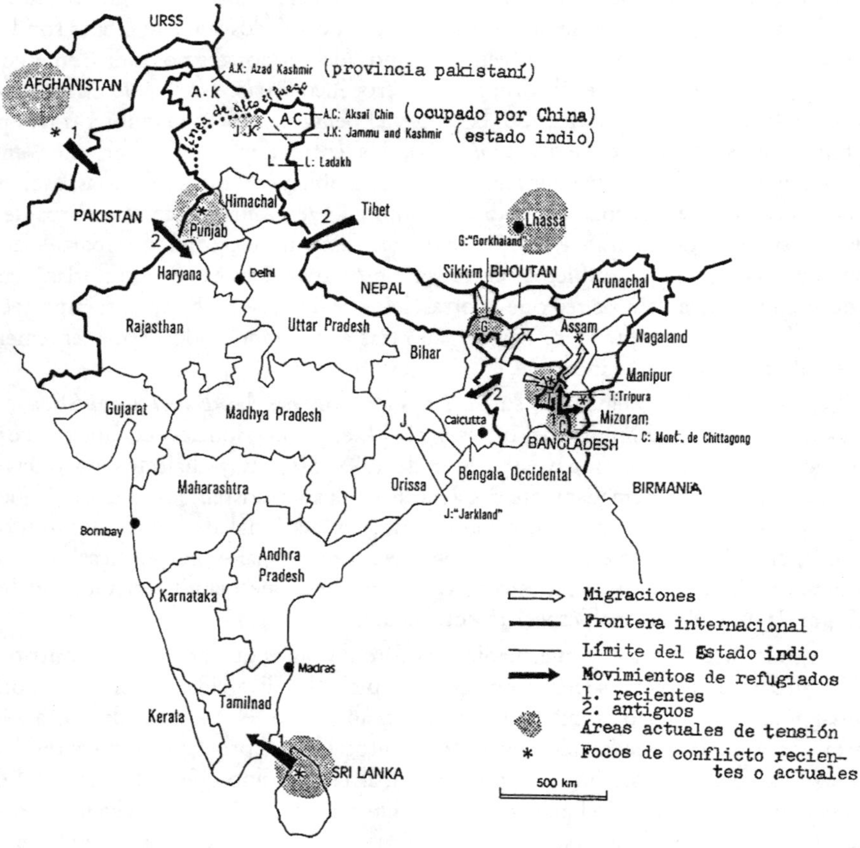

Figura 1. Mapa de situación
(por RACINE, Jean, *Hérodote*, 49 (1988), p. 24 [T.a.])

2. EL LARGO PASADO HISTÓRICO EN COMÚN, LOS DOS SIGLOS DE COLONIALISMO BRITÁNICO Y LA DIVISIÓN POLÍTICA ACTUAL

El mundo indostánico tiene tras de sí un pasado histórico en común que se remonta muy lejos en el tiempo y que ha dado origen a una civilización que tiene como rasgo fundamental y como herencia siempre presente hoy la multiplicidad cultural, religiosa y étnica y que, salvo en los períodos de dominio extranjero, ha convivido y pervivido sin dotarse nunca de un marco político unitario, hecho en verdad excepcional. Tres grandes etapas pueden distinguirse en su devenir histórico:

1) ***La India clásica,*** desde sus orígenes hasta el siglo XVIII. En este largo período se han sucedido cuatro fases: la indoaria o védica desde 1.400 a.C. al siglo VII d.C.; el período hindú, entre los siglos VII y XIII de nuestra era; la India islámica, tras la conquista musulmana de 1206 y que se prolonga hasta la decadencia del *Sultanato de Delhi* cuando se descompone en multitud de reinos. La etapa musulmana aportó un nuevo componente religioso, que con el tiempo se ha demostrado extraordinariamente perturbador, pero mantuvo intactos los rasgos esenciales de la sociedad hindú. Eran conquistadores militares, interesados no en la tierra, sino en la percepción de los excedentes de las rentas campesinas en forma de tributos. Sobre esta multitud de reinos y principados se superpondrá la autoridad del Imperio Mongol que, hacia 1712 tras la llegada de los primeros europeos, se encuentra a su vez en plena decadencia. Portugueses, holandeses, franceses e ingleses se establecen en las costas del país negociando con los mongoles. La Compañía de la India (*East India Company*) va a establecer entonces sus primeras factorías, Madrás (1640), Bombay (1661), Calcuta (1690), y acabará imponiéndose sobre los mongoles y sobre el resto de los occidentales.

2) ***La India colonial (siglo XVIII-1947):*** La colonización inglesa, con algo más de dos siglos de duración, va a suponer la existencia por primera vez de una autoridad política común sobre el conjunto del territorio. Podemos subdividir la etapa colonial en dos fases. La primera abarca desde el momento en que la Compañía es nombrada administradora del Estado de Bengala, base desde la que inicia una expansión sistemática por toda la India como medida de afianzamiento de su poder tanto frente a los franceses como a los príncipes indios. Sucesivamente va ampliando su dominio en la India del Sur primero, para proseguir anexionándose la India central, el Punjab, el país sij (que aseguraba la frontera oeste frente a los afganos) y hasta la Baja Birmania por el Este, frontera con los occidentales. Esta primera fase se acaba con la ***«Rebelión de los cipayos»*** de 1857—1858, soldados indios de la Compañía. Respecto a la segunda etapa, tras ahogar la insurrección cipaya —a la que muchos autores califican como la primera crisis nacionalista—, Londres elimina la administración de la colonia a través de la Compañía y decide que sea la Corona quien gestione directamente los asuntos indios a través de un virrey en Calcuta y de la Secretaría de la India en Londres. La serie de iniciativas y de reformas que se toman a partir de este momento suponen cambios en profundidad, de los que más adelante nos ocuparemos. Los movimientos nacionalistas

van abriéndose paso desde 1885 hasta conseguir en 1935 una ley de autogobierno decisiva en el proceso de independencia total que se producirá en 1947.

3) *Independencia y división política*: La tercera gran etapa viene marcada por la consecución de la Independencia en la que fue imposible mantener la unidad política de la India, estableciéndose la división entre Pakistán, conformado por las áreas con población musulmana mayoritaria que no tenían continuidad territorial (las provincias occidentales correspondientes al actual Pakistán y la Bengala oriental, actual Bangladesh) y la India, constituida por las regiones de mayoría hindú.

La *teoría de las dos naciones*, es decir, la posibilidad de partición de la India no se planteó en el movimiento nacionalista hasta una fecha tan tardía como 1940 por parte de la Liga Musulmana (creada en 1906). El Congreso de la Unión India, nacido en 1885 y órgano fundamental de la oposición nacionalista, había defendido siempre la unidad y se concebía a sí mismo como organización nacional, no de base religiosa, aunque sólo un 3% de sus miembros eran musulmanes. Todavía en el invierno de 1945-46 a las puertas de la Independencia se elaboró, en conjunto con las autoridades inglesas, un plan que proponía la creación de un Gobierno de Unión India que sólo tendría competencias en política exterior, defensa y comunicaciones, con una amplísima descentralización en todos los demás campos por parte de las provincias que, al mismo tiempo, podrían agruparse en federaciones de mayoría musulmana o hindú. Era una forma de ofrecer un Pakistán a la Liga y una Unión India al Congreso. Los recelos por ambas partes dieron paso a la acción directa de las masas. La violencia iniciada en Calcuta por la comunidad musulmana originó 4.000 muertos, se extendió como un relámpago por el resto del país y abrió una herida entre ambas comunidades que inmediatamente pasaron a ver la división como irremediable. Ésta se llevó a cabo en un tiempo increíblemente breve, creando por la improvisación una serie de problemas de tal magnitud que obligaron a consumir energías que ambos países necesitaban para poner en pie los Estados cuya independencia era inminente. El 20 de febrero de 1947 el primer ministro británico anunció el traspaso de poderes para el año siguiente, pero la situación interna era tan explosiva que hubo de adelantarse al 15 de agosto de ese mismo año. Quedaba por resolver la adscripción de los Principados, territorios a los que se da la opción de incorporarse a Pakistán o a la India. La fragmentación política que dimanó de esta decisión y de los acontecimientos que se sucedieron fue la siguiente:

a) La Unión India: la democracia más grande del mundo y, sin duda, la más compleja. Las dificultades del «*estado laico*».

La Constitución India de 1950 va a recoger la idea de la unidad en la diversidad, de lo uno y lo múltiple, del respeto de las minorías a todas las escalas (es algo esencial en el pensamiento hindú la visión integradora de la verdad unitaria que se manifiesta a través de una apariencia multiforme). El nuevo estado independiente se organiza territorialmente como un estado federal, constituido por 22 estados y 9 territorios cuya delimitación tiene como base las diferencias lingüísticas y las llamadas comunidades tribales. Los principios en que se basa son la democracia, la libertad, el laicismo y la igualdad, incluyendo los propósitos explicitados de abolición de la casta y la intocabilidad. Esos principios se han mantenido hasta hoy. Podemos hablar de la mayor democracia del mundo (con elecciones por sufragio universal), quizá porque la vía de resolución de los conflictos no autoritaria esté en la esencia de la cultura hindú. Del mismo modo, hoy podemos seguir hablando de la Unión India, pese a que las fuerzas disgregadoras son tan poderosas y tan constantes que parece permanentemente amenazada. Más problemática resulta la consecución de la igualdad en una sociedad que acepta la jerarquía basada en el concepto religioso de casta, según el grado jerárquico de pureza. Es evidente que algo tan arraigado no desaparece de la noche a la mañana por más que desde el poder se tomen medidas tales como las de la reserva de un porcentaje de empleos públicos para intocables o que existan determinados ejemplos excepcionales (el señalado más arriba de un intocable en el cargo de vicepresidente) que sean exponentes de los cambios operados.

b) Pakistán (*"país de los puros»*): el primer estado confesional musulmán.

Nace, también el 15 de agosto de 1947 de la partición de la India inglesa, como nación integrada por los territorios en que la población es mayoritariamente musulmana. Desde el punto de vista territorial está formada por dos regiones, el Pakistán occidental y el Pakistán o Bengala oriental, sin nexo espacial y distantes entre sí 1.700 kms (lo cual es un ejemplo con ningún o pocos precedentes), habitados por poblaciones cuya lengua, cultura y sistemas de vida son completamente diferentes. El trazado de las fronteras, atendiendo a las mayorías religiosas creó problemas de tal envergadura que durante mucho tiempo la posibilidad de supervivencia fue el principal objetivo. Además la Liga Musulmana, a diferencia del Congreso, se había dedicado a hacer oposición y no tenía un proyecto político. La muerte en 1948 de Jinnah, el padre de la patria, dejó prematuramente sin líder al país. El debate entre tradicionalistas y modernistas en el que se ventilaba ni más ni menos el papel que el Islam y sus principios sagrados debía y podía jugar en la construcción de un estado viable de acuerdo con las necesidades de la vida moderna seguía abierto: ¿Podía una decisión mayoritaria ir contra una ley divina? ¿Era posible abrir bancos dada la doctrina coránica al respecto? ¿Cómo afrontar la centralización del estado o la autonomía regional?... La Constitución se promulgó en 1956 pero la inseguridad, la corrupción y la división política crearon un clima que fue aprovechado por el ejército para su ascenso al poder mediante un golpe de estado en 1958. En la corta historia del país los períodos de dictadura militar predominan sobre los democráticos.

Las primeras elecciones libres de 1969 pusieron al país al borde del abismo. En las provincias del Pakistán oriental venció ampliamente la Liga Awami, que propugnaba el separatismo bengalí y que consideraba a «su patria explotada colonialmente». Los atentados se hicieron cada vez más frecuentes hasta que la intervención de ejército en 1971 acabó con su derrota, ante la intervención del ejército indio, y la segregación de Bangladesh.

c) Bangladesh, una de las regiones más pobres del mundo antes y después de su segregación de Pakistán occidental.

Bangladesh, nacido como tal país en 1971 tras su segregación de Pakistán occidental y contando con la intervención del ejército indio, es hoy un de los casos más difíciles del Tercer Mundo. Su pobreza original, la marginalidad respecto a Karachi (después Islamabad) en inversiones y cuadros técnicos desde la independencia del Reino Unido, la destrucción de infraestructuras en el conflicto armado de 1971, la inseguridad permanente que produce la sangría continua de refugiados (primero musulmanes procedentes de la Bengala India y después bengalíes orientales hacia la India huyendo de la represión y el hambre), la inestabilidad política que impide toda acción de gobierno coherente, el crecimiento desorbitado de la población en un territorio ya superpoblado y una región castigada por desastres naturales de una frecuencia y magnitud impresionantes, hacen de este país uno de los más pobres de la tierra y, por supuesto, el peor situado de los resultantes de la India británica objeto de análisis en este momento.

d) Los principales focos de tensión: Punjab, Cachemira.

Los principales focos de tensión en la actualidad son —desde luego no casualmente— las regiones fronterizas entre los distintos países surgidos de la desmembración del Imperio británico: El Punjab y Cachemira, en la frontera con Pakistán, la región de Assam en relación con Bangladesh, los problemas de la minoría tamil (hindú) frente a la mayoría cingalesa (budista) en Sri Lanka. Quizá Punjab y Cachemira por los acontecimientos violentos que se repiten año tras año se hayan convertido en una especie de símbolo de los peligros de desintegración que corre la actual solución política en la zona. En el origen de esos casos arduos está una concentración de todos los problemas que tienen una dimensión mucho más generalizada: la «solución» inglesa de la adscripción política a una de las «dos naciones» de los principados, entre ellos los más conflictivos; una total falta de homogeneidad cultural y religiosa, cuando a los dos grupos dominantes —musulmanes e hindúes— se añaden fuerzas religiosas, étnicas o lingüísticas localmente poderosas o incluso mayoritarias; el propio carácter fronterizo, que ha llevado a estas regiones a constituirse en foco privilegiado de los conflictos bélicos y diplómaticos. Tanto Punjab, como Cachemira son los dos ejemplos más importantes de tensiones en la actualidad, pero no se debe olvidar que son sólo el símbolo de problemas mucho más generalizados.

II. EL PASADO COLONIAL, UN DEBATE SIN CERRAR. APORTACIONES Y FRENOS DE DOS SIGLOS DE COLONIALISMO INGLÉS

Si hay algo de lo que no se puede dudar es de que el dominio colonial británico no ha supuesto la asimilación de la civilización india, que no renuncia jamás a su personalidad y que reaparece por doquier en su multiplicidad fundamental de pueblos, religiones y de lenguas, en la concepción, profundamente enraizada en el hinduismo, de los padres de la patria, en la visión de sí misma que tiene como país y que se traduce, por ejemplo, en el papel internacional que se ha propuesto desempeñar: autonomía económica, no alineamiento, base más moral que material o imperial de su potencia, prudencia no exenta de firmeza en sus conflictos con China o Pakistán, respeto a los pequeños vecinos del área (Bután o Nepal).

Y, sin embargo, la huella dejada por la presencia colonial inglesa, el juego de fuerzas que pone en marcha es clave en la forma en que ese pasado cultural entronca con la realidad presente. Repasemos rápidamente los capítulos mayores de ese legado.

1. LA ESTRUCTURA ECONÓMICA DUAL

A principios del siglo XX la India se había convertido en un país en vías de modernización, con una economía mucho más compleja que la tradicional y con un *status* subordinado en los circuitos coloniales: era un gran productor de materias primas (té, yute etc., producidos en plantaciones) y un mercado cautivo para los artículos ingleses. Por ejemplo, los años anteriores a la Gran Guerra el 63% de las importaciones provenían de Inglaterra. Pero, si bien ese esquema básico era cierto, la complejidad de la situación impide reducirse a él. Al final de la etapa colonial la India contaba con una red de ferrocarriles, con unos bancos, con centros fabriles modernos en las ciudades, con una población asalariada y con una clase media y una intelectualidad sofisticada en contacto con las *ideas avanzadas*, formada en Inglaterra directamente o a través del sistema educativo inglés introducido *in situ*. Naturalmente el dualismo se produce porque la inmensa mayoría de la población está al margen de estas formas socio-económicas nuevas y se inserta en un esquema tradicional, sin poder percibir los beneficios de las consecuencias que estos cambios van a provocar o están provocando.

Mucho se ha discutido sobre el papel consciente de freno o estímulo jugado por la metrópoli en la industrialización de la India. Forma parte de la tradición hablar de una situación protoindustrial de la India porque en la etapa de la Compañía ésta potenció el desarrollo de un artesanado que permitió una exportación intensa de hilaturas. El despegue posterior de la industria algodonera del Lancashire haría que el capital mercantil representado por la Compañía quedase en posición de desventaja frente a los intereses del capital industrial inglés y que la India en vez de seguir exportando con ventaja tras la modernización técnica se viese inundada por los productos textiles ingleses.

También es cierto que el capital británico invirtió directamente en la India en algunos sectores limitados (ferrocarriles, plantaciones, comercio y finanzas), pero sólo ocasionalmente se dirigía a la industria (especialmente en el caso del yute en Bengala, cuya producción no competía directamente con ninguna inglesa).

El poder colonial dirigió el desarrollo de la industria, financiada, eso sí, por los propios fondos del *estado* indio. La administración se convirtió en el primer consumidor de productos industriales y orientó la producción de hierro o de carbón. Por supuesto, en la política de compras en el exterior los proveedores ingleses fueron privilegiados. Esa situación alimentó la ***«teoría de la sangría»*** que esgrimía el nacionalismo indio, es decir, de los desembolsos del gobierno indio a Ultramar a través del pago de las llamadas ***cargas nacionales***, lo cual según la óptica que se adopte sirvió para fortalecer de forma extraordinaria a la potencia colonial o bien era la inevitable correspondencia a las iniciativas que la India recibía en su propio provecho.

Además de estos «estímulos» oficiales, o a su calor, al final del siglo XIX había surgido —cosa en verdad excepcional en el marco de la historia colonial— una clase local de hombres de negocios cuyo logro más significativo fue el desarrollo de la industria algodonera, especialmente en torno al foco de Bombay, que trabajaba con maquinaria importada de Inglaterra y utilizaba una mano de obra barata, disciplinada y fácil de adaptar a los nuevos métodos mecánicos y laborales. Si bien se piensa, estas son unas condiciones que han estado en la raíz del éxito pasado de Japón y más reciente de otros focos industriales asiáticos. Las exportaciones de tejidos indios de bajo precio al Lejano Oriente no crearon un conflicto especial con las producciones inglesas hasta el despegue de la industria japonesa.

El desarrollo de una *ideología de industrialización* por parte del Congreso, órgano del nacionalismo indio, se tradujo en la petición de tarifas protectoras para la industria india que redujeran la presión de las importaciones inglesas en el mercado interior. La coyuntura de la 1ª Guerra Mundial sirvió para reducirlas y para aumentar la producción india y sus exportaciones y la posterior *crisis del 29* para cortar esa línea. En resumidas cuentas, en la India bajo dominio colonial se reproducía una situación muy parecida a la que estaban viviendo los grandes países de Iberoamérica (Brasil o Argentina) ya independientes y que en la terminología del proceso de industrialización de los países del Tercer Mundo se conoce de modo genérico como *«etapa de sustitución de importaciones»*.

2. MANTENIMIENTO DE LOS RASGOS MÁS NEGATIVOS DE LA ESTRUCTURA SOCIAL Y DEL MEDIO RURAL

La apertura de mercados internos, gracias a la red de comunicaciones creada en la etapa colonial, y la introducción de cultivos de plantación destinados a exportar supusieron evidentemente cambios en la agricultura, y es en este terreno donde las transformaciones son menores o de signo más negativo.

La organización agraria india tradicional era una comunidad aldeana basada en unos derechos sobre la tierra que no son equiparables a la propiedad individual en el sentido europeo derivado del derecho romano. Se basaba en una intrincada división del trabajo según el rígido y sumamente estable sistema de castas y subcastas especializadas en tareas concretas. Las tareas domésticas y en general las que eran consideradas degradadas estaban en manos de los descastados, cuya jerarquía interna y especialización era de una complejidad tan grande como la subdividisión interna de las actividades asignadas a los pertenecientes a las castas.

Esta base socioeconómica rural se había mantenido inalterada durante todo el dominio musulmán y mongol. Simplemente en las aldeas se había imbricado la figura de los *zamindars*, recaudadores de impuestos del poder central en un área determinada que a cambio de su labor recibían una proporción de las tasas. Un cambio fundamental establecido por los ingleses fue convertir a estos recaudadores de impuestos en propietarios que podían dejar en herencia, comprar o vender su derecho a la percepción de tasas. El objetivo inglés era que estos terratenientes estuviesen interesados en la mejora de los rendimientos de las tierras mediante la reinversión de los excedentes, para lo cual había que asegurar sus derechos sobre las tierras (no cabe duda de que tratando de provocar una evolución similar a la que en Inglaterra se estaba produciendo en el medio rural). Pero lejos de generarse un creciente interés en la mejora de la productividad que hubiese beneficiado a todos —al Estado, a los propietarios y a los campesinos— lo que ocurrió fue un incremento insignificante de las operaciones meramente especulativas: los subarriendos florecieron, la tierra pasó en muchos casos a manos de los prestamistas. Los campesinos perdieron sus derechos tradicionales sobre la tierra y, presionados por los impuestos, las tasas al propietario y los intereses del prestamista se vieron condenados al empobrecimiento y al endeudamiento. Ni pudieron afrontar inversiones para mejorar los sistemas de producción, ni pudieron consumir en el mercado (ambos mecanismos que suponen un tirón del conjunto del sistema económico). Los cimientos del sistema tradicional se socavaron, pero no se destruyeron ni se crearon bases nuevas. El sistema de castas salió incluso reforzado. Evidentemente, se pueden encontrar ejemplos en distintas zonas de propietarios pujantes de las subcastas agrarias que modernizan sus explotaciones y producen para el mercado, pero la norma general es el empobrecimiento de la clase campesina y el aumento de los campesinos sin tierra a lo largo del siglo XIX.

3. EL CONCEPTO MISMO DE ESTADO

Una de las aportaciones más evidentes del dominio colonial inglés es la de haber dotado a la India de un modelo de organización política occidental, centralizada: de la misma idea de Estado. La India es quizá la única gran civilización histórica que ha conservado su unidad cultural sin identificarla nunca con un centro político. La transferencia a la esfera política de ese sentimiento de unidad es fruto y consecuencia del período colonial, pues en la tradición hindú la política estaba excluída de los valores más altos, ocupados por un plano religioso. El sistema de gobierno inglés, los cambios económicos y la posibilidad de confrontar las dos culturas dieron origen a la aparición y al ascenso del nacionalismo.

Inicialmente el nacionalismo indio no fue tanto el fruto de una oposición a los tiempos modernos y a la visión del mundo occidental representados por el dominio inglés como un intento de la elite cultural india formada en el modelo occidental por abrirse a los aspectos positivos de esta mentalidad. Por su parte, muchos intelectuales europeos descubrieron entonces y valoraron la riqueza de la filosofía y la literatura indias. La convivencia con las ideas occidentales llevó a valorar, por una parte, la tradición propia y, por otra, también a reconocer algunos aspectos retrógrados en los usos de la misma. Se produjo de este modo una renovación del hinduismo que iba a suministrar las bases emocionales para el movimiento político.

En el juego ya puramente político van a destacar la oposición al papel marginal que los indios tenían en relación con la administración inglesa; el análisis de la situación económica que valoraba como positiva la modernización, sin que fuera posible dejar de ver que la mayoría de la población india seguía sumida en la miseria; la destrucción de la artesanía tradicional ante la inundación de productos ingleses. Todo ello hace que empiecen a utilizarse los cauces políticos para reclamar una mayor autonomía política.

En este clima va a nacer en en 1885 el Congreso (***Indian National Congress***) llamado a ser el órgano decisivo en la construcción nacional. Formado por jueces, abogados, periodistas y profesores, inicialmente no tiene nada de antibritánico; antes bien nace con la colaboración de liberales ingleses y en su programa fundacional aspira expresamente a la «consolidadción de la unión entre Inglaterra y la India» cambiando, eso sí, las condiciones perjudiciales e injustas para ésta: la imposibilidad de acceso de los indios a los cuerpos de oficiales del ejército —cuyos costos la India pagaba sin poder intervenir para nada en las decisiones sobre su misión— y unas sumas que debían pagarse a Inglaterra —las llamadas *cargas parias*— que recibieron una crítica más recia aún, por parte de los congresistas indios. La actividad del Congreso se limitaba en sus primeros años a presentar resoluciones que censuraban estos aspectos y a introducir propuestas reformadoras.

Algunos empezaron a considerar que esta actividad no llevaba a ningún lado y se fueron perfilando dos tendencias: los ***moderados***, liderados por Gokhale, y los ***radicales***, con Tilak a la cabeza. Los primeros eran los más ligados al modo de pensamiento occidental, laico y democrático; reivindicaban más autonomía y justicia, pero en el marco del Imperio Británico que ellos juzgaban apto para sacar a la India de su atraso económico. Los radicales de Tilak mantenían una postura netamente anticolonialista e independentista; deseosos de convertir la causa nacional en un movimiento de masas instrumentalizaron el hinduismo con fines políticos, convirtiendo la integración de la minoría musulmana en la lucha por la independencia en algo bastante difícil. Los radicales controlaron el Congreso desde 1905, año de la división administrativa de Bengala sin tener en cuenta la realidad linguística que provocó protestas generalizadas. Tilak lanzó dos campañas la ***«swaraj»***, o lucha por el autogobierno, y la ***«svadesi»*** (del propio país) o boicot a los productos ingleses. Esta actuación tuvo el mérito de enlazar con un movimiento de masas, superando el estrecho círculo de intereses y social del hasta entonces recluído Congreso. La acciones violentas que acompañaron a esta actividad consiguieron que las posturas moderadas acabaran triunfando en 1907 y con ellas la victoria de los principios democráticos occidentales que han sido una constante hasta hace pocos años por parte del Congreso, el partido constructor de la India independiente. Habría que esperar a la llegada de Gandhi para que la causa nacionalista fuese una opción y una acción de masas.

Los años de la Gran Guerra supusieron una gran decepción para los que esperaban reformas en profundidad orientadas al autogobierno. En 1919 se puso en marcha el llamado ***sistema de la diarquía*** —una complicadísima división entre jurisdicciones reservadas al gobernador británico y las transferidas a los ministros indios— destinado a salvar las apariencias dejando en manos indias parcelas de poder menores que no pusieran en tela de juicio el dominio inglés. Tuvieron la virtud de encrespar los ánimos, de unir en las peticiones de autonomía a musulmanes e hindúes, pero habituaron a los indios al juego democrático, a la lucha por parcelas de poder siempre dentro de la órbita de la administración, la ley, el sistema electoral. En suma, aceptando, conociendo y valorando el marco institucional del Estado, aunque con deseos de transformarlo en un instrumento propio.

4. LA UNIDAD POLÍTICA A TRAVÉS DE UNA ADMINISTRACIÓN, UNA LENGUA Y UN SISTEMA DE TRANSPORTES

Como hemos visto, las ventajas de la centralización del poder, de la existencia de un marco legal unitario, de un ejército y de una administración fueron pronto apreciadas por los sectores más abiertos y progresistas indios. Junto a estos aspectos esenciales aparecen los vehículos materiales para lograr la integración.

La creación de una red de transportes era vital para conseguir la eficacia económica y conseguir que la India pudiese jugar el papel de exportador de materias primas, para poder drenar la producción de las áreas de plantación y también para facilitar la llegada de los productos industriales ingleses. Se trazó una red de ferrocarriles que permitió conectar entre sí al país y salir de su aislamiento a amplios sectores, ampliando enormemente las posibilidades del mercado interior y también el control militar y político inglés y su mantenimiento. En definitiva, la creación de un sistema de transportes permite la integración y articulación del país.

Una pieza clave de este proceso fue la imposición en el sistema educativo de la cultura y la lengua inglesas. Permitieron no sólo conectar con los valores y las formas occidentales, sino que el inglés vino a representar en este país de las mil lenguas una posibilidad de lengua general. No sería desde luego el primero: el ordú que hoy es lengua oficial de Pakistán y de Bangladesh fue en su origen una especie de lengua franca, nacida de un dialecto hindi enriquecido con multitud de vocablos persas, para uso militar y administrativo y el hindustaní es también una lengua de relación surgida en los bazares de la India septentrional. Decisivo en este terreno fue la temprana implantación (1835) del sistema de enseñanza inglés como base de la enseñanza secundaria y superior en la India. Unos se acercaron a ella empujados por el interés en obtener un puesto en la administración, otros por admiración por el progreso científico occidental. Entre los alumnos, unos adoptaron esa cultura y otros la utilizaron críticamente. Impresiona imaginarse cuáles habrían sido las consecuencias de haberse incorporado el sistema inglés a la enseñanza primaria con carácter obligatorio, como solicitaba el Congreso —petición que siempre fue rechazada por resultar una carga financiera a todas luces fantástica— desde fines del siglo XIX.

5. FOMENTO EN FAVOR DE LA POTENCIA COLONIAL DE LAS DISENSIONES DE BASE RELIGIOSA

La política británica fue objeto de acusaciones por la oposición india de practicar de forma sistemática el clásico principio del *«divide y vencerás»* (por cierto, aquí igual que en otros sitios; por poner un ejemplo evidente, en Palestina). La verdad es que si bien no creó, porque se los encontró formados, los recelos y temores entre las distintas confesiones, culturas, sistemas de vida o cualquier otra diferencia significativa, los explotó a fondo en su propio provecho. Poner en resalte las diferencias acababa otorgando a la autoridad británica el carácter de árbitro y protectora en las disputas entre las comunidades religiosas. La política en este sentido tuvo su primera manifestación trascendente en 1909. El contexto en que se produjo era el cariz marcadamente hinduista que el movimiento extremista de la facción de Tilak iba tomando y el temor que provocaba en la minoría musulmana. La Liga musulmana, creada dos años antes, empezó por solicitar listas electorales separadas para su propia comunidad y una proporción mayor de escaños en relación a su porcentaje de población; como única posibilidad, argumentaban, de garantizar la elección de representantes propios. La administración inglesa renunciando al principio de representación democrática occidental sin tener en consideración la pertenencia a un credo admitió las listas separadas. Muy pronto se extendió este principio a otras muchas comunidades minoritarias en las elecciones provinciales con lo que se dio rienda suelta a debates «comunales» interminables. La fragmentación interna fortalecía el poder británico, pues de las diatribas lingüísticas y religiosas salía inexorablemente una desunión política que hacía desaparecer el peso de la oposición. Muchos autores, Bianco entre ellos, ven en el establecimiento en 1909 de las listas separadas el origen más remoto del Pakistán.

6. LA SALIDA PRECIPITADA DE LOS INGLESES EN EL ORIGEN DE GRAVÍSIMOS PROBLEMAS

El 3 de junio de 1947, el último virrey británico, lord Mountbatten, presentó la resolución inglesa de conceder el estatuto de *«dominion»* para la India y Pakistán dentro de la Commonwealth. Esta decisión venía precedida, por un lado, de un sentimiento de incapacidad por parte de la potencia colonial, debilitada tras la 2ª Guerra Mundial, de seguir soportando el peso financiero, militar y moral de continuar sometiendo a la India. Por otra parte, en el interior, tras las dudas iniciales al principio de la guerra sobre la necesidad de la colaboración con los ingleses, desde 1942 en que se había tomado la resolución Quit—India, la cuestión de la necesidad improrrogable de la independencia estaba clara para todos. Además, las primeras elecciones de la posguerra habían dado un claro triunfo tanto al Congreso (que tuvo la mayoría absoluta en el Parlamento central, como a la Liga que había conseguido en él todos los escaños correspondientes a la minoría musulmana. Si algo faltaba, Jinnah, el líder de la Liga, siempre receloso de que los británicos llegasen a un acuerdo con el Congreso que impidiese la creación de Pakistán, decide abrir una campaña de reivindicación musulmana señalando el día 16 de agosto de 1946 como *«direct action day»*. Ese día se desencadena la gran matanza de Calcuta (más de 4.000 muertos). Las represalias hindúes no se hacen esperar en Bihar primero y en el resto del país desencadenando un clima de desorden que hace temer una guerra civil. En el resto del año y principios del siguiente la Liga boicotea sistemáticamente la acción del gobierno constituido.

Tratando de evitar la guerra civil, se decide anticipar al máximo la fecha de la independencia fijándola para el día 15 de agosto de 1947. ¡En dos meses hubo de hacerse el reparto de la administración, las finanzas y el ejército de la India!. Dos comisiones se encargaron de fijar las fronteras en Bengala y el Punjab. Además del plazo breve, las decisiones son tomadas por un grupo extremadamente reducido de personas: Gandhi, Nehru, Jinnah y el virrey inglés.

Al proclamarse la independencia comenzó en el Punjab una terrible matanza (las cifras de víctimas no se conocen pero se estiman siempre por encima de los varios cientos de miles). La comunidad sij, escindida en dos, y musulmanes e hindúes rivalizan en crueldad. Se inicia uno de los mayores problemas que tuvieron que afrontar los dos países recién nacidos: una corriente gigantesca de refugiados: sijs e hindúes hacia la India (4,5 millones) y musulmanes hacia Pakistán (6 millones). Mientras tanto se había previsto una fuerza militar de 55.000 soldados en las zonas fronterizas y los británicos se abstenían de intervenir «por razones políticas».

Afortunadamente Bengala permaneció relativamente tranquila en el momento de la independencia. Fue la última gran obra de Gandhi. En vez de celebrar la libertad del país (porque nunca estuvo de acuerdo con la división y porque según su teoría no importaban tanto los resultados como los métodos para lograrlos) se retiró a Calcuta donde inició una huelga de hambre cuando las noticias llegadas del Punjab amenazaban con dar origen a disturbios sangrientos entre las comunidades musulmana e hindú consiguiendo frenarlos.

Desde el punto de vista económico las zonas de producción mejor situadas en el caso del yute y del algodón quedaban en Pakistán, pero las fábricas de transformación de estos productos en la India. India tenía también el carbón que usaban las locomotoras paquistaníes. En el Punjab el trazado de la frontera yuguló el sistema de riego, quedando las cabeceras de los ríos afluentes del Indo en zona hindú. Habrá que esperar a 1960 para alcanzar acuerdos sobre este vital punto entre la India y Pakistán.

El otro gran problema generado por la política inglesa antes de ceder el relevo fue el de los principados. Los príncipes eran más de 500 y dominaban el 45% del territorio y el 24% de la población. Las fronteras de los principados se habían ido estableciendo un poco al albur de la expansión inglesa; algunos eran tan grandes como Gran Bretaña (*verbigracia* Cachemira) y en política interior tenían libertad absoluta. Se les dio dos opciones a la hora de la independencia: incorporarse a la India o a Pakistán. El peligro de balcanización era evidente. Hubo problemas en varias ocasiones solucionados por parte de la India sin respetar ese derecho de autodeterminación, pero el más grave conflicto que pervive hasta hoy es el de Cachemira.

Cachemira estaba regida por un príncipe hindú, con una población del 77% de musulmanes y todos los vínculos económicos y geográficos tendían a Pakistán. El maharajá suscribió un pacto de no-agresión con Pakistán, pero los musulmanes se rebelaron contra él y grupos paramilitares musulmanes de procedencia afgana, no se sabe a ciencia cierta si con el apoyo paquistaní, entraron en el principado a sangre y fuego. El príncipe solicitó el apoyo de las tropas indias, que intervinieron contando con el visto bueno británico, y pidió su integración en la India (octubre de 1947). El conflicto indo—pakistaní que se inició a continuación duró hasta el 1 de enero de 1949 en que acabó con un armisticio de la ONU. El resultado fue una Cachemira dividida en dos partes y un conflicto sin resolver ni jurídica ni emocionalmente hasta el día de hoy. Pakistán niega toda validez a la decisión tomada por un príncipe ya depuesto por el pueblo y la India lo hace valer, aunque el plebiscito que la autoridad británica tenía previsto nunca llegó a celebrarse por desacuerdos indios sobre la retirada de tropas. El conflicto de Cachemira se convirtió en su momento en un escenario de la guerra fría, pero hoy —aun estando sobrepasada esa tensión internacional— sigue cada vez siendo más preocupante.

III. LOS CONFLICTOS DEL ÁREA Y SU ENCUADRAMIENTO DENTRO DEL CONTEXTO INTERNACIONAL

La conflictividad interna en el ámbito Indostánico nace de la no aceptación, desde 1947 hasta la actualidad, de los términos de partición de la India británica. El enfrentamiento ha tenido etapas de guerra declarada, pero se mantiene de forma perenne de un modo más larvado o explícito y desde luego no presenta signos de remitir, sino todo lo contrario. Cachemira es, como quedó expuesto, la manzana de la discordia.

La primera guerra entre Pakistán y la India se desata en 1947. El patente desequilibrio a favor del ejército indio decidió el resultado, quedando incorporada una parte de Cachemira a territorio indio. La resolución del Consejo de Seguridad de la ONU de 1949 relativa al condicionamiento de esta adscripción a la celebración de un referéndum en esta región de mayoría musulmana nunca se ha llevado a cabo.

Este referéndum siempre pospuesto fue el origen de un nuevo conflicto armado en 1965; la victoria inicial de Pakistán no tuvo efectos prácticos y en 1966 la ONU impone la retirada de tropas por parte de ambos contendientes, manteniéndose la situación anterior.

Los movimientos exigiendo la autodeterminación no han dejado de existir desde entonces promovidos siempre por Pakistán. La tensión lejos de apaciguarse con el tiempo gana en intensidad; los choques armados fronterizos y el estado de alerta entre ambos ejércitos son frecuentes y se extiende a otros conflictos secesionistas, especialmente en el de los *sijs* del Punjab.

Una tercera guerra declarada entre India y Pakistán tuvo lugar en 1971 con la intervención del ejército indio en favor de la segregación del sector oriental pakistaní, que resultó decisiva en la consecución de su independencia. Este es el origen de la *forzosa* alianza entre India y Balgladesh, aunque las tensiones entre ambos países no son, ni mucho menos, inexistentes. Se centran en el continuado problema de los refugiados de musulmanes hacia Bangladesh y de hindúes hacia la India, que lejos de limitarse al periodo de la división de la India británica, se reabren periódicamente con especial virulencia en los últimos años en que el nacionalismo hindú provoca violentas acciones sobre la amplia comunidad musulmana centrada en la región de Calcuta. A esta corriente de refugiados se une otra de bengalíes hacia la India que tiene unas veces su causa en las convulsiones internas políticas y las más de ellas en razones económicas dado el nivel de vida comparativamente más elevado de las regiones fronterizas indias.

Hasta la caída de los regímenes comunistas, la región indostánica ha sido una importante pieza dentro de la política de bloques. La vecindad geográfica con Afganistán, donde se estaba dirimiendo la frontera del dominio soviético-americano, hizo de Pakistán el aliado inevitable de los EE.UU. antes y, desde luego, después de la invasión afgana por parte soviética. Pese al apoyo *a los hermanos musulmanes* de la resistencia, la avalancha de refugiados afganos tuvo consecuencias muy graves para Pakistán. La otra alianza *inevitable* durante el periodo de la política de bloques es la amistad chino-pakistaní. China es considerada con razón como el único adversario capaz de poner freno al posible expansionismo indio. Las reclamaciones fronterizas sobre el Tibet por parte de ambos países existían de antes y se han prolongado después, pero llevaron a un conflicto armado entre China e India en 1962.

La India tuvo desde el momento de su independencia el deseo de desempeñar un papel relevante dentro de la política internacional. Por su peso demográfico y económico esto ha sido posible. La India manifestó siempre una voluntad continuamente declarada de neutralidad y no-alineamiento. En la práctica y durante muchos años ha llevado a cabo un bialineamiento mucho más intenso, sin duda, con el bloque soviético. De hecho, la independencia política de la India ha consistido, más que en una posición neutral, en la firme presión sobre sus aliados —soviéticos en especial, aunque no sólo— para convencerles de que su apoyo no era desde luego incondicional, sino que había que ganarlo con claras contrapartidas diplomáticas (por ejemplo, el uso del derecho de veto de la URSS en la ONU en el tema de Cachemira), militares (provisión de armamento y apoyo técnico) y económicas (la URSS fue durante los años posteriores a la ocupación afgana el primer cliente comercial de la India). Las relaciones indoamericanas han sido tanto más cálidas cuanto menor era la tutela americana a Pakistán y a la inversa, pero la India nunca ha dejado de intentar conseguir la mejor relación posible.

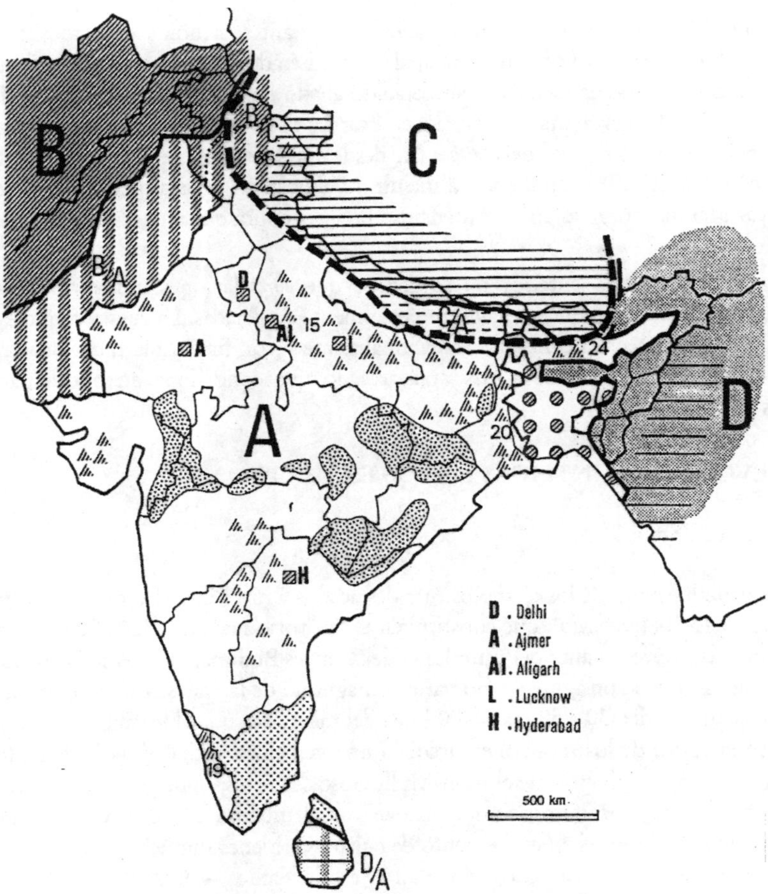

Figura 2. Cuatro grandes áreas culturales
(a partir de SCHWARTZBERG, J.E., *A Historical Atlas of South Asia* -plancha XD 1, modificada-)

Leyenda Figura 2
(por RACINE, Jean, *Hérodote*, 49 (1988), pp. 36 y 37 [T. a.])

A: Núcleo del área cultural india:el bastión del hinduismo

B: Área cultural islámica
(Afganistán y Pakistán forman el margen oriental del Área central del Islam)
B/A: Transición entre el área A y el área B.
Pakistán oriental y Cachemira
20: Estado indio en el que la población musulmana tenía en 1971 por encima del 15% de habitantes

C: Área cultural del budismo lamaico
C/A: Transición entre el área A y el área C

D: Área cultural del sureste asiático
(En el contacto del mundo indio y del Sureste asiático, las tierras tribales animistas o cristianizadas forman una franja entre el área hindú (y musulmana) y el área del budismo Théravada que comienza en los montes de Chittagong en Bangladesh, en Birmania y en Sri Lanka)
D/A: Transición entre el área A y el área B
(Nótese la multilicación de áreas de tensión o de focos de conflicto en las zonas de contacto entre áreas culturales o sobre el frente de zonas de transición)

El fin de la guerra fría ha introducido importantes cambios en este sistema de relaciones. India ha perdido su principal suministrador de tecnología militar, un importante cliente y desde luego su más decidido aliado en la causa de Cachemira. Por su parte la tradicional alianza americano-pakistaní carece de su antiguo valor estratégico y las consecuencias no tardaron en dejarse sentir: desde fines de 1990 cesó la ayuda militar y económica y los EE.UU. han llegado a incluir a Pakistán en la lista de estados terroristas por apoyar acciones surgidas en el contencioso de Cachemira que antes había favorecido o silenciado.

Sin embargo, de lo anterior no se deduce que las relaciones indo-americanas que evidentemente han mejorado se encuentren totalmente despejadas. La cuestión nuclear es el principal caballo de batalla al negarse tradicionalmente y con firmeza la India a suscribir el tratado de no-proliferación de armas nucleares, lo que condiciona en buena parte los acuerdos posibles.

IV. LA EVOLUCIÓN INTERNA DE LOS ESTADOS

1. BANGLADESH

Bangladesh es uno de los ejemplos más destacados a nivel mundial de la *geografía de los riesgos*. De los 144.000 km^2. que constituyen el territorio nacional, 120.000 se enclavan en el delta más impresionante del mundo: el del Ganges-Brahmaputra. Años tras año las inundaciones son una constante y sólo varía la magnitud de las catástrofes que conllevan. La escasa altitud media (30 a 50 ms. a 400 kms. del mar) hace que el formidable caudal de los ríos en la época de los monzones circule a una velocidad extraordinariamente lenta, hecho que se ve agravado porque el monzón lluvioso se corresponde con el momento de mareas más fuertes. Las inundaciones pueden durar muchas semanas y de su poder destructor no sólo deriva el aniquilamiento de cultivos y bienes inmuebles (por no hablar de los muertos que ascienden varios años a cifras escalofriantes —500.000 en la de 1970—) sino de la salinización de las tierras que compromete las posibilidades de recuperación. Baste decir que tan sólo un 8% de las tierras cultivables del país están exentas del riesgo de inundaciones fuertes o catastróficas. Los cambios de curso de los ríos son otro de los *caprichos de la naturaleza* que impone aquí unas condiciones extremadamente duras.

El problema se acentúa si tenemos en cuenta que el 93% de la cuenca de captación de las aguas se encuentra en la India, fuera de los límites de Bangladesh y, por tanto, los medios económicos gigantescos que serían necesarios para mitigar el problema desde un punto de vista técnico se hallan al albur de unas decisiones políticas que no está en manos del país tomar y que dependen de unas relaciones con el vecino indio no siempre fáciles.

Y, sin embargo, la antigua Bengala era una de las más florecientes regiones de la India británica; durante buena parte del siglo XIX la relación *hombres-recursos* era aceptable, permitiendo que un buen número de las tierras explotadas estuviese menos expuesta al riesgo de inundaciones. Pero desde el último tercio del siglo XIX el crecimiento demográfico hace peligrar cada vez más ese frágil equilibrio (se pasa de 39 millones de habitantes en 1891 a 60 en 1941, duplicándose esta cifra cincuenta años después). Se roturan todas las tierras cultivables, cada vez más expuestas al riesgo de tifones e inundaciones. Además el régimen colonial escribió aquí una de las páginas más negras de expolio. Lo fundamental de las industrias que se instalan a principio del siglo XX queda enclavado en la Bengala Occidental, en torno a Calcuta: minas de carbón, industrias mecánicas, control de la actividad financiera y comercial y, lo que es más importante, las fábricas de transformación del yute que se constituyó en el producto de plantación por excelencia en esta área. Por si esto fuera poco, las obras hidráulicas coloniales se localizaron en esta región mucho menos que en otras donde el problema fundamental era prevenir la sequía más que los riesgos de inundaciones.

Con la partición de la India en 1947 y la subsiguiente adscripción de Bengala a Pakistán, el territorio queda segregado de la administración central, que sólo se ocupa de reprimir brutalmente los intentos de secesión. Ésta se produce finalmente tras una cruel guerra civil en que desaparece una gran parte de la red de infraestructuras viarias y, lo que quizá fuera más grave, una buena parte de la elite política formada después de 1947.

Conseguida la independencia, los ritmos exacerbados de crecimiento de la población, los movimientos migratorios en sentido contrapuesto con la India, la inestabilidad política, la crisis del yute en los mercados internacionales han sido otros tantos factores que han venido a contribuir al acrecentamiento de los problemas ya crónicos derivados de las inundaciones. La importancia decisiva de la ayuda internacional y la dependencia alimentaria del exterior en cereales-base han sido una constante, lo que no quiere decir que las transformaciones no existan. Sobre una superficie cultivada semejante a la de los periodos coloniales, por imposibilidad de ampliación, se han aplicado las nuevas técnicas que tan completamente han cambiado la situación agraria de Asia: los abonos que han hecho aumentar los rendimientos apoyados por la irrigación en estación seca y las semillas de alto rendimiento han hecho su aparición, aunque la carencia de sistemas comerciales y de medios financieros y el bajo grado de accesibilidad hace que el progreso sea lento e inseguro. Pese al crecimiento desorbitado de la población, el grado nacional de autoabastecimiento de cereales de base ha aumentado; es el fiel reflejo de una contradicción: el positivo aumento de la productividad que se une a una reducción *per capita* del tamaño de las explotaciones debido al crecimiento demográfico.

La dependencia respecto a los planes de ayuda internacional hace que Bangladesh se haya visto además sometida a las fluctuaciones impuestas en los últimos años por el FMI, el Banco Mundial y el resto de los organismos internacionales. Así la intervención pública característica hasta los años ochenta que financiaba la industria del yute, la compañía de ferrocarriles y el sector eléctrico (además de esos cambios agrarios) fue eliminada, privatizando esos sectores sin contrapartidas sociales, generándose problemas de aumento del paro en las *capas urbanas-medias*, que suponían un enclave moderno en torno a Dhaka, la capital. El paro urbano se acentúa con la confluencia de las crisis en Oriente Medio que frenó el intenso movimiento migratorio hacia esa región y hacia India, exacerbado el nacionalismo hindú después del desastre de Ayodhya que ha provocado en la región de Calcuta no sólo el rechazo a la llegada de bengalíes, sino la forzada inmigración hacia Bangladesh de muchos musulmanes.

Tras veinte años de dictadura militar Bangladesh se dotó en 1991 de un régimen democrático con la viuda de un jefe de Estado asesinado al frente (la *begun* Khaledia Zia). Sin embargo, las enormes esperanzas centradas en esta elección no han podido materializarse por el cúmulo de problemas sociales y políticos, entre los que cabe destacar la evolución socioeconómica y la liberalización impuesta por los organismos internacionales que han llevado a una escisión cada vez más manifiesta de la sociedad entre un bloque minoritario que se beneficia de las reformas y un mayor empobrecimiento de los grupos sociales desfavorecidos. Acaso sea de mayor calado la creciente pujanza del islamismo integrista que desde la independencia aparecía refrenado por la propia historia del país —acusado de colaboracionismo con Pakistán—, y que ha reaparecido con gran fuerza tras la crisis de la mezquita de Ayodhya y el recrudecimiento de las manifestaciones antimusulmanas en la India. La oleada de refugiados musulmanes desde Bengala occidental ha hecho surgir una división nacional entre las corrientes integristas islámicas y los defensores de un país laico, democrático y abierto a prácticas sociales más asimilables a las occidentales.

En Bangladesh, en suma, múltiples factores hacen peligrar no sólo ya las expectativas de mejora, sino incluso unos logros que pudieran aparecer como diminutos si se ven desde la magnitud de las necesidades.

2. PAKISTÁN

Pakistán, desde la secesión de Bangladesh en 1971, ocupa el sector noroeste del subcontinente indio, con frontera por el oeste entre Irán y Afganistán y por el este con la India a través de la región siempre en pugna de Cachemira entre ambos países. Los contrastes geográficos, climáticos, étnicos y lingüísticos son enormes. El territorio se corresponde en lo fundamental con el valle del Indo, desde la barrera del Himalaya a su desembocadura en el mar Arábigo, a lo largo de 2.200 kms. Administrativamente ésta separada en cuatro provincias: el *Beluchistán* (región occidental de áridas mesetas poco pobladas por nómadas y agricultores que se concentran en los regadíos de Quetta, el valle donde se asienta su capital); la región fronteriza del noroeste poblada por los *patanes* y cuyo límite tibetano, el glaciar de Siachen, está disputado por la India y Pakistán; el *Punjab* o la región de los cinco ríos (el granero pakistaní que concentra el 55% de la población) y el *Sind* o Bajo Indo, en el sureste, cuya capital Karachi —aunque perdió en 1954 el rango de capital nacional en favor de Islamabad— continúa siendo la ciudad pakistaní más poblada y un foco industrial y comercial que atrae a inmigrantes de todo el país, refugiados afganos y musulmanes indios, contribuyendo así a aumentar los desequilibrios étnicos, sociales y demográficos y recalcando la conflictividad del área. A estas provincias autónomas hay que añadir las áreas tribales, directamente administradas por el gobierno federal, que aparecen con grandes contrastes entre sí y muy delicadas desde el punto de vista estratégico.

Pese a su nacimiento como país vinculado a una población mayoritariamente musulmana, las minorías religiosas son importantes (si bien cada vez con menos peso proporcional sobre todo por la huida de la población hindú hacia la India). No obstante, la comunidad musulmana dista mucho de permanecer unida; la separación principal, pero ni mucho menos única, está entre los *sunnitas* mayoritarios y la poderosa minoría *chiíta*.

La intención siempre declarada de los fundadores del Estado (Iqbal y Jinnah) de crear un país para los musulmanes y no un Estado teocrático no ha impedido que las interferencias tanto reales como legales sean una constante y se hayan visto permanentemente avivadas en la siempre conflictiva relación con la India. La evolución política ha oscilado siempre entre los intentos de creación de un Estado moderno (la Constitución de 1956 o la de 1973) y la imposición de la ley marcial y el integrismo musulmán. El estado de guerra, siempre larvado, ha tenido como principales momentos de erupción la guerra con India inmediata a la independencia; la de 1966 en que, tras la victoria pakistaní sobre el terreno, la India se niega a admitir la retirada de Cachemira; y la originada por la secesión de Bengala en 1971 en que, si bien pierde el 15% del territorio a la vez que 60 millones de habitantes, el país gana homogeneidad y, sobre todo, mejora apreciablemente su capacidad defensiva. Los recientes acontecimientos tras la crisis de la mezquita de Ayodhya y la expansión del nacionalismo hindú no contribuyen precisamente a desactivar el componente integrista, antes al contrario.

La evolución política oscila entre los intentos de proveerse de un régimen democrático —etapas de Z.A. Bhutto y de Benazir Bhutto— y la suspensión de las libertades políticas —era Zia— que se prolongan durante la mayor parte del tiempo, si bien retomando en muchas ocasiones los programas economicosociales anteriores, como la reforma agraria o la nacionalización de la banca que han sido las piezas más emblemáticas del llamado *socialismo musulmán*. En 1988, las elecciones libres dieron la victoria a Benazir Bhutto, hija del histórico líder condenado a muerte en la década anterior; las expectativas tanto interiores como internacionales que desataron su llegada al poder no se han visto ni mucho menos cumplidas tanto desde el punto de vista económico como desde el de la estabilidad política y la consolidación de unos métodos democráticos a los que ella misma no tardó en renunciar. Tampoco resulta evidente que, pese a lo llamativo del acceso a la más alta jerarquía de la nación musulmana por antonomasia de una mujer, suponga una transformación social simétrica. Baste con decir que el método de crecimiento de la oposición a renglón seguido de su victoria consistió simplemente en señalar a diario en las mezquitas que tal hecho iba contra las leyes sagradas.

Para poder apreciar la magnitud de las realizaciones pakistaníes en el campo económico, a pesar de los problemas existentes y de los manifiestos desequilibrios sociales, es indispensable tener en cuenta las bases de las que el país partió en el momento de la independencia. Casi 50 años después de ella, Pakistán ha podido ser presentado como uno de los modelos internacionales de crecimiento rápido, siendo hoy el área quizá más próspera de Asia meridional y a no mucha distancia de los *nuevos países industriales* (NPI) asiáticos.

El avance del *sector primario* ha sido espectacular gracias a la conjunción de una agricultura de regadío muy rica (heredera de importantes infraestructuras de riego de la etapa colonial), de los procesos técnicos vinculados a la *revolución verde* y de los efectos modestos pero no despreciables de la reforma agraria. Los resultados están a la vista: la producción se ha multiplicado por cuatro desde 1947 y ha tenido un ritmo superior al impresionante crecimiento demográfico. La modernización de la economía no impide que el sector agrario continúe siendo el que ocupa a más de la mitad de la población activa, aunque su participación en el PNB está en declive (54 y 27% respectivamente a principios de los noventa) y es, desde luego, el motor del sector industrial tanto como suministrador de materias primas como consumidor de maquinaria y del dinámico sector agroquímico. El trigo y el arroz constituyen los dos cultivos principales y la base de la alimentación; algodón y azúcar son los cultivos comerciales por excelencia, base tanto de la exportación como de la transformación industrial interna. Naturalmente, los problemas no faltan; pueden señalarse como tales los bajos rendimientos medios, los menores avances en la producción de frutas y verduras y una ganadería organizada sobre un sistema mucho más tradicional y de la que cabe esperar una revolución similar a la experimentada en el ámbito agrario.

Pakistán se mueve, en lo tocante al *sector de transformación*, entre el orgullo de haber industrializado un país partiendo de la nada (pues la casi totalidad del equipamiento industrial quedó adscrito al territorio indio en 1947) y la decepción de no haber conseguido una estructura industrial tan completa como la de la India ni haber podido emular la capacidad de penetración en el mercado internacional que presentan los NPI asiáticos con su agresividad exportadora. La estrategia industrializadora siguió el conocido modelo de sustitución de importaciones con fuertes medidas proteccionistas.

La actual estructura sectorial pone de manifiesto un gran desequilibrio entre el sector agroalimentario y textil que suponen la parte del león y la debilidad del sector de bienes de equipo o el químico, aunque este último se presenta muy dinámico en los últimos años.

Si nos fijamos en la estructura empresarial, la evolución también resulta muy representativa de estrategias comunes a muchos países sobre todo en lo referente al sector público. La *Pakistan Industrial Development Corporation* fue la entidad pública nacida con el objeto de atender sectores poco atractivos para la iniciativa privada y para permitir una industrialización más equilibrada desde el punto de vista geográfico; tampoco la evolución de este sector público ofrece ninguna sorpresa: grandes pérdidas desde 1972 y un proceso de reconversión y privatización consiguiente que le han llevado en la actualidad a una sustancial pérdida de peso. El sector privado ha estado dominado por un reducidísimo número de grupos monopolistas, de grandes familias de inmigrados indios en un primer momento —grupo *Habib*, grupo *Dawood* y familia *Saigol*— que han conservado un peso extraordinario en las esferas industrial, comercial y financiera aunque esta última haya recibido todo el impacto de la política de nacionalizaciones. A esta primera generación de industriales emigrados se han unido otras —grupos *Atlas*, *Zahur*, *Pangrio*, etc.— que proporcionan una estructura industrial fuertemente concentrada. También resulta muy representativa la situación de la pequeña industria mucho menos capitalizada, pero que contribuye mucho más al empleo y cuyo crecimiento está siendo muy intenso en la época de transición industrial porque sus bajos niveles salariales permiten una mayor penetración en los sectores orientados a la exportación. Ninguna novedad presenta tampoco el principal problema social vinculado al sector de transformación: un crecimiento de la producción muy superior al del empleo. Al igual que en la India, la presencia de capital multinacional ha sido tradicionalmente muy controlada y se concentra en los sectores farmacéutico, de maquinaria textil y químico.

La posición geoestratégica de Pakistán le ha otorgado de forma tradicional el beneficio de una importantísima ayuda económica exterior que no sólo ha permitido afrontar los elevados gastos militares, sino que se ha extendido a una financiación internacional privilegiada. El derrumbamiento del bloque comunista ha supuesto una gran desventaja para el país que ve reducidas sus fuentes de financiación, observa un crecimiento disparado de la deuda externa y se ve obligado a someterse a las directrices del FMI y del Banco Mundial.

Este dinamismo económico que acabamos de describir tiene como primer freno para traducirse en niveles de vida más elevados, la formidable explosión demográfica del país. La tasa de crecimiento no sólo es una de las más elevadas del mundo sino que, a diferencia de sus vecinos, no presenta síntomas de contención. En efecto, la fecundidad aparece estabilizada en niveles superiores a los 6 hijos por mujer, lo que sólo permite comparación con algunos países africanos. Aunque el potencial agrario pakistaní ha permitido que algunos de los problemas genéricos del Tercer Mundo, como la hipertrofia de las periferias urbanas, no hayan tenido aquí las dimensiones escalofriantes de las ciudades indias, semejante tasa de crecimiento demográfico impide una elevación de los niveles de vida. A esto hay que sumar la prolongación y, dada la pérdida de ayudas exteriores, un agravamiento de los gastos militares que han convertido en habitual el hecho de que el poder desatienda las inversiones de tipo social; algo claramente apreciable en datos tan relevantes como la altísima tasa de mortalidad infantil o unas tasas de escolarización mucho más bajas que las de cualquier país con una posición y dinamismo económicos similares.

3. INDIA

La evolución económica, social y política del coloso indio es mucho más conocida que la de sus vecinos musulmanes. Largos años de política socializante de los dirigentes del Congreso, partido responsable de la configuración de la India independiente en un clima democrático y de estabilidad política sin parangón en la mayor parte del continente asiático, se han traducido en éxitos inequívocos en múltiples campos, aunque la descripción de los problemas, de magnitud proporcional a la escala del país suele ser, y ello es perfectamente comprensible, lo más destacado.

La reforma agraria, el desarrollo del movimiento cooperativista, los progresos de la revolución verde son logros innegables aunque se les pueda contraponer la fractura social entre los beneficiarios de los progresos y una ingente cantidad de campesinos pobres y sin tierra cuyo número no hace más que crecer al producirse la fatídica combinación de un crecimiento demográfico que, pese a su contención, continúa siendo elevadísimo, las escasas posibilidades de ampliación del terrazgo en un país sobreexplotado de antiguo y el progreso técnico que pasa inevitablemente, a medio y largo plazo, por un aumento de la productividad que libera mano de obra agrícola o, si se prefiere, aumenta inexorablemente el paro rural.

La India es una gran potencia industrial planetaria. Optó por seguir hasta mediados de los años setenta una estrategia de sustitución de las importaciones que, conocida en sus grandes rasgos, pudo alcanzar, dadas las dimensiones territoriales y del mercado interno, un grado de complejidad y unos resultados que la convierten en uno de los análisis favoritos del proceso de industrialización del Tercer Mundo a escala mundial. La intervención de los poderes públicos ha sido decisiva. Los objetivos eran conseguir una prosperidad y crecimiento rápidos y una autosuficiencia nacional mayor, al tiempo que un aumento del empleo, una diversificación de la capacidad productiva que pudiese contribuir a mejorar el nivel de vida de la población en su conjunto y permitir además rectificar mediante las ventajas fiscales y la planificación de instalaciones el desequilibrio geográfico en la distribución de los recursos. Los mecanismos utilizados han sido los habituales y otros muchos (regulación de las instalaciones industriales a través de la exigencia de autorizaciones, control rígido de las importaciones, de precios y de la distribución de productos industriales, limitación y control estricto de las inversiones extranjeras y de las importaciones de tecnología).

Los resultados positivos innegables han sido una ampliación enorme de la base industrial; la India es capaz de producir cualquier producto transformado y los bienes de consumo constituyen sólo en torno a un tercio de la producción industrial final. El objetivo de autosuficiencia industrial se ha alcanzado también y la inversión industrial es muy grande en relación con el nivel de vida de la población. Desde que en 1974 la India procedió a una explosión nuclear *pacífica* controlada, se tiene la evidencia de que los sectores tecnológicamente más avanzados no están excluidos, sino todo lo contrario, de los objetivos nacionales. Es claro que los costos de este proceso no son pequeños y los fracasos tienen desgraciadamente la proporción del país: el crecimiento del valor añadido industrial es mucho menor que el deseable, la productividad es muy baja, la competitividad internacional extremadamente débil, la tasa de crecimiento del empleo industrial es tres veces menor que la del crecimiento del capital invertido, las pérdidas de las empresas del sector público suponen una pesada carga nacional y, sin embargo, en la India más que en otros muchos sitios se ha tenido la conciencia prolongada de que, a pesar de la ineficacia en términos contables de la empresa pública, este sector ha desempeñado y debe seguir desempeñando un papel esencial y multiplicador en la economía. Los esfuerzos para que el sector público más que amplio y débil fuese fuerte y de las dimensiones justas no han sido pequeños, aunque encontrar la medida exacta hubiese significado curar el talón de Aquiles.

Este panorama ha sufrido modificaciones profundas en los últimos años. En India, como en otras partes, las tendencias liberalizadoras en la economía se imponen, aunque con resultados aún limitados. Los intentos de integrarse en el mercado mundial y el crecimiento de las importaciones subsiguientes se acompañan de esfuerzos por conseguir una industria con una mayor vertiente exportadora y de la apertura a los inversores extranjeros (el capital americano y japonés se disputan el primer puesto). Las consecuencias no se han hecho esperar: la deuda exterior en 1995 se aproximaba a los 100.000 millones de dólares, lo que hace de la India el tercer país más endeudado del mundo detrás de México y Brasil, si bien desde el punto de vista de la deuda *per capita*, el endeudamiento es de tipo medio.

Los dirigentes indios, conscientes desde muy pronto del peligro del crecimiento de la población, llevaron a cabo desde principios de los años setenta una política demográfica orientada a difundir el conocimiento y promover el uso de métodos de control de la natalidad. Los resultados están a la vista. Durante la década de los años ochenta las tasas de crecimiento demográfico estaban en un 2,1% anual y en los primeros años noventa se ha descendido del umbral simbólico del 2% (1,9% en 1993); la fecundidad se acerca a 3,5 hijos por mujer.

Y, sin embargo, la pobreza persiste. Las dificultades para establecer el umbral de la pobreza y para contabilizar a los pobres son evidentes, pero todas las fuentes —oficiales o no, internas o de organismos exteriores— coinciden en señalar que al menos el 40% de la población india está por debajo de los umbrales de pobreza. Indicadores como el del consumo medio de calorías que pone de manifiesto no sólo un estancamiento, sino un retroceso en algunos periodos recientes, permiten ver lo inquietante de la situación. Como en tantos otros países, la situación social tras el proceso de modernización se caracteriza por una fractura profunda entre los beneficiarios de la reforma y los que quedan al margen de ella, sean pequeños campesinos, campesinos sin tierra cuyo número es creciente o las capas que nutren el sector informal en la ciudades.

Indira Gandhi obtuvo su brillante éxito electoral de 1971 con el eslogan «Eliminemos la pobreza»; hubo que esperar varios años, hasta que los resultados de su partido se vieron seriamente comprometidos en las urnas, para que se pusieran en marcha medidas sistemáticas (programas de asistencia sanitaria, venta de productos con precios subvencionados para las capas con menor poder adquisitivo, programas de acceso a créditos y un largo etcétera). Pero siempre en la India la política antipobreza se ha entendido por los poderes públicos como lucha contra la pobreza rural. El medio urbano ha estado desasistido por completo en este campo.

Esta prioridad política desde luego se explica porque la población urbana sólo representa una cuarta parte del total y porque las estadísticas medias a ella referidas indican un nivel de vida más elevado. Pero las ciudades indias crecen a un ritmo veloz. Calcuta, Bombay, Madrás, Delhi figuran entre las grandes aglomeraciones del mundo y se calcula que al menos el 40% de los habitantes urbanos de la nación viven en *bidonvilles* o barrios espontáneos con un grado de precariedad en su asentamiento muy alto. Naturalmente esa cifra es orientativa porque el censo de estos barrios está por hacer. Señala I. Milbert[1] que en la ciudad de Kampur (3,2 millones de habitantes) un agente municipal estimaba en 600.000 el número de personas «olvidadas» en el último censo. Hay muchos que no pueden ser contabilizados: las familias que viven en las grandes estaciones, a lo largo de las vías del ferrocarril, en las aceras, en torno a las áreas portuarias, bajo los puentes; aunque estas condiciones se desean provisionales es muy frecuente que su duración no sea breve y, desde luego, los recién llegados cubren inmediatamente el sitio de los que se van. La estimaciones oficiales calculan en unas 300.000 personas las que viven en estas condiciones en cada una de las grandes metrópolis del país.

La pobreza urbana tiene su especificidad. Al lado de los aspectos comunes a toda pobreza (malnutrición, enfermedades crónicas, ausencia de atención sanitaria o de acceso a la educación) aparecen riesgos añadidos. Por ejemplo, en Delhi, donde al menos la mitad de la población vive en *bidonvilles*, el 70% de los habitantes no tiene acceso a una red para evacuación de aguas residuales y las cifras de mortalidad infantil de sus *bidonvilles* eran de 221‰, el doble que la del medio rural. El hacinamiento es fuente de múltiples

[1] I. MILBERT, «La persistance de la pauvreté urbaine en Inde», *Revue Tiers-Monde*, N° 142 (Avril-Juin 1995), p. 329.

riesgos y, en Bombay, 3,5 millones de habitantes de *bidonvilles* se agolpaban en 3.200 hectáreas, es decir, unas densidades superiores a 1.000 personas por hectárea. El célebre libro de D. Lapierre *La ciudad de la alegría* ha permitido a un amplio público conocer las condiciones de vila de un *slum* de Calcuta: la penuria, la inseguridad, las causas por las que estas personas han dejado sus pueblos de origen, cuando no son ya originarios del *slum*, los mil y un oficios informales en que se afanan, la otra cara en suma de la gran ciudad.

Respecto a esta pobreza urbana no hay política. Durante mucho tiempo los barrios de asentamientos ilegales eran inexistentes desde el punto de vista legal. La actuación pública ha consistido en el derribo y de forma mucho más frecuente en la tolerancia. Aquí como en todo el Tercer Mundo se sabe hoy que el problema de la vivienda para estas capas de población es imposible de abordar financieramente con métodos convencionales de construcción. Los organismos internacionales recomiendan la legalización de los asentamientos y la intervención pública a través de una dotación de servicios mínimos (alcantarillado, luz, agua potable, una regulación viaria que permita el acceso de medios de transporte). La legalización del asentamiento conlleva en principio no perder las inversiones en el hábitat ya efectuadas y estimula de forma inmediata su mejora dentro de las posibilidades de sus habitantes ante la desaparición del riesgo de desalojo. En las ciudades indias la política en materia de vivienda ha vivido completamente de espaldas a la realidad de la mitad de los ciudadanos; es más, algunas leyes cuya intención era proteger a los sectores menos favorecidos, como la ley que durante más de 40 años ha congelado los alquileres con el fin evidente de evitar la especulación, han tenido un efecto perverso al paralizar la construcción destinada a sectores solventes y al propiciar el deterioro y envejecimiento extraordinario de los inmuebles porque los alquileres pagados a los propietarios no permitían afrontar las obras de mantenimiento necesarias. Muchos componentes de las clases medias-bajas se han visto empujados a los *slums* como resultado de esta política. En los últimos años el marco jurídico ha cambiado; se ha admitido la posibilidad de legalización de los asentamientos gracias a la indemnización del Estado a los propietarios del suelo. Es cierto que constituye un paso importante, aunque de momento su traducción práctica ha sido irrelevante. Las autoridades temen, no sin razón, que cualquier intervención pública en la mejora de las condiciones de vivienda provoque una avalancha sobre las ya saturadas ciudades por parte de los campesinos.

Para concluir este fugaz acercamiento a la realidad de la India me gustaría centrarme en algunas cuestiones que considero más inquietantes y menos conocidas de su evolución como país. La permanente tensión entre la unidad y las fuerzas disgregadoras («*Unity in diversity*») que está en la raíz y en la esencia de esta nación parece inclinarse cada vez más en los últimos años por la victoria de los particularismos de todo tipo. Las piezas angulares de este cúmulo de problemas son la política de los Estados lingüistas y la exacerbación del nacionalismo hindú.

La India independiente se configuró en la Constitución de 1950 sobre tres grandes pilares: la aconfesionalidad, la unidad de la nación y el reconocimiento de la diversidad (definiendo al país como una Unión de Estados). El texto constitucional no reconoce la existencia de diversos pueblos indios, sino de un pueblo indio formado por individuos que pertenecen, eso sí, a grupos de base lingüística, tribal, religiosa... Los derechos lo son de los individuos, no de los grupos como tales. La diversidad del país es objeto de atención en numerosos artículos constitucionales. En la larga lista que se podría citar destacan: la desigualdad social ligada al sistema de castas, la diferenciación religiosa que hace distinguir muchas minorías con particularismos respetados, el reconocimiento de un estatuto particular a ciertos Estados, la inaplicabilidad de ciertas leyes votadas en el Parlamento indio mientras no sean ratificadas en el interior de los Estados, la cuidadosa delimitación de las competencias locales y federales.

El mapa político administrativo ha sufrido muchos retoques desde entonces y está permanentemente en entredicho. Hoy la India cuenta con 25 Estados y 7 pequeños territorios de la Unión con estatuto y grado de autonomía diferente. El juego de fuerzas entre las competencias del poder central y las de los Estados ha ido paulatinamente cambiando en el sentido de una disminución de los amplios poderes centrales desde los primeros años de la independencia. Los pasos que llevan del particularismo al regionalismo, al secesionismo y aun al irredentismo se han dado en muchas ocasiones.

La primera escala por su importancia de magnitud viene definida por el reconocimiento de la diversidad lingüística, al que siguen aspectos religiosos y étnicos. Los problemas relacionados con las minorías étnicas o religiosas (Punjab, Cachemira, tamiles, áreas fronterizas con Birmania o grupos tribales de las montañas del norte), son mucho más conocidos, pero el cuidado especial que los Estados de base cultural han puesto en potenciar la lengua propia quizá sea una labor callada mucho más eficaz a la larga en la pérdida de fuerza de los lazos nacionales comunes. No son pocos los indios que se consideran a sí mismos como tales antes que bengalíes o tamiles y que añoran el poder aglutinador que la enseñanza oficial en inglés tenía durante el periodo colonial. La argamasa nacional india se debilita ante la potenciación de todos los elementos disgregadores. Incluso la capacidad vertebradora, tan grande, que la política federal ha tenido a través de la distribución de fondos públicos en la larga etapa de férreo intervencionismo aparece hoy en profunda decadencia ante el panorama económico liberalizador que deja, cada vez más, las iniciativas en manos privadas y en los organismos administrativos locales.

El día a día político indica que la tensión sigue en su cénit en Cachemira, con una guerra civil imposible de ocultar; mientras, el conflicto del Punjab se ve apaciguado —aunque el coste no haya sido bajo— tras una etapa de crisis que auguraba las peores perspectivas al principio de esta década. Con todo, el problema más preocupante resulta del brío que el nacionalismo hindú está tomando en los últimos años. La matanza de la mezquita de Ayodhya, en 1992, encendió una violenta mecha que se ha mostrado difícil de apagar. Frente al deseo reiterado de conseguir una India no hindú sino de todos los indios —a pesar de las dificultades del proyecto—, las elecciones de los últimos años proclaman la pérdida de las bases sociales del partido del Congreso, los enfrentamientos violentos entre comunidades muy desequilibradas desde el punto de vista numérico y las implicaciones geoestratégicas que un escoramiento hacia una India hindú tendrían, hacen contemplar el panorama de forma muy inquietante.

Sin embargo, la India es un terreno para la esperanza. Y no es una esperanza infundada. El equilibrio, la convivencia, el respeto a los otros está en la más honda tradición de un país tan nuevo y de un pueblo tan viejo.

BIBLIOGRAFÍA[2]

BERNARD, J. (et autres), *L'Un et le Multiple*, Paris, Centre de Hautes Etudes sur l'Afrique et l"Asie Modernes, 1986.

BIANCO, L., *Asia contemporánea*, Madrid, Siglo XXI, Colección Historia Universal, Vol. 33, 1992.

DELVERT, J., *L'Asie tropicale*, Paris, Sedes, 1983.

DELVERT, J., *L'Asie méridional*, Paris, Sedes, 1981.

DUPONT, V. et DUREAU, F. «Róle del mobilités circulaires dans les dynamiques urbaines. Ilustrations à partir de l'Equateur et de l'Inde», *Revue Tiers-Monde*, n°140 (1994).

ÉTIENNE, G., «Bangladesh, un des cas les plus difficiles du Tiers Monde», *Hérodote*, n°49 (1988), págs. 70-85.

ÉTIENNE, G., «Évolution de la production vivrière dans l'Inde Contemporaine», *Études Rurales*, n° 99-100 (1985), págs. 73-86.

ÉTIENNE, G., *Progrès agricole et maîtrise de l'eau. Le cas du Pakistan*, Paris, P.U.F., 1967.

KEMP, T., *Modelos de industrialización*, Barcelona, Fontanella, 1981.

LACOSTE, Y., *Unité te diversité du Tiers Monde. II: Vallées désertes-Deltas surpeuplés. Afrique et Asie tropicales*, Paris, Maspero.

MARTINEZ CARRERAS, J.U., *HIstoria de la descolionización: 1919-1986. Las independencias de Asia y África*, Madrid, Istmo, 1987.

MILBERT, I., «L'Inde», *Notes et Études documentaires*, n° 4.639-4.640 (1981).

MILBERT, I., «La persistance de la pauvreté urbaine en Inde», *Revue Tiers-Monde*, n° 142 (1995).

RACINE, J., «Civilisation, culture et géopolitique: à propos de l'Inde», *Hérodote*, n° 49 (1988), págs. 21-51.

[2] En general, resultan excelentes los análisis geoestratégicos anuales para este ámbito que realizan los expertos del grupo *Hérodote* y que en España publica cada año bajo el nombre de ***El Estado del mundo***, la editorial Akal.

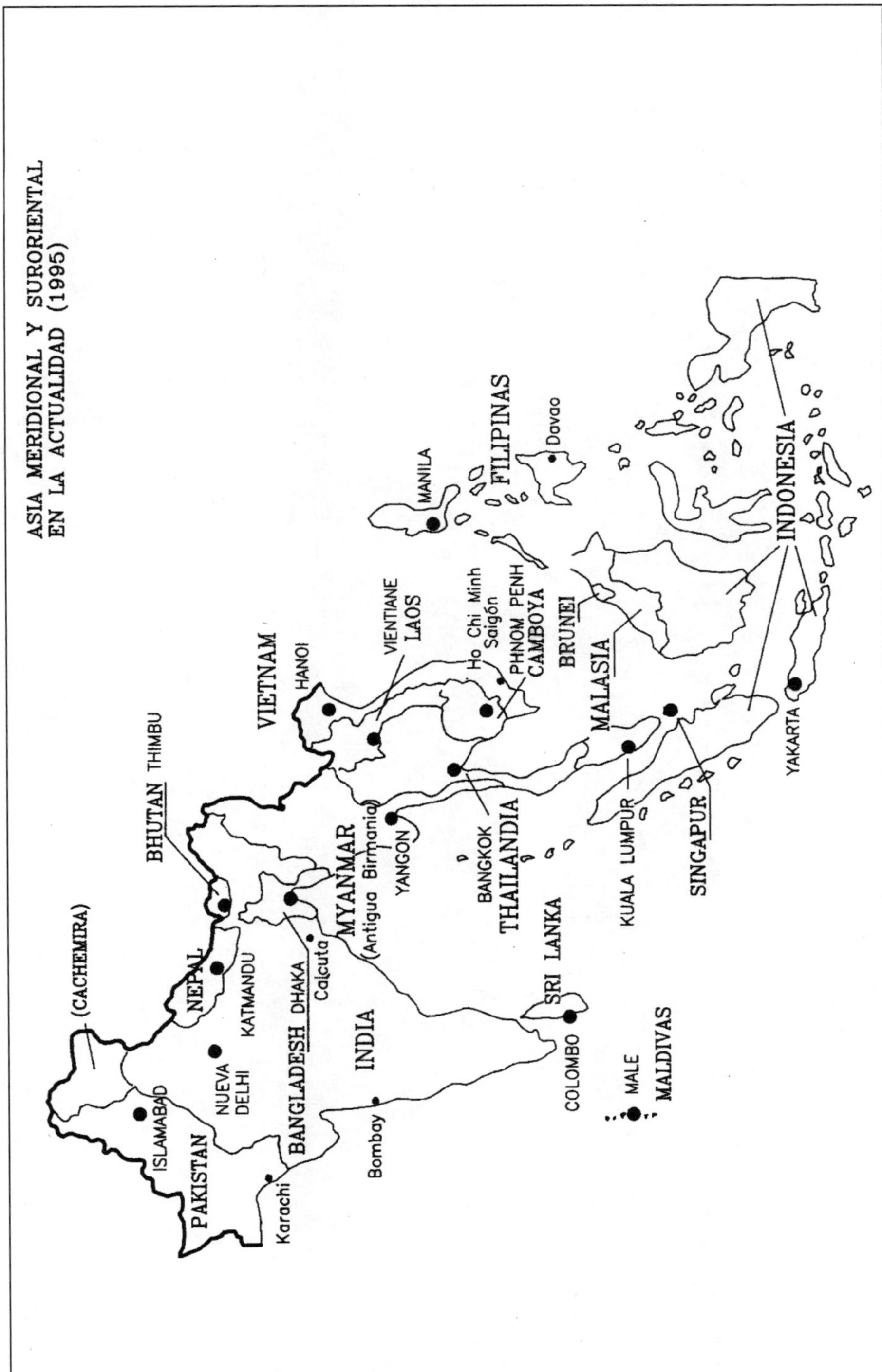
ASIA MERIDIONAL Y SURORIENTAL
EN LA ACTUALIDAD (1995)
(CACHEMIRA)
PAKISTAN
ISLAMABAD
Karachi
NUEVA DELHI
NEPAL
KATMANDU
BHUTAN
THIMBU
BANGLADESH
DHAKA
Calcuta
INDIA
Bombay
SRI LANKA
COLOMBO
MALE
MALDIVAS
MYANMAR
(Antigua Birmania)
YANGON
VIETNAM
HANOI
VIENTIANE
LAOS
Ho Chi Minh
Saigón
PHNOM PENH
CAMBOYA
BANGKOK
THAILANDIA
BRUNEI
MALASIA
KUALA LUMPUR
SINGAPUR
MANILA
FILIPINAS
Davao
INDONESIA
YAKARTA

PROBLEMAS ACTUALES DEL ÁFRICA SUBSAHARIANA: SUBDESARROLLO, DEMOCRATIZACIÓN, CONFLICTOS

JOSÉ U. MARTINEZ CARRERAS
Universidad Complutense de Madrid

En una visión panorámica del África actual, entre todos los problemas que aquejan al continente negro y que lo mantienen en una situación de crisis permanente desde su independencia, como ya señaló entonces R. Dumont[1], hay tres cuestiones que merecen ser destacadas ya que, relacionadas entre sí, constituyen el marco y la base de la realidad africana en la actualidad.

a) En el plano económico: el subdesarrollo unido a la dependencia y el neocolonialismo;

b) En el plano político: la evolución desde las dictaduras y el partido único hacia las reformas democráticas y el multipartidismo;

c) En el plano socio-político: los conflictos internos en algunos países en el contexto de la violencia existente en el continente.

La situación actual de África, que ya era preocupante en la década de los años 70, se ha ido deteriorando desde los 80 tanto por factores externos internacionales como internos continentales, como indica H. D'Almeida-Topor[2]. La opinión de B. Lugan[3] es más pesimista al escribir que «tras treinta años de independencia, la situación en África es apocalíptica»: África negra ha llegado a ser un auténtico «cuarto mundo» en el que tras decenios de ayudas internacionales, éstas no han servido para nada, siendo evidente el fracaso en todos los dominios: agrícola, ecológico, sanitario, urbano, político, económico, comercial, etc... Hoy África se encuentra endeudada y prácticamente está fuera del comercio mundial, con una demografía demencial, una corrupción generalizada, y con graves rivalidades étnicas cada vez más evidentes que acaban por alterar profundamente y marginar a este continente.

Aunque desde finales de los años 80 parecen haberse abierto, una vez más, tímidas vías hacia la esperanza por los cambios introducidos con la adopción de reformas

---

1 R. DUMONT: *L'Afrique noire est mal partie*. Paris, Seuil, 1962.

2 H. D'ALMEIDA-TOPOR: *L'Afrique au XX siècle*. Paris, A.Colin, 1993.

3 B. LUGAN: *Afrique, bilan de la décolonisation*. Paris, Perrin, 1991.

democráticas en muchos de sus países, que sirvan de marco para superar los problemas africanos, además del político-institucional, con su proyección en el campo económico con el planteamiento serio de intentar superar el subdesarrollo, y en el socio-político de dominar los conflictos y erradicar la violencia.

1. El subdesarrollo

Uno de los problemas más graves del África actual, y para muchos autores el primero en importancia, es la situación de subdesarrollo en que se encuentra este continente, que va unido a la dependencia y al neocolonialismo. Ya desde finales de los años 50, como señala D'Almeida-Topor[4], la independencia política aparecía como una condición indispensable para el desarrollo económico. La colonización, en efecto, había reducido a los países dependientes al papel de suministradores de materias primas y compradores de productos manufacturados. Parecía pues evidente que el fin del régimen colonial conllevaría el de una economía fundada sobre los cambios desiguales, generadores del subdesarrollo.

Pero este proceso no se ha cumplido: si desde las primeras independencias África ha conocido un progreso político continuado al transformarse sus países en Estados soberanos, en ese mismo plazo de tiempo el continente negro no ha alcanzado un desarrollo económico-social paralelo, y en la actualidad África se encuentra, en este sentido, en una situación de crisis y subdesarrollo; se ha convertido, como se ha indicado, en un «cuarto mundo». Según Y. Morel[5], todos los indicadores relativos a África, sobre todo a los países del sur del Sahara, denotan una situación en franco retroceso. La peor crisis que atraviesa África en los últimos años es de orden económico. La mayoría de los países africanos tienen unos niveles de renta muy bajos, una deuda externa que paraliza el desarrollo, y unas estructuras económicas deficientes. Todo ello convierte a África en el continente más atrasado.

Los autores se han planteado tanto las causas como los caracteres del subdesarrollo[6]. Entre tales causas se pueden distinguir, por un lado, las lejanas, y por otro, las próximas. Las causas lejanas del subdesarrollo son principalmente dos [7]:

A) La causa histórica, por ausencia previa en la sociedad afectada de estructuras económicas y sociales adecuadas para un desarrollo de este tipo, manteniendose en una situación normal de retarso económico; y

B) La causa colonial, por la expansión e imposición europeas que se hace en función de los intereses del país colonizador y no del colonizado, impidiendo esta dominación y subordinación impuesta por el colonialismo el desarrollo económico propio, y transformando el estado de retraso normal y coyuntural en una situación de subdesarrollo permanente; así, la consecuencia natural del colonialismo es la dependen-

---

[4] H. D'ALMEIDA-TOPOR: *ob. cit.*

[5] Y. MOREL: «En el furgón de cola», *Mundo Negro*, 373-374, marzo-abril 1994.

[6] E. RUIZ GARCIA: *Subdesarrollo y liberación*. Madrid, Alianza Ed., 1973.

[7] J.U. MARTINEZ CARRERAS: *Historia de la descolonización, 1919-1986. Las independencias de Asia y África*. Madrid, Istmo, 1987.

cia y el subdesarrollo, y el mantenimiento de esta situación es la premisa indispensable para la continuidad del desarrollo de los países capitalistas.

El subdesarrollo africano tiene su orígen en la colonización[8], y tras las independencias con unas estructuras económicas internacionales desiguales, se asiste en este continente al mantenimiento del subdesarrollo, cuyas principales características son: el deterioro sistemático de las infraestructuras ya precarias, la desintegración de las capacidades productivas, la vulnerabilidad extrema, la fuerte dependencia externa, el empeoramiento de las condiciones sociales, y la degradación creciente del medio ambiente. Para África, todo se resume en esta fórmula: la crisis del desarrollo y el desarrollo de la crisis[9].

Las causas próximas del subdesarrollo africano se pueden dividir en dos grupos, internas y externas:

A) Las causas internas son: el mantenimiento de las estructuras coloniales y la acción del neocolonialismo, las inversiones improductivas, la exclusión de la participación popular, la creación de un Estado patrimonial fuente del enriquecimiento personal de sus dirigentes y la corrupción consiguiente, y la ausencia de estructuras económicas suficientes y adecuadas.

B) Las causas externas están en el precio de las materias primas en los términos del comercio y el intercambio mundiales, la intervención de las multinacionales, la imposición de los modelos de desarrollo occidentales, y en la deuda externa.

Unido al subdesarrollo se encuentra el neocolonialismo. Según escribe K. Nkrumah[10] que ha estudiado este fenómeno «el colonialismo pasado de moda de ninguna manera ha quedado abolido, todavía es un problema africano, pero en todas partes está en retirada». En lugar del colonialismo, como principal instrumento del imperialismo, existe ahora el neocolonialismo, que en la actualidad representa al imperialismo en su etapa final, quizá la más peligrosa. La esencia del neolonialismo es que el Estado que le está sujeto es, en teoría, independiente y tiene todas las galas externas de la soberanía internacional, pero en realidad, su sistema económico y, con ello, su política son dirigidos desde fuera. Lo más a menudo es que el control neolonialista sea ejercido mediante medidas económicas o monetarias. El Estado neocolonial será obligado a comprar los productos manufacturados de la potencia imperialista mediante la prohibición de importar productos competidores del país que sea.

Es posible que el control neocolonialista sea ejercido por un consorcio de intereses financieros a los que no se puede identificar con ningún Estado en particular. El control de Zaire por los intereses de grandes financieros internacionales es el caso más representativo. El resultado del neocolonialismo es que el capital extranjero se utiliza para la explotación más que para el desarrollo de las regiones menos desarrolladas del

---

[8] W. RODNEY: *Cómo Europa subdesarrolló a África*. La Habana, Ed. C. Sociales, 1981.

[9] M. KABUNDA BADI: *La integración africana. Problemas y perspectivas*. Madrid, A.E.C.I., 1993.

[10] K. NKRUMAH: *Neocolonialismo, última etapa del imperialismo*. México, Siglo XXI, 1966.

mundo. La inversión, bajo el neocolonialismo, aumenta mucho más de lo que disminuye la distancia entre los países ricos y pobres del mundo.

Ante la situación de crisis en África, se ha planteado la necesidad de buscar soluciones para sacar a este continente del subdesarrollo. Excluidas algunas por utópicas y radicales, que van de un extremo a otro, desde la revolución a la recolonización[11], se pueden recoger dos:

A) La cooperación internacional, en sus modalidades de bilateral y multilateral, que para muchos autores ha resultado un fracaso y esconde una forma de neocolonialismo[12];

B) La integración regional, como expone M. Kabunda[13], justificada por varias razones: la imposibilidad de un desarrollo aislado, la marginación del continente en el sistema internacional, la creación de un poderío africano y la institucionalización del panafricanismo horizontal de las masas que actúen por encima de las fronteras artificiales heredadas de la colonización. Sin embargo, este proceso se encuentra obstaculizado por la prioridad dada a la construcción del Estado-nación, las estrategias de desarrollo exclusivamente nacionales, la adopción del enfoque librecambista imitando a la CEE, y la falta de complementariedad económica y de voluntad política.

La integración regional aparece así como la auténtica estrategia de desarrollo, quedando excluida, por diversos factores, cualquier posibilidad de desarrollo individual. Se preconiza por tanto la estrategia de la autosuficiencia colectiva para resolver los problemas internos y corregir el desequilibrio en las relaciones Norte-Sur. La autosuficiencia colectiva, factible sólo mediante la integración regional, consiste en la sustitución de las relaciones verticales por las horizontales, e implica la superación de las fronteras de cada Estado y la reorientación interna de las relaciones externas.

Así pues, se hace imprescindible la reestructuración de las economías nacionales, la creación de un espacio económico regional como marco del desarrollo global y la liberación de las coacciones de la economía internacional. En el plano nacional, se trata de que coincidan la democratización política y la económica; en el plano regional, de la creación de infraestructuras básicas para la complementariedad, de acuerdos multilaterales para la interdependencia y la interacción, y de una ideología unificadora y movilizadora, en unas precisas etapas: el desarrollo de mejores infraestructuras físicas, la integración de la producción y la integración de los mercados, y no a la inversa. Y en el plano internacional, la democratización de las relaciones económicas internacionales, y el fin de los términos actuales del intercambio. En definitiva, la transformación estructural y la recuperación económica de África pasan necesariamente por la integración regional. Pero la cuestión que queda planteada, es como articular y como realizar en la práctica esa proyectada integración regional.

---

[11] B. LUGAN: *ob. cit.*

[12] *Política comunitaria de cooperación para el desarrollo.* Madrid, A.E.C.I., 1992; y E. BALTAR RODRÍGUEZ: *Las asociaciones multilaterales de los países africanos con la Comunidad Económica Europea.* La Habana, M. de Ed., 1986.

[13] M. KABUNDA BADI: *ob. cit.*

2. La democratización

Treinta años después de las independencias, la democratización aparece como indispensable para la recuperación económica y social, no sólo política, de África, como escribe, entre otros, D'Almeida-Topor[14], pareciendo que desde finales de los años 80 se ha incrementado la lenta desaparición de los regímenes autoritarios y dictatoriales en el continente negro. En efecto, desde comienzos de los años 90 África subsahariana parece que está entrando en una nueva etapa histórica caracterizada por la propagación de los sistemas democráticos, como señala G. González Calvo[15], que puede cerrar definitivamente el capítulo de los partidos únicos y de las dictaduras militares así como de los presidencialismos autoritarios y de los regímenes afrocomunistas implantados sistemáticamente desde mediados de los años 60. Este fenómeno de gran interés y novedad está constituido por la transición, muy generalizada, hacia la democracia, y este proceso de democratización parece irreversible en África.

En la evolución política del África subsahariana pueden distinguirse claramente tres fases[16] . En un primer momento, el del acceso a las independencias en torno a 1960, en los nuevos Estados africanos se plantearon rápidamente los nuevos problemas derivados de la institucionalización de la vida política independiente: problemas cuya apariencia externa era de carácter político pero que constituían además la expresión radicalizada de tensiones y conflictos de índole económica y social. Así se institucionalizaron, tras las independencias, los sistemas políticos, en general, de carácter democrático-liberal y parlamentario al estilo occidental establecidos como herencia del colonialismo con Constituciones, partidos políticos y gobiernos civiles salidos de procesos electorales, que adquirieron principalmente dos formas: democracia presidencial y democracia parlamentaria.

Pero desde mediados de los años 60 estos sistemas van a ir desapareciendo por la acción de golpes de Estado[17] que imponen sistemas autoritarios, iniciada por K. Nkrumah en Ghana, así como dictaduras militares y regímenes afrocomunistas, y que buscan ajustarse a la realidad económico-social de cada nuevo Estado, que se configura en función de los elementos internos existentes en cada país y de las fuerzas y grupos sociales en cada sociedad, lo que constituye un interesante capítulo de la sociología de la descolonización; y también de los factores externos, como la presión y actividad económicas mantenidas por las antiguas potencias coloniales, que tras haber concedido una formal independencia política, continuaban ejerciendo un neocolonialismo económico.

Uno de los rasgos más característicos de los nuevos Estados en esta segunda fase ha sido la institucionalización del partido único, unido al autoritarismo personal de sus dirigentes que contaban con clientelas políticas entre sus propios clanes y tribus, cuyas causas han visto algunos autores, entre otros factores, en la tradición africana del jefe, en

[14] H. D'ALMEIDA-TOPOR: *ob. cit.*

[15] G. GONZÁLEZ CALVO: «El gran *boom* democrático», *Mundo Negro*, 373-374, marzo-abril 1994.

[16] J.U. MARTÍNEZ CARRERAS: *África subsahariana, 1885-1990, del colonialismo a la descolonización.* Madrid, Ed. Síntesis, 1993.

[17] J.L. CORTÉS LÓPEZ. *El golpismo en África negra*, Madrid, CIDAF, 1982.

la necesidad de contar con un poder centralizado y fuerte para hacer frente a los problemas planteados, o en el apoyo de los intereses neocoloniales. Otros argumentos que se han expuesto en favor de la vigencia del partido único han sido: su compatibilidad con el socialismo africano, su adecuación para la identidad y construcción nacional, y su capacidad para asegurar el desarrollo económico.

El panorama político de África se ha caracterizado así, a lo largo de esta fase, en opinión de J.F. Bayart[18] por «la proliferación de regímenes de partidos únicos tentaculares, que disponen del monopolio de la función pública y que mandan sobre las diferentes áreas de la sociedad a través de organismos anejos especializados». El régimen de partido único ha supuesto, entre otros aspectos, la fusión entre el partido y el Estado, con predominio de aquél sobre éste, un autoritarismo casi absoluto sin limitaciones ni controles, la gestión burocrática y patrimonial de la economía, la institucionalización de la corrupción, nepotismo y clientelismo, y la condena y persecución de la oposición. Durante casi treinta años, entre mediados de los años 60 y comienzos de los 90, han predominado en África los presidencialimos autoritarios basados en partidos y sindicatos únicos, bien de carácter oligárquico y dictaduras militares, o bien de tipo marxista y pretendidamente revolucionarios.

Junto al partido único y al neocolonialismo han actuado otros diversos factores generales que han contribuido de manera conjunta a configurar la realidad política de la nueva África, tanto en los planos nacionales como en el continental. Todo ello ha contribuido a que la evolución política de los nuevos Estados africanos haya sido, en general, inestable y conflictiva, muestra de una inestabilidad y tensión estructural, unido a la presencia y acción de los intereses occidentales y a las inversiones europeas, motivadas por la defensa de tales intereses neocoloniales. Entre todos estos problemas, el proceso político de los Estados africanos se ha visto alterado principalmente, aunque sin olvidar las raíces económico-sociales y a las fuerzas profundas de que son expresión, y a modo de síntesis, por: la institucionalización política entre constitucionalismo y militarismo, los golpes de Estado y las dictaduras militares, el intervencionismo occidental, los conflictos civiles y étnicos, y los intentos de secesión, los enfrentamientos territoriales y fronterizos, y la tensión socio-política entre revolución y contrarrevolución.

Desde comienzos de los años 90, África está entrando en una nueva y tercera fase histórica caracterizada por la adopción de reformas democráticas que ponen fin al sistema de partido único y a los regímenes dictatoriales militares y afrocomunistas. En efecto, desde el inicio de la década de los años 90, un número importante de países de África han ido evolucionando hacia el liberalismo político mediante el establecimiento del multipartidismo y los sistemas democráticos civiles, registrándose en ellos una doble crisis interrelacionada entre sí: la del partido único, por un lado, que ha llegado a su casi total desaparición, y en consecuencia la caída de las dictaduras personales y militares, salvo con algunas excepciones, y de los regímenes marxistas-leninistas, por otro, cuya expresión política era el afrocomunismo.

---

[18] En M. KABUNDA y N. TSHIBAMBE: «El proceso de democratización en África negra: ¿producto de la perestroika o de la autenticidad africana?, *Estudios Africanos*, 10-11, 1991-92.

Todo ello ha estado motivado por un conjunto de causas tanto externas como internas. En este sentido, M. Kabunda[19] plantea si esta transformación, aún en fase transitoria, es producto de la perestroika, con el hundimiento de los regímenes comunistas europeos y el final de la guerra fría, o de la autenticidad africana. Otros factores que impulsan este proceso democrático son, entre los externos: los condicionamientos de la política de cooperación por parte de los países occidentales, la estabilización de contrapoderes capaces de controlar la acción de los dirigentes para mejor utilizar los fondos públicos y la ayuda extranjera, y las presiones de los países acreedores y organismos financieros internacionales. Y entre los internos: la toma de conciencia y la acción de los pueblos africanos en favor de las reivindicaciones democráticas, la profunda crisis política y económico-social, la propia evolución política de Suráfrica y el efecto Mandela, y la revitalización de la tradición democrática y colectivista africana.

En opinión del mismo autor, la reacción de los dirigentes africanos, en un principio y excluyendo a los que claramente se resisten a abandonar el sistema de partido único y el poder pérsonal autoritario, ha seguido tres posiciones: el mantenimiento del partido único y su democratización interna mediante la organización de elecciones legislativas controladas, el establecimiento de un multipartidismo limitado a unos determinados partidos con base nacional, y la adopción de un multipartidismo integral con participación de todas las fuerzas políticas nacionales. Y el riesgo se encuentra en que el proceso democratizador sea adulterado y se llegue al sistema que M. Liniger-Goumaz[20] ha definido como «democratura»: dictadura camuflada o democracia truncada.

Para E. Pisani[21], África se está introduciendo en esta vía democrática, no sin diferencias entre unos países y otros, y el proceso de eliminación del *apartheid* en Suráfrica es un proceso de democratización de importancia incalculable. De esta experiencia democratizadora en toda África subsahariana se extraen una serie de conclusiones, como son: las sociedades africanas, que desde ahora están abiertas al mundo, desean el fin de las dictaduras; la existencia de una tradición democrática africana ahora revitalizada; la lectura de las Constituciones democráticas adoptadas en los países que han organizado su transición revela el extraordinario mimetismo de sus autores; en la actitud de Occidente con respecto a la democratización del Este y del Sur hay algo de vanidoso; y existe una extraordinaria simultaneidad y una inquietante confusión entre proceso democrático, liberalización de la economía y ajuste estructural. Y se plantea el hecho de saber si el liberalismo económico mundial que hoy triunfa ofrece a los países más pobres la más mínima oportunidad de asegurar un progreso social que permita arraigar la democracia.

Sobre el estado actual del establecimiento de la democracia en África subsahariana escribe G. González Calvo[22] que en los últimos cuatro años se han transformado

---

[19] M. KABUNDA: *art. cit.;* y «La crisis de los partidos únicos y los procesos de democratización en África», *Misiones Extranjeras*, 128, marzo-abril 1992.

[20] M. LINIGER-GOUMAZ: *La democrature. Dictature camouflée. Democratie trunquée.* Paris, L'Harmattan, 1992.

[21] E. PISANI: «La transición democrática», *El Pais*, 30-julio-1992.

[22] G. GONZÁLEZ CALVO: *art. cit.*

radicalmente los sistemas políticos en la mayoría de los países africanos, y actualmente son cerca de treinta los que han adoptado oficialmente el pluripartidismo, mientras otros se encuentran en fase de transición hacia la democracia. También D. Bourmaud y P.J. Quantin[23] escriben que «desde hace unos dos años, África bascula hacia el camino de la democracia», y los precursores en materia de multipartidismo, como Senegal y Botswana, aparecen hoy como modelos a seguir. E igualmente I. De Bes[24] opina que «la democratización parlamentaria en el continente africano va siguiendo su proceso».

En una primera clasificación de los países africanos según su sistema político, sujeta a cambios imprevistos de última hora, se pueden establecer los grupos siguientes:

A) Países que ya disponían de un sistema democrático, más o menos formal: Botswana, Camerun, Costa de Marfil, Gabón, Kenia, Namibia y Senegal.

B) Países en los que se ha establecido recientemente la democracia, con más o menos limitaciones: Angola, Benín, Burkina Faso, Cabo Verde, Congo, Eritrea, Etiopía, Ghana, Guinea-Bissau, Guinea-Conakry, Lesotho, Madagascar, Malawi, Malí, Mauritania, Mozambique, República Centroafricana, Tanzania, Santo Tomé y Príncipe, Yibuti y Zambia.

C) Países que se declaran en transición pero donde aún existe el dominio del partido único: Chad, Guinea Ecuatorial, Swazi, Togo y Zimbabwe.

D) Países con dictadura militar: Gambia, Niger, Nigeria, Sudán, Uganda, Zaire y Sierra Leona —donde se han celebrado elecciones presidenciales en marzo de 1996 con la victoria del candidato civil—.

E) Países con profundos conflictos civiles: Burundi, Liberia, Ruanda y Somalia.

En todo caso, el proceso de democratización en África subsahariana parece irreversible, y aparece como la condición indispensable para acometer la solución al subdesarrollo y la pacificación de los conflictos africanos.

3. Los conflictos

Un tercer problema que afecta al África actual es el del desencadenamiento de una serie de conflictos regionales que se han generalizado por gran parte del continente, y que le dan esa imagen de convulso y agitado, aunque en contraposición haya otras regiones estables y en paz. Los conflictos regionales son expresión de una latente y tensa situación de violencia que domina en determinadas áreas geopolíticas del continente negro, motivada por un conjunto de causas, tanto históricas como actuales, y que tienen diverso carácter: político, social, étnico o religioso.

El fenómeno de la violencia en África es un tema de actualidad[25]. La guerra desencadenada por razones de rivalidades y conflictos étnicos o bajo la etiqueta engañosa de imponer procesos de paz se ha registrado en numerosos países de África, como Marruecos-Sahara, Malí y Niger, Chad, Sudán, Somalia, Ruanda y Burundi, Senegal-

---

[23] En *Politique Africaine*, 43, octubre 1991, Bordeaux, C.E.A.N.: «Avant-propos».

[24] I. DE BES: «Los procesos de democratización en África Occidental», *África Internacional*, 17, 1993, Madrid, Iepala.

[25] *Studia Africana*, 5, marc 1994: «La violència a l'África», Barcelona, C.E.A.

Mauritania, Liberia, Angola y Mozambique. El poder del Estado, nacido de golpes y contragolpes, ejerce una represión violenta sobre los ciudadanos, como son los casos de Togo, Guinea Ecuatorial, Nigeria y Zaire, entre otros. La violencia religiosa, preferentemente la ejercida por el fundamentalismo islámico en el África al norte del Sahara, también está presente en algunos países subsaharianos, como Sudán y Nigeria. En consecuencia, el África de nuestros días ofrece esa imagen de conflicto y violencia generalizados por la mayor parte del continente[26], aunque ha estallado con mayor virulencia en algunas regiones determinadas del mismo, en contraste con otras zonas que disfrutan de paz y estabilidad.

África Occidental es uno de esos focos conflictivos más agitados del continente: «situaciones incendiarias, guerras regionales, enfrentamientos étnicos, conflictos limitados o de baja intensidad»[27] caracterizan los enfrentamientos que afectan a vastas zonas de esta región y que influyen decisivamente en frustrar toda esperanza de desarrollo; y además de esos conflictos, o unidos a ellos, se ha registrado últimamente en esta región un renacimiento del golpismo militar. Así, en 1993 el dictador de Nigeria S. Abacha invalidó las elecciones que dieron la victoria a M. Abiola, al que encarceló, y siguió una política represiva que culminó en noviembre de 1995 con la ejecución del escritor Saro Viwa y otros activistas ogonis. Desde 1990 Liberia se debate en un conflicto civil generalizado entre diversas facciones guerrilleras que han sumido al país en una situación de crisis y anarquía total, que se intenta superar mediante la consecución de acuerdos. Desde 1991 Sierra Leona ha vivido una serie de golpes y contragolpes que también han llevado a este país al establecimiento de una dictadura militar y a una situación de guerra civil generalizada, de lo que se intenta salir con la celebración de elecciones presidenciales en marzo de 1996. En Gambia se registró en 1994 un golpe militar que ha impuesto en este pequeño país una dura represión y una grave crisis política. En enero de 1996 el ejército de Niger derrocó por un golpe a su primer presidente democrático, y en febrero de este mismo año ha habido intentos golpístas en Guinea-Conakry. En definitiva, «en el África Occidental los conflictos *limitados* se multiplican»[28], sus detonantes son múltiples, y todos se desarrollan en un contexto en que el Estado-nación se encuentra en crisis.

En África Oriental, el cuerno de África se ha convertido, desde los años del acceso a las independencias de los países africanos, en una de las regiones más conflictivas y problemáticas de África, con continuas alteraciones políticas y sociales, golpes de Estado, intentos revolucionarios y guerras civiles y regionales. Todo ello unido a la pobreza, el hambre y la sequía hacen aparecer a los países de esta región y a sus poblaciones como uno de los más importantes focos de la crisis africana, en una situación de violencia generalizada y de inestabilidad y tensión tanto política como social, además de caos económico.

---

[26] *L'Afrique politique 1995*. Bordeaux-Paris, C.E.A.N.-Karthala, 1995.

[27] Ph. LEYMARIE: «África Occidental corroida por sus males regionales», *Le Monde Diplomatique* (edición española), 3- enero-1996.

[28] Ph. LEYMARIE: *art. cit.*

En estos últimos años, desde 1989, los países de esta estratégica región han experimentado cambios fundamentales y radicales[29]. Así, en Sudán, tras el golpe de Estado de junio de 1989, una Junta islamista ha tomado el poder, ha implantado un régimen basado en el fundamentalismo islámico, transformándose en su centro de propagación por el mundo árabe-islámico al configurarse el eje islámico Teherán-Jartum, además de la permanencia de una larga guerra civil entre el norte y el sur de este extenso país; Etiopía ha conocido un largo período de gobierno fundamentado en el sistema marxista o afrocomunismo que ha llegado a su término en mayo de 1991, tras una cruenta guerra civil, al ponérsele fin por la acción de un movimiento nacional, y ante el levantamiento en armas de Eritrea que ha alcanzado su independencia en 1993; Somalia también ha experimentado la caída de su dictadura en 1991 por un golpe militar, entrando en una fase de guerra civil generalizada entre las distintas facciones, que han sumido al país en un estado de caos y anarquía, además de la intervención exterior en 1992; y Yibuti queda en relativa calma y aislado en la región, con un gobierno autoritario contestado por acciones populares[30].

En África Central el foco de conflicto de estos últimos años se encuentra en las pequeñas Repúblicas de Ruanda y Burundi. En estos dos países se encontraba latente desde las independencias, y aún antes en la época colonial, la rivalidad entre las dos poblaciones que la habitan: los hutus —mayoritarios— y los tutsis —minoritarios—. Tras el atentado en que murieron los presidentes de ambos países en abril de 1994, se desencadenó, principalmente en Ruanda, un sangriento conflicto étnico—civil con persecución, represión y exterminio entre ambas poblaciones que ha llegado hasta nuestros días.

En contratse con todas las situaciones anteriores, en África Austral, que a lo largo de los años de las independencias africanas ha sido el foco de la resistencia y la represión blanca contra las poblaciones negras, se ha transformado en una región estable y en paz, con la configuración de Estados y sociedades multirraciales, en las que tiende a desaparecer la violencia. Así, Botswana dispone de sistema democrático desde su independencia en 1966; la Rhodesia blanca dio paso a la República multirracial de Zimbabwe en 1980, y con el mismo carácter se proclamó la independencia de Namibia en 1990. Por último, han tenido lugar las recientes reformas democráticas y pacificación tanto en Angola como en Mozambique, y la experiencia de la República Surafricana que ha vivido un proceso de profundas reformas internas desde 1990 que ha puesto fin al *apartheid* y ha culminado con la elección de N. Mandela como presidente de la nueva Suráfrica democrática y multirracial en 1994, apareciendo en estos momentos como el país con más potencialidades y mejor futuro de toda África. A las grandes figuras políticas de las independencias africanas: K. NKrumah en Ghana, L. Sedar Senghor en Senegal, y J. Nyerere en Tanzania, se une ahora la personalidad de N. Mandela como un símbolo de los pueblos africanos, con la talla moral de máximo dirigente de toda la nueva África.

---

[29] «La corne de l'Afrique», *Politique Áfricaine*, 50, junio 1993, Bordeaux, C.E.A.N.

[30] CH. GURDON: *The Horn of África*. University College, London Press, 1994.

Conclusión

En resumen, la opinión que predomina hoy en los informes y comentarios sobre África es «la gravedad de los problemas que confronta actualmente el continente africano»[31]. Entre tales problemas se encuentra «la crisis importante de las economías africanas cuyas manifestaciones se perciben claramente a través de diversos indicadores»[32].

Para W. Pfaff[33] «el problema de África es muy sencillo. No es el sistema tribal, la pobreza o el sida. Es que en la mayor parte de África no existe realmente una clase media profesional culta del tipo que permite funcionar a las sociedades y economías modernas». Mientras que M.A. Basteiner[34] se plantea la cuestión de «recolonizar África». Y la prensa escribe sobre «la soledad de África»[35] y «África olvidada»[36] .

Pero no hay que perder totalmente las esperanzas. Para los afro—optimistas quedan dos posibles vías de solución para África: una, es seguir el ejemplo de Suráfrica y la autoridad moral de Mandela, ya que en opinión de M.A. Basteiner[37] «el único país de todo el continente negro que va camino de estar algún día descolonizado es África del Sur»; y otra, el definitivo y total establecimiento de la democracia que haga posible la adopción de medidas económicas para superar la situación de subdesarrollo, y de arreglos que conduzcan a la solución de los conflictos.

---

31 A.-M. M'BOW: «¿Qué futuro para África?, *Cuadernos África. América Latina*, 20, 4/95, Madrid, Sodepaz.

32 E. M'BOKOLO: «Las realidades sociales, políticas y económicas de África de hoy», *Tiempo de Paz*, 27-28, 1993, Madrid: «África olvidada».

33 W. PFAFF: «El dilema de África», *El País*, 22- agosto-1994.

34 M.A. BASTEINER: «Recolonizar África», *El País*, 31- julio-1994.

35 *El País*, 31-julio-1994.

36 *El País*, 21-marzo-1996.

37 M.A. BASTEINER: *art. cit.*.

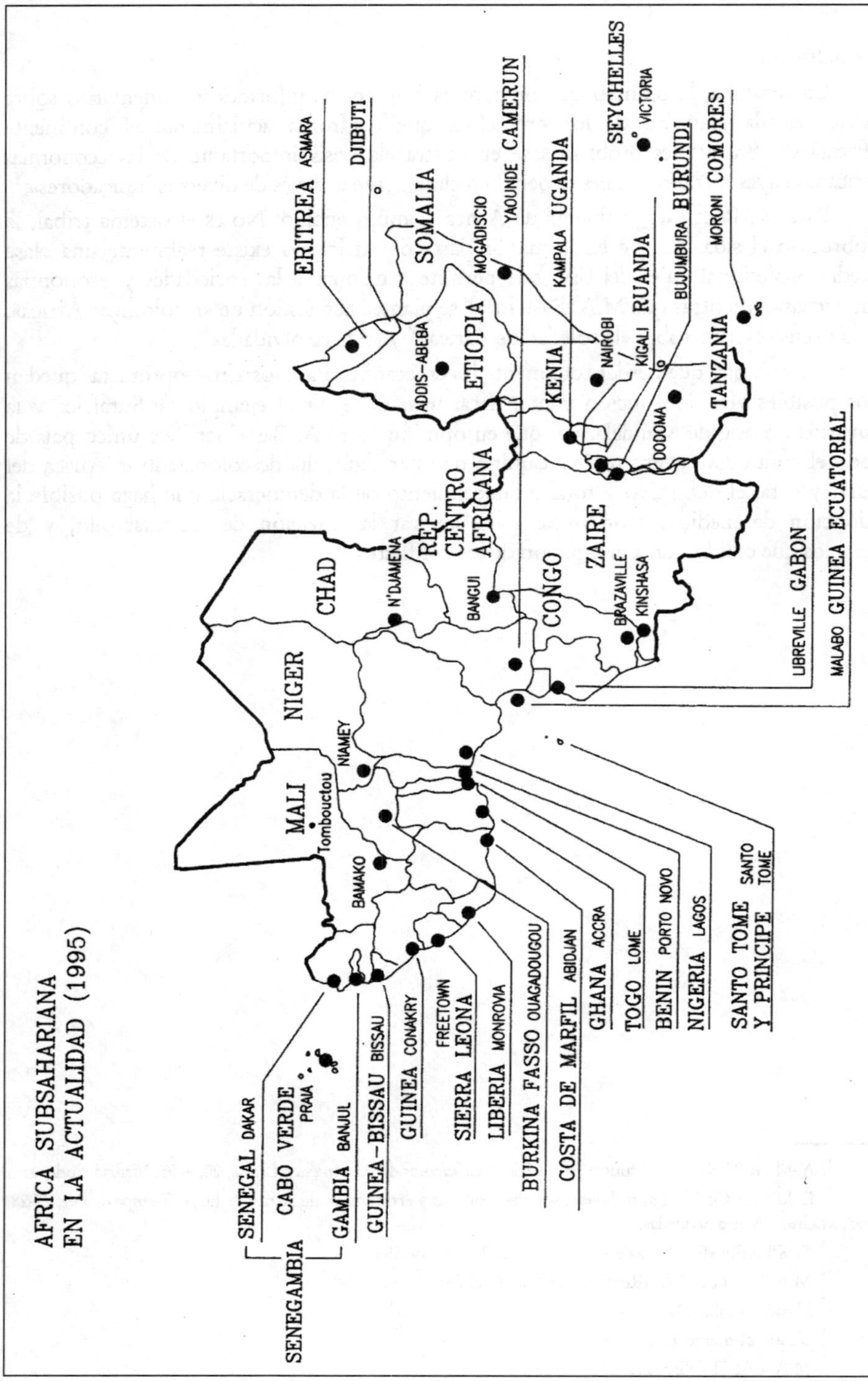
AFRICA SUBSAHARIANA
EN LA ACTUALIDAD (1995)
SENEGAMBIA
SENEGAL DAKAR
CABO VERDE PRAIA
GAMBIA BANJUL
GUINEA-BISSAU BISSAU
GUINEA CONAKRY
SIERRA LEONA FREETOWN
LIBERIA MONROVIA
BURKINA FASSO OUAGADOUGOU
COSTA DE MARFIL ABIDJAN
GHANA ACCRA
TOGO LOME
BENIN PORTO NOVO
NIGERIA LAGOS
SANTO TOME Y PRINCIPE SANTO TOME
MALI
Tombouctou
BAMAKO
NIAMEY
NIGER
CHAD
N'DJAMENA
REP. CENTRO AFRICANA
BANGUI
CONGO
BRAZAVILLE
KINSHASA
ZAIRE
UBREVILLE GABON
MALABO GUINEA ECUATORIAL
ERITREA ASMARA
DJIBUTI
SOMALIA
MOGADISCIO
ADDIS-ABEBA
ETIOPIA
YAOUNDE CAMERUN
KAMPALA UGANDA
NAIROBI
KENIA
KIGALI RUANDA
BUJUMBURA BURUNDI
DODOMA
TANZANIA
SEYCHELLES
VICTORIA
MORONI COMORES

NOTAS SOBRE LA HISTORIA DE SUDÁFRICA DESPUÉS DE 1945

RICARDO M. MARTÍN DE LA GUARDIA
Universidad de Valladolid

«Cry the beloved country, for the unborn child that is the inheritor of our fear. Let him not love the earth too deeply. Let him not laugh too gladly when the water runs through his fingers, nor stand too silent when the setting sun makes red the veld with fire. Let him not be too moved when the birds of his land are singing, nor give too much of his heart to a mountain or a valley. For fear will rob him of all if he gives too much.»

Alan Paton, *Cry, the Beloved Country*

INTRODUCCIÓN

La evolución política y económica del África Austral después de 1945 ha estado muy mediatizada por el papel preeminente desempeñado por la República Sudafricana en aquella región. Sin duda, la presencia continuada desde el siglo XIX de un contingente de población blanca —sobre todo holandés y británico— en este último país, enraizado por tanto en tierra africana después de varias generaciones, con una cultura y tradiciones propias, y ostentador de un poder económico importante, ha creado a lo largo del tiempo una tupida red de afectos e intereses en una población orgullosa del país que habita y convencida de que para mantener su hegemonía debía conservar su unidad en torno a la idiosincrasia peculiar del «hombre blanco sudafricano». Para lograr esta preeminencia era necesaria la intervención directa tanto en todos los asuntos de un territorio —Sudáfrica— en el que, a pesar de su fuerza, los blancos no eran sino una minoría (cuarta parte de la población total en los años setenta y ochenta de este siglo) como en la región Austral, donde los gobiernos negros de los nuevos países independientes, surgidos a raíz del proceso descolonizador, no iban a tolerar de buena gana el régimen segregacionista de Pretoria.

Para conseguir el control de toda la zona, la elite blanca surafricana debía contar, evidentemente, con unos recursos económicos capaces de generar unos niveles de riqueza que consolidasen aún más las relaciones entre las comunidades blancas del país, a la vez de satisfacer las apetencias de empresas y gobiernos foráneos, beneficiados de este modo por el intercambio comercial con Sudáfrica y, por tanto, poco interesados en variar el reparto de poder, en manos de la población blanca. Potencialidad no le faltaba al país austral, muy extenso (más de 1,2 millones de Km^2) y con grandes reservas de carbón, piedras preciosas, oro y minerales, algunos muy escasos pero necesarios para la gran industria o para los intereses estratégicos como es el caso del manganeso o el uranio. A su vez, la posición privilegiada en el sur del continente, con una amplia fachada al mar, había hecho de factorías y ciudades costeras un paso obligado en el comercio internacional desde hacía siglos.

Así, mientras que después de 1945 la población negra de los territorios del entorno, abrumadoramente más numerosa que la europea, había logrado imponer su voluntad a ésta última para lograr la independencia de las antiguas metrópolis —independencia meramente política puesto que sus economías continuaron siendo dependientes— la evolución sudafricana fue bien distinta. El progreso económico de este país, gracias sobre todo a sus fuentes naturales y a la creación de una infraestructura industrial y comercial muy avanzada —aunque poco distribuida geográfica o socialmente— fue una constante a lo largo de períodos amplios del siglo XIX y primeros años del XX. Los beneficios de este crecimiento, en manos siempre de los blancos, y las estrechas relaciones de éstos con las grandes firmas industriales y financieras internacionales consolidaron un sistema político y social de discriminación racial con el objetivo de mantenerse y perpetuarse a sí mismo.

En 1914, el general Hertzog formó un partido afrikaner con miembros de las familias descendientes de holandeses que conservaban el orgullo de los herederos de los bóers. Como éstos, sus lugares de asentamiento principales eran los distritos rurales de Orange o Transvaal donde preservaban sus formas económicas y de vida tradicionales basadas en las explotaciones agrarias. De alguna forma, este partido naciente, el Partido Nacional, se oponía en principio a los intereses de la población británica, mucho más urbanizada y con preocupaciones e intereses fundamentalmente industriales. Pronto, sin embargo, la población negra fue tomando conciencia de su condición precaria, de mano de obra barata y casi sin ningún derecho, y ello contribuiría a limar las diferencias para fortalecer los vínculos entre las comunidades blancas surafricanas sobre el principio de la solidaridad racial.

LA CREACIÓN DE UN ESTADO SEGREGACIONISTA

En 1948, cuando se celebraron las primeras elecciones después de la Segunda Guerra Mundial, el Partido Nacional sorprendió a los propios surafricanos de habla inglesa, quienes, agrupados en torno al Partido Unido, perdieron los comicios. En realidad, esta última organización obtuvo más votos pero en virtud de la ley electoral, favorecedora de las áreas rurales, el partido afrikaner de David Malan pudo formar gobierno. Como antes comentábamos, la amenaza de una población negra cada vez más convencida de su fuerza real, sobre todo después de que los procesos descolonizadores comenzaran a abrirse paso por todo el territorio africano, preocupó mucho a los dirigentes del Partido Nacional. La solución para atajar cualquier conato subversivo que pusiera en tela de juicio el dominio de los blancos en el país no fue otra que poner en marcha de una política drástica de separación racial y de control férreo de los mecanismos, política que la organización estatal dejaba en manos de los descendientes de europeos. El principio ordenador de la segregación llegaría pronto: en 1950 el gobierno aprobaba una «ley de registro de la población» y una «ley de áreas separadas» con el fin de conocer el número de habitantes de cada color para obligar a residir a los negros en zonas perfectamente delimitadas, y sin apenas comunicación con los blancos.

Como parecía lógico dentro del sistema que pretendía organizarse, y a partir de estas primeras leyes, la diferenciación entre unos y otros fue estableciéndose con rapidez mediante la sanción de un cuerpo legislativo reconocedor de este hecho discriminatorio en el entramado educativo primario, secundario y universitario, en la administración, en los derechos civiles, etc. La obra no fue sólo tarea del gobierno afrikaner: el Partido Unido, representante de esa población anglófona dedicada prioritariamente a la industria y el comercio, tampoco puso apenas empeño en defender la igualdad.

Fue después de las presidencias de Malan y de Hans Strijdom cuando Hendrik Verwoerd, también miembro del Partido Nacional como sus antecesores, desarrollaría la teoría y la práctica del apartheid hasta sus últimas consecuencias. Verwoerd ocupó la presidencia del gobierno en 1958 con el fin de mantener la primacía blanca en el país, para lo cual era absolutamente necesario —según su propio ideario— diferenciar los derechos y obligaciones, la forma de vida y hasta el emplazamiento físico de las comunidades raciales y culturales surafricanas, proporcionando incluso gobiernos separados para cada una de ellas, eso sí, siempre bajo la tutela de la minoría europea. Para poder llevar a la práctica su pensamiento sin ningún tipo de trabas, Verwoerd convirtió en República al país después del referéndum de 1960, hecho que impulsó la independencia definitiva de Londres en el verano del año siguiente así como su salida de la Comunidad Británica de Naciones. A partir de aquellos acontecimientos, la legislación *apartheid* contribuyó a construir a lo largo de las décadas de los años sesenta y setenta una organización estatal todavía más sólida sobre la base de la discriminación tajante. Así, si en 1951 la «ley de autoridades bantú» pretendió dotar de un cierto autogobierno tribal a las distintas etnias africanas del territorio, diez años después la «ley de consejos urbanos» fortaleció el poder de los bantustanes, esto es, aquellas áreas geográficas donde cada etnia tenía su hábitat tradicional, al extender su control hasta los suburbios negros de las ciudades (los muy conocidos *townships*), donde se hacinaba la mano de obra barata de la industria. La finalidad de esta última «ley de consejos» era controlar estas concentraciones cada vez más amplias de la población negra cerca de los barrios blancos puesto que las autoridades estaban alarmadas ante los problemas que esas concentraciones podían causar. Por su parte, y como complemento, la «ley de prohibición de actividades políticas» promulgada en 1968 dejaba fuera de la ley a cualquier organización interétnica.

La discriminación económica de la población no blanca era el corolario evidente de la segregación política: en torno a 1965, el 25% de los blancos surafricanos se quedaban a dos puntos de acaparar el 70% de la Renta Nacional mientras que el 72% de los negros solamente obtenía el 27% de la misma.

LA OPOSICIÓN AL RÉGIMEN DE *APARTHEID*

En aquellos años las quejas y condenas de la comunidad internacional por el mantenimiento y consolidación del sistema de *apartheid* apenas si eran más que una cortina de humo que no conseguía ocultar el lucrativo comercio y la rentabilidad de las inversiones empresariales, sobre todo británicas, en aquella zona de África. Este estado de cosas fomentó el surgimiento de una oposición de la mayoría negra, cuyo reverdecimiento estuvo ligado al desarrollo industrial y urbano de la Sudáfrica de postguerra. En aquellos años de transformación rápida del país dentro de un panorama de procesos descolonizadores en el continente, surgieron entre otras dos figuras clave para el movimiento opositor negro: Oliver Tambo y Nelson Mandela. Ambos habían cursado estudios universitarios y formado parte del comité fundador de la Liga de la Juventud, constituida en 1944 dentro de la organización política más caracterizada de defensa de los intereses negros, el Congreso Nacional Áfricano (*ANC*). La meta de estas juventudes era servir de catalizador al Congreso y, como afirmaban en su declaración de principios, luchar por la supresión de toda ley discriminatoria así como reivindicar una educación gratuita, el reparto de las tierras, la reforma radical de la administración estatal, igualdad de oportunidades para los no blancos, etc. A pesar de las presiones ejercidas desde Pretoria, tanto el Congreso como otras organizaciones opositoras a la política oficial ganaron fuerza en los años cincuenta e, incluso, en 1955 formaron estos grupos una Alianza del Congreso con el fin de hacer recapacitar a las autoridades blancas e iniciar contactos con éstas para plantear conjuntamente un cambio de timón en la política nacional dando por concluido el *apartheid*. Fruto de todas estas inquietudes fue la reunión en junio de 1955, cerca de Johannesburgo, de 2.900 delegados, representantes de organizaciones negras, mestizas, asiáticas e hindúes —declinaron la invitación los partidos blancos—, donde se hizo pública una denominada Carta de la Libertad en solicitud de una democracia igualitaria y verdaderamente representativa para Suráfrica.

El documento provocó una airada reacción del gobierno central. Muchos de los redactores y firmantes de la misma fueron detenidos y algunos de ellos juzgados por traición en procesos que se aplazaban durante meses con el fin de mantener en prisión a los líderes opositores. Sin embargo, la represión sólo logró radicalizar más al movimiento antisegregacionista. Del sector panafricanista de éste último, tan en boga durante aquellos años en todo el continente, nacería una nueva organización en 1959: el Congreso Panafricano (*PAC*) que, capitaneado por Robert Sobukwe, adoptó una posición mucho más combativa y extremista que el grupo de Mandela bajo el lema de «África para los africanos». La tensión social después de todos estos últimos acontecimientos crecía por momentos y acabaría por estallar en Sharpeville, en marzo de 1960. Anthony Sampson, profundo conocedor de la realidad surafricana, relata así lo ocurrido: «(...) fue el distrito negro de Sharpeville, a ochenta kilómetros al sur de Johannesburgo, cerca de las acerías estatales de Iscor, el que alcanzó un punto de inflamación, a lo que contribuyó el paro existente, el aumento de alquileres y los rígidos controles de entradas y salidas del recinto. Millares de negros se agolparon en los alrededores de la comisaría de policía. Los agentes, presos del pánico, mataron a tiros a sesenta y siete negros, que prepararon el terreno para una revuelta que pronto alcanzó los visos de revolución». Aunque «los visos de revolución» fuera una expresión exagerada, lo cierto es que el frente negro antiapartheid había alcanzado una fuerza desconocida para las autoridades del país y, después de Sharpeville, había también conseguido sus mártires en la lucha por la igualdad.

Sin embargo, el gobierno de Pretoria no se arredró. En abril de 1960 el Parlamento, con una amplia mayoría, aprobaba poner fuera de la ley al *ANC* y al *PAC*, a la vez que las fuerzas de seguridad procedían a encarcelar a los dirigentes y afiliados considerados más peligrosos para la seguridad del país. El estado sudafricano no podía tolerar la consolidación de estos partidos, constituidos ya en una amenaza seria y muy real para los intereses blancos, por lo que pasaba a la vía represiva directa con el objetivo de desmantelar sus organizaciones. Como era de esperar después de esta reacción, el *ANC* radicalizó su estrategia para aceptar en su programa la acción violenta en contra de los partidarios del apartheid y comenzó a preparar futuros guerrilleros fuera del país. El brazo armado del Congreso, el *Umkonto we Sizwe* («la lanza de la Nación») contó con Nelson Mandela como jefe supremo, organizó sus infraestructuras de apoyo dentro del país así como en algunos estados vecinos e inició la lucha terrorista en diciembre de 1961 al colocar varias bombas en distintas ciudades sudafricanas. Mandela fue apresado en la provincia de Natal en el verano del año siguiente y, junto a otros destacados miembros de la organización, condenado a cadena perpetua. Oliver Tambo, quien le sucedió en la jefatura, auspició el viraje del Congreso hacia la esfera de influencia soviética. Aquí encontró cobertura ideológica, financiación y armas para continuar la lucha. Con todo, la acción represiva del gobierno logró debilitar a la oposición durante los años sesenta, lo cual tuvo un reflejo positivo en la bonanza de la economía al incidir en los sindicatos negros, que sufrieron una pérdida de su poder reivindicativo.

De hecho, la tasa de crecimiento económico en aquella década fue fortísima, del 6% anual, muy por delante de la mayoría de los países europeos. A este crecimiento no fue ajeno, ni mucho menos, el aumento de las inversiones externas, aun cuando los discursos contrarios al régimen segregacionista continuaban dejándose oír, todavía con más fuerza que en años pasados, en los foros internacionales. Este boyante caminar de la economía nacional fue paralelo a un incremento muy notable de los presupuestos de defensa a pesar de las restricciones impuestas a la venta de armas a Sudáfrica. Así en 1964, año en que las Naciones Unidas aprobaron el embargo total de este tipo de transacciones con el gobierno de Pretoria, el país tenía un ejército modernizado y muy bien dotado. El plan de ampliar la cobertura militar de Sudáfrica estaba en relación con las necesidades defensivas sentidas por los dirigentes blancos ante la evolución de los acontecimientos en el continente. En efecto, las independencias políticas de los países limítrofes se sucedían, y con ello vino la sustitución de los gobiernos proeuropeos por líderes negros que, en principio, no iban a ver con buenos ojos el sistema de segregación racial de su vecino del sur.

En estas circunstancias muchos industriales y comerciantes sudafricanos, sobre todo de origen británico, comenzaban a darse cuenta de que el *apartheid* terminaría por ir en contra de la buena marcha económica. Ya en los años cincuenta, la producción minera, si bien seguía siendo muy importante, representaba menos que los bienes industriales dentro de la Renta Nacional, y perdería todavía más dentro de esta última. Si el desarrollo de los sectores secundario y terciario eran básicos para mantener los niveles de riqueza, resultaba vital para el país que llegara mano de obra negra con la que cubrir la demanda de puestos de trabajo, y que además fuera cada vez más cualificada. Pero, si los *townships* mostraban palmariamente las dificultades de que se cumplieran a diario las leyes segregadoras, esta nueva necesidad económica, con el corolario de una población negra mayor en número, concentrada en la periferia de las ciudades, agravaba la situación.

LA INFLUENCIA SURAFRICANA EN LA REGIÓN

La hegemonía blanca daba a Sudáfrica una singularidad muy especial dentro del panorama del África Austral, singularidad que había generado entre las autoridades del país una actitud recelosa y defensiva no sólo frente a la oposición interna, sino ante sus vecinos más cercanos. De hecho, el proceso descolonizador en estos territorios puso de manifiesto la necesidad que el gobierno sudafricano tenía de intervenir en los asuntos internos de los nuevos estados independientes como política preventiva ante la actitud que los dirigentes negros pudieran adoptar frente el régimen del *apartheid*. Por otro lado, la presencia de las compañías sudafricanas, y en general los intereses económicos de Pretoria en todo el sur del continente, venían de lejos. Además, la llegada al poder de líderes proclives al socialismo soviético representaba un peligro real al que se debía poner coto en el exterior, como en el interior se había hecho con la ley de prohibición de organizaciones comunistas en 1950. Todo ello influyó en la intervención, solapada o directa, pero constante, del régimen sudafricano en el proceso descolonizador y en los primeros pasos de los estados independientes de la zona sur del continente.

En el caso de Rhodesia del Sur, la minoría blanca intentó preservar su posición privilegiada, así como continuar explotando las riquezas minerales del país —especialmente el carbón—, cuando a mediados de la década de los sesenta, en plena ebullición descolonizadora, elaboró un texto constitucional que consolidaba su predominio a la vez que dejaba fuera de la ley a las fuerzas opositoras negras. En noviembre de 1965, Ian Smith, a la cabeza de un gobierno blanco, declaraba la independencia del país, sólo con el reconocimiento y apoyo de Sudáfrica y Portugal. Zambia (la antigua Nyasalandia) y Malawi (ex—Rhodesia del Norte) habían conseguido su separación definitiva de la metrópoli en 1963 y, aunque su evolución posterior fue bastante divergente, los dirigentes negros de la independencia (H. K. Banda en Malawi y K. Kaunda en Zambia) fortalecieron progresivamente su poder hasta construir dos dictaduras personales. Sin los problemas surgidos en otros países de la región con la población colonial europea ya que en Malawi esta última era mínima, el nuevo régimen asumió una política prooccidental y ni siquiera luchó contra la hegemonía económica que tradicionalmente mantenían en el país tanto la Rhodesia de Smith como Sudáfrica (conviene destacar el amplio acuerdo diplomático y comercial alcanzado con esta última en 1967). Es más, las ayudas financieras de estos dos países sirvieron para la mejora de las infraestructuras agrarias malawitas, en donde trabajaba la inmensa mayoría de la población. Diferente fue la política de Kaunda, mucho más próxima a la órbita soviética o a la prochina, que provocó fricciones más o menos constantes con el gobierno de Pretoria en los años sesenta y setenta.

También Sudáfrica desempeñó un papel importante en el África del Sudoeste (Namibia), zona de yacimientos minerales que la ONU había concedido como mandato al gobierno de Pretoria hasta finales de 1969. Dicho gobierno no aceptó la resolución y mantuvo su presencia económica y militar en Namibia, si bien en un estado permanente de conflicto debido a las acciones de la guerrilla independentista del *SWAPO*.

Mucha más transcendencia para los intereses sudafricanos tuvo el final del sistema colonial portugués en la década de los setenta. Mozambique, por su estratégica posición y por la importancia de sus puestos en Beira y Lourenço Marques, representaba un bastión necesario también para la seguridad de Sudáfrica, cuyas relaciones con Lisboa eran de buen entendimiento. Los problemas llegaron con el golpe de estado portugués de 1974 protagonizado por militares izquierdistas, cuyos planteamientos respecto a los territorios africanos consistían en liquidar la organización colonial. Así, con el apoyo del nuevo gobierno lisboeta, y ante la incapacidad de reacción de Pretoria por la rapidez con que se habían desarrollado los acontecimientos, el Frente para la Liberación de Mozambique, fuerza opositora de carácter marxista—leninista, tomaba el poder y proclamaba la independencia del país en junio de 1975. El peligro de aislamiento para Sudáfrica era evidente, más aún cuando Samora Machel, el presidente mozambiqueño, se declaraba dispuesto a ayudar a todos los movimientos de liberación nacional del continente negro.

Las autoridades sudafricanas aprendieron pronto la lección y trataron de aplicarla en el conflicto angoleño. En este territorio no existía la unidad entre los movimientos opositores. Desde Lisboa se anunció el apoyo al Movimiento Popular de Liberación de Angola, capitaneado por el comunista Agostinho Neto, para llevar a buen puerto la independencia del país mientras que Pretoria dirigía una importante ayuda económica y militar a los guerrilleros antisocialistas de la Unión Nacional para la Independencia Total de Angola. El corolario fue una sangrienta guerra civil sin que ninguno de los dos bandos contendientes lograra imponerse en los primeros años de lucha.

Como hemos podido comprobar, el estado de cosas en el África Austral sufrió transformaciones cruciales a mediados de los años setenta. El colapso del sistema colonial luso en el continente y el surgimiento en aquellos territorios de dos estados socialistas, la llegada de un gobierno negro a Rhodesia—Zimbawe y el empeoramiento de la situación en Namibia, acentuaron la sensación de aislamiento de Sudáfrica, que perdía su cordón sanitario frente a los nuevos países independientes de mayoría negra.

SUDÁFRICA EN LOS AÑOS SETENTA

Sin embargo, a pesar de todo ello, los años setenta sirvieron para fortalecer la política del apartheid y, al margen de la teórica firmeza de las resoluciones internacionales contra ella, la economía sudafricana se mantuvo estable. Aunque en un principio la tasa de crecimiento descendió, los índices económicos mejoraron ostensiblemente después de superados los momentos más duros consecuencia de la crisis del petróleo, gracias también a la revaluación del oro en los mercados internacionales. En esta situación tan paradójica — un régimen político fundamentado en la discriminación racial, condenado por las organizaciones internacionales, pero con una estructura económica sólida— las elecciones de 1978 demostraron que los blancos sudafricanos continuaban confiando en la gestión del Partido Nacional. Así, Pieter Botha llegaba a la presidencia del gobierno en octubre de aquel año después de una campaña electoral agitada durante la que se destaparon una serie de escándalos políticos en los cuales estuvieron implicadas personalidades del equipo gubernamental anterior y de los servicios secretos. Botha había sido en su juventud uno de los organizadores del Partido Nacional. Diputado ya en 1948 y miembro de defensa con Verwoerd, no parecía la persona más indicada para protagonizar un cambio en las bases político—institucionales del régimen. De hecho, y aunque en 1979 aprobó la legalización de los sindicatos negros —fue el primer jefe del ejecutivo sudafricano en visitar Soweto—, la nueva constitución por él auspiciada en 1983 consagraba el *apertheid*, si bien lo matizaba levemente. Se mantenían al mismo tiempo los bantustanes, territorios habitados en su práctica totalidad por negros, y se les otorgaba una carta de independencia ficticia, con lo que se privaba a sus pobladores del derecho de ciudadanía sudafricana para evitar de este modo peticiones o reivindicaciones de derecho a voto, asociación, etc. El primer bantustán «independiente» fue Transkei, al que siguieron Bophuthutswana en 1977, Venda en 1979, y así hasta un total de siete.

El texto constitucional preveía la existencia de tres cámaras separadas para la población blanca, mestiza y asiática en la que tratar cada una de sus cuestiones propias, sobre todo el sistema educativo, la asistencia social y las políticas locales. Las asambleas votarían independientemente las cuestiones económicas o de política exterior, eso sí, siempre bajo la supervisión de los blancos. La comunidad negra quedaba completamente marginada al no disponer siquiera de cámara propia. La oposición se generalizaba. Las peticiones de mejoras salariales y sociales, unidas a las críticas contra el *apartheid*, concretaban sus demandas en huelgas y manifestaciones cada vez más extensas por todo el territorio nacional. El 20 de julio de 1985, con el aumento de las revueltas negras, Botha declaraba el estado de excepción en 36 distritos del país. Era el síntoma más evidente del recrudecimiento de la lucha interior contra el régimen de segregación racial.

HACIA LA NORMALIZACIÓN DEL PAIS

Por si fuera poco, en los años ochenta variaban ostensiblemente las relaciones de fuerza con los países del entorno. En Rhodesia—Zimbawe la minoría blanca debía resignarse a perder el poder ante la fuerza de las organizaciones negras coaligadas en el Frente Patriótico. No obstante, el clima social del país continuó siendo muy tenso a causa del autoritarismo creciente del nuevo hombre fuerte, Robert Mugabe, quien después de 1982 daba los primeros pasos para constituir un partido único controlado por él mismo y edificar un sistema socialista.

Si consideramos cómo estaba evolucionando la ocupación de África del Suroeste—Namibia, la República Sudafricana perdía definitivamente el aliado rhodesiano—convertido ahora en enemigo— en un momento especialmente difícil. A nada condujeron las innumerables conversaciones bajo los auspicios de la ONU para llegar a un acuerdo pacífico entre la guerrilla independentista del *SWAPO* y el gobierno de Sudáfrica. En enero de 1983, ante el cariz que tomaban los acontecimientos, el territorio pasaba otra vez al control total de Pretoria, con lo que se anulaba la autonomía teórica de Namibia. La sangría económica derivada de la intervención sudafricana en la región continuó también en Mozambique hasta marzo de 1984, cuando Botha y Machel acordaron en Nkomati que las autoridades mozambiqueñas expulsaran del país y negaran el asilo a los opositores al régimen de Pretoria, mientras que éste abandonaba la ayuda prestada a la Resistencia Nacional de Mozambique, grupo armado que luchaba en contra de la dictadura de Machel.

La intervención armada más o menos constante en Namibia, Mozambique o Angola, las sanciones internacionales y la creciente tensión dentro del país hicieron mella en la economía sudafricana: en 1989 la deuda externa había alcanzado los 21.000 millones de dólares. No obstante, el apoyo del electorado blanco a la candidatura del Partido Nacional no se resintió y éste, una vez más, venció en los comicios celebrados en septiembre de aquel año. Las circunstancias internas y externas habían variado totalmente desde aquella victoria de 1948. El nuevo Primer Ministro, Frederik W. De Klerk, y su equipo gubernamental dieron pronto un giro sorprendente a los planteamientos tradicionales del partido afrikaner. En un discurso pronunciado el dos de febrero de 1990, De Klerk abogó por legalizar a los partidos y sindicatos de la oposición, por dejar libres a los presos políticos y por comenzar el diálogo con el Congreso Nacional Áfricano. Nueve días después abandonaba la cárcel su líder indiscutible, Nelson Mandela, tras 27 años en prisión. En agosto de 1990 —gracias a los «Acuerdos de Pretoria»— el Congreso deponía las armas a la espera de los cambios prometidos. Las leyes anti—apartheid comenzaron a ser aprobadas en el parlamento blanco mientras la tensión crecía ahora en la comunidad negra, muy especialmente entre los zulúes agrupados en la organización Inkhata y entre los partidarios del Congreso y, sobre todo en Natal, provocó auténticas masacres. La independencia de Namibia a partir de abril de 1989, la pérdida de poder de Mugabe y la liberalización de la economía en Zimbawe desde 1990 o los inicios de reconciliación entre las fuerzas enfrentadas en Mozambique y Angola, han sido jalones muy importantes en el camino hacia la normalización política y económica del sur del continente africano, camino en el que el cambio de actitud de las autoridades sudafricanas ha sido fundamental: después de numerosas conversaciones con la mayor parte de los líderes opositores, apoyado por los sectores más progresistas de los partidos blancos, y con el reconocimiento internacional, De Klerk convocó elecciones multirraciales para el 27 de abril de 1994. La victoria del Congreso Nacional Áfricano, el acceso de Nelson Mandela al poder o el fin de la legislación *apartheid* hicieron pensar en una convulsión social a gran escala que afortunadamente, gracias a la moderación de la inmensa mayoría de las fuerzas políticas, no se produjo. Desde entonces, a lo largo de dos años, el partido triunfador en las elecciones y el Partido Nacional, el principal de la oposición, han consensuado con otros grupos minoritarios una constitución aceptable para la gran disparidad de intereses existentes en el país.

A principios de mayo de 1996 la nueva carta magna era aprobada, abriéndose así un nuevo período para edificar un sistema capaz de integrar a los distintos sectores de la sociedad sudafricana.

BIBLIOGRAFÍA SELECCIONADA

BENSON, Mary, *Nelson Mandela*, Madrid, IEPALA, 1988.

CALLINICOS, Alex, *South África between Reform and Revolution*, London, Bookmarks. 1988.

DAVIDSON, Basil, *Southern África*, London, Penguin Books, 1976.

DENOON, Donald, *Southern África since 1800*, London, Longman, 1982.

GILIOMEE, Hermann y otros, *From Apartheid to Nation Building*, Oxford, O.U.P., 1989.

GUILOINEAU, Jean, *Mandela, la igualdad es posible*, Madrid, Espasa—Calpe, 1991.

LEACH, Graham, *South África*, London, Methuen, 1987.

LEFORT, René, *Suráfrica. Historia de una crisis*, México, Siglo XXI, 1978.

LODGE, Tom, *Black Politics in South África since 1945*, London, Longman, 1983.

LONSDALE, John, *South África in Question*, Cambridge, C.U.P., 1988.

MANDELA, Nelson, *I am prepared to die*, London, I.D.A.F., 1984.

MANDELA, Nelson, *The Struggle is my Life*, London, I.D.A.F., 1986.

MEER, Fátima, *Mandela, más alto que la esperenza*, Barcelona, Ediciones B, 1990.

MELI, Francis, *A History of the A.N.C.*, London, James Currey, 1988.

MOERDIJK, Donald, *Antidesarrollo. Suráfrica y sus bantustanes*, Barcelona, Serbal, 1982.

SAMPSON, Anthony, *Negro y oro. Sudáfrica: magnates, revolucionarios y apartheid*, Barcelona, Grijalbo, 1988.

SANTAMARÍA, Antonio (y otros), *Suráfrica. Introducción histórica y política*, Madrid, Los libros de la catarata, 1991.

TAMBO, Oliver, *South África at the Crossroads*, London, A.N.C., 1987.

VV.AA., «Suráfrica», *África Internacional*, nº 2, Madrid, IEPALA, 1986.

VV.AA., «Apartheid», *África Internacional*, nº 8, Madrid IEPALA, 1989.

AFRICA AUSTRAL
EN LA ACTUALIDAD (1995)

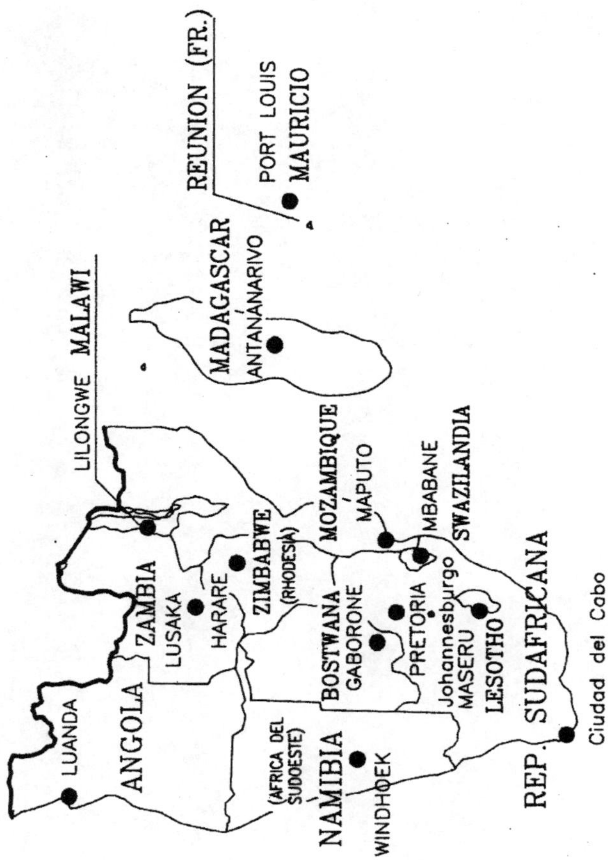

IBEROAMÉRICA SIGLO XX: DEPENDENCIA E INTERVENCIÓN

Mª LUISA MARTÍNEZ DE SALINAS ALONSO
Universidad de Valladolid

Al analizar el problema de la dependencia y las repercusiones que a lo largo del siglo XX ha tenido en algunas partes del globo la política agresiva, universalista o interesada de las naciones más poderosas, es imprescindible hacer referencia al continente americano, ya que su historia en la presente centuria viene determinada en gran parte por las especiales circunstancias que han rodeado las relaciones entre los Estados Unidos y el resto de los países que lo integran. En ellas, la supremacía de los primeros se manifiesta como un factor decisivo, capaz de hacer cambiar en ocasiones los destinos de algunas naciones. Así, la aspiración de Norteamérica de convertir a los Estados Iberoamericanos en territorios en los que aplicar su política o satisfacer sus intereses, ha provocado que dichas relaciones hayan sido muchas veces tensas y difíciles, además de estar marcadas por serios enfrentamientos y la incapacidad de alcanzar el entendimiento.

En todo este tiempo, las relaciones interamericanas han pasado por diversas fases en las que claramente se aprecia la pretensión estadounidenses de excluir la influencia de otras potencias en los países del sur, mantenerlos dentro de su propia esfera de influencia y lograr en ellos los objetivos que imponían sus necesidades políticas o económicas. En definitiva, puede decirse que hasta muy recientemente la ambición hegemónica norteamericana ha sido un hecho perfectamente constatable y determinante de la evolución histórica del continente, manifestándose en ocasiones como un freno para el desarrollo de Iberoamérica[1].

EL EXPANSIONISMO NORTEAMERICANO EN IBEROAMÉRICA

La base en la que se han sentado las relaciones interamericanas desde el siglo pasado y el instrumento utilizado por los Estados Unidos para atribuirse un papel hegemónico en ellas, es la aplicación del famoso mensaje pronunciado por el presidente Monroe en 1823,

---

[1] De entre la abundante bibliografía que estudia de manera general la historia de las relaciones interamericanas se puede destacar: G. CONNELL-SMITH: *El sistema interamericano*, Buenos Aires, 1961 y *Los Estados Unidos y América Latina*, México, 1977; J. COTLER: *Relaciones políticas entre América Latina y Estados Unidos*, Buenos Aires, 1974; C. FURTADO: *La hegemonía de los Estados Unidos y América Latina*, Madrid, 1971; F. GIL: *Las relaciones Estados Unidos-América Latina*, Madrid, 1982 y *Latinoamérica y Estados Unidos. Dominio, cooperación y conflictos*, Madrid, 1975 y F. MORALES PADRON: *Historia de unas relaciones difíciles (Estados Unidos-América Latina)*, Sevilla, 1987.

«América para los americanos", que, enunciado en origen para prevenir a Europa del rechazo con que Norteamérica vería —por considerarlo peligroso para su paz y su seguridad— posibles intervenciones y la continuación del colonialismo en el continente americano, se convirtió en una ideología política que ha estado vigente desde entonces[2]. Así, amparándose en la declaración de Monroe, los Estados Unidos asumieron de forma unilateral el papel de protectores del continente y han venido interpretando esta doctrina de muy diversas formas para adecuarla a las necesidades de su política exterior y la defensa de su seguridad y sus intereses[3].

Sin embargo, a lo largo del siglo XIX los Estados Unidos debieron hacer frente todavía a los problemas derivados de su propia reconstrucción, y aunque fueron madurando entonces las posibilidades de expansión que auguraba la teoría del «Destino Manifiesto", que preconizaba la existencia de una civilización norteamericana que debía extenderse por todo el continente, y se comenzaron a ver también las ventajas económicas que para su floreciente economía podían derivarse de la explotación de los mercados iberoamericanos, con excepción de la guerra de Texas de 1848, no se manifestaron con intensidad las pretensiones hegemónicas.

La primera muestra de la pujanza estadounidense y de su abierto deseo de expansión por el continente tuvo lugar a raíz de los sucesos del 98, cuando los Estados Unidos demostraron que habían adquirido el suficiente poder económico, político y militar para conseguir expulsar a España de Cuba, anexionarse Puerto Rico y dominar prácticamente todo el Caribe[4]. El siguiente paso en este sentido fue la participación en 1903 en la independencia de Panamá y la obtención por el Tratado Hay-Bunau Varilla de un enclave colonial de 10 millas en las orillas del canal, además de la posibilidad de intervenir en los asuntos internos de la nueva nación en caso de que fuera necesario restablecer el orden público o garantizar la circulación por el canal[5].

A partir de entonces, los Estados Unidos se asignaron el papel de gendarmes del territorio americano y lo hicieron amparándose en el «Corolario Roosevelt» (1904) a la Doctrina Monroe, según el cual la incapacidad de un gobierno iberoamericano para hacer frente a sus obligaciones financieras con Europa daba a Norteamérica el derecho a intervenir en el país y obligar a realizar las reformas económicas necesarias para poder solventarlo. Se consideraba que los gobiernos del sur del Río Grande necesitaban a su lado un país que pusiera orden en el conjunto de aquellas naciones con el fin de conjurar el peligro de que se pudiesen producir intervenciones de las potencias europeas. Sobre todo se

[2] La obra de D. PERKINS: *Historia de la Doctrina Monroe.* Buenos Aires, 1964 sigue siendo fundamental parra comprender la trascendencia que el mensaje de Monroe ha tenido en la política continental.

[3] M. CONTRERAS: «Monroísmo y América Latina: problemas de dependencia». *Anuario de Estudios Latinoamericanos*, México, N° 6, 1973, pp. 187-202.

[4] Ph. S. FONER: *La guerra hispano-cubano-norteamericana y el surgimiento del imperialismo yanqui.* La Habana, 1978, Vol. I, pág. 344.

[5] La decisiva participación de los Estados Unidos en el desenvolvimiento histórico de la República de Panamá puede verse, entre otras, en las obras de E. CASTILLERO PIMENTEL: *Panamá y los Estados Unidos.* Panamá, 1964; J. CONTE-PORRAS: *Del tratado Hay-Bunau Varilla a los Tratados Torrijos-Carter (Breve síntesis de la historia de las relaciones entre Panamá y los Estados Unidos, 1904-1981)*, Panamá, 1982; E. JARAMILLO-LEVI: *Una explosión en América: el canal de Panamá*, México, 1976; G. MACK: *La tierra dividida*, Panamá, 1978, y W.D. McCAIN: *Los Estados Unidos y la República de Panamá*, Panamá, 1976.

temía que la falta de pago de las deudas que muchos estados iberoamericanos tenían con los países europeos provocara su reclamación por la fuerza y se amenazara con ello la seguridad del continente. En realidad, se trataba fundamentalmente de proteger los crecientes intereses económicos de Estados Unidos en Iberoamérica, que era entonces uno de sus más importantes mercados[6].

Con tales presupuestos y aduciendo diversas razones, desde 1905 a 1930 se sucedieron las intervenciones norteamericanas. Se puso en práctica la política del «big stick» de Theodoro Roosevelt, que continuó con su sucesor Howard Taft bajo el nombre de la «Diplomacia del dólar», y la presencia norteamericana se hizo sentir sobre todo en las naciones caribeñas y centroamericanas, que en sucesivas ocasiones vieron mediatizada su evolución histórica por la acción de las tropas y los asesores financieros estadounidenses, tal como sucedió en Cuba (1906, 1911 y 1917), Panamá (1904 y 1925), República Dominicana (1903, 1905 y 1916), Haití (1915), Nicaragua (1909, 1912, 1926 y 1928), Honduras (1903, 1907, 1912 y 1925), Guatemala (1920) y también en México donde los cambios políticos y económicos que se gestaron a raíz de la Revolución atentaban contra los intereses de los Estados Unidos[7], lo que motivó las intervenciones en 1914 y 1916. Todas ellas estuvieron guiadas por unos mismos objetivos: el ordenamiento y supervisión de las finanzas de estos países en beneficio de Norteamérica, la protección de sus propiedades e inversiones, la creación de una estructura comercial que sirviera de soporte al creciente desarrollo norteamericano[8], el sostenimiento de gobiernos adictos y, en definitiva, cualquier acción que condujera a la consolidación de su hegemonía.

El expansionismo de esta época fue acompañado de una serie de intentos de instrumentalizar el panamericanismo, entendido como un movimiento patrocinado por los Estados Unidos y tendente a conseguir la unión de las repúblicas americanas bajo los presupuestos de la doctrina Monroe. En realidad, la idea de crear un organismo capaz de congregar a las naciones americanas no era nueva y ya había sido propuesta por Simón Bolívar en 1824 al realizar la convocatoria para el Congreso de Panamá[9], aunque poco tuvieron que ver las ideas internacionales que impulsaron al Libertador a defender la unión americana con la orientación hegemónica que entonces imprimió Norteamérica al concepto de panamericanismo[10].

A finales del siglo XIX, el proyecto fue actualizado por la política exterior norteamericana que, bajo la forma de una propuesta de unificación de intereses de todo el continente y la constitución de una organización multilateral en la que se negociarían y tratarían los asuntos que incumbían a todas las naciones, con el panamericanismo trataba de convertir al mundo iberoamericano en campo de expansión de sus mercados. La Primera Conferencia

---

[6] M. RODRIGUEZ CAMPOS: «El bloqueo a Venezuela en 1902 y sus consecuencias inmediatas». *Semestre Histórico*, Caracas, Nº 6, 1977, pp. 5-34.

[7] A. MAYER: «La política del gobierno de los Estados Unidos hacia México (Noviembre de 1911 a Febrero de 1913)». *Estudios de Historia Moderna y Contemporánea de México*, México, Vol. XIII, 1990, pp. 203-230.

[8] M. DE GONZALO: «Relaciones entre Estados Unidos y América Latina a comienzos de la Primera Guerra Mundial. Formulación de una política comercial». *Boletín Histórico*, Caracas, Nº 47, 1978, pp. 181-242.

[9] I. LIEVANO AGUIRRE: *Bolivarismo y Monroismo*. Caracas, 1971. pp. 12 y ss.

[10] R.A. MARTINEZ: *El panamericanismo, doctrina y práctica imperialista. Las relaciones interamericanas desde Bolívar hasta Eisenhower*. Buenos Aires, 1957, pág. 82.

Panamericana se celebró en Washington en 1889, y a ésta le siguieron la de México (1902), Río de Janeiro (1906), Buenos Aires (1910), Santiago de Chile (1923) y La Habana (1928)[11]. Pero, en este tiempo, el balance de las Conferencias fue más bien pobre, porque se trataba de un panamericanismo que respondía a los designios expansionistas de los Estados Unidos y desde el comienzo existió un tangible desacuerdo entre los puntos de vista de esta nación, que aspiraba con ello sobre todo a cubrir necesidades económicas, y los que esgrimían los restantes países, cuyas miras iban orientadas a frenar el intervencionismo y a tratar temas políticos. En definitiva, existían serias dudas de que las conferencias se hubieran convocado en favor de la paz y la unidad continental. Además, la actitud norteamericana demostraba que no se estaban tratando los problemas comunes entre socios iguales, sino que los Estados Unidos eran muy superiores en todos los órdenes y existía un gran temor a sus acciones.

LA BUENA VECINDAD

Al iniciarse la década de los años 30, las relaciones interamericanas adquirieron un enfoque totalmente diferente. Fue entonces —concretamente en 1933— cuando el presidente norteamericano Franklin Delano Roosevelt proclamó el principio de «buena vecindad» como base del sistema interamericano, que anunciaba el cese del intervencionismo y unas relaciones basadas en la confianza mutua y la igualdad. Ello se determinó en la Séptima Conferencia Panamericana celebrada en Montevideo en 1933, donde se estableció por primera vez que ningún estado tenía derecho a intervenir en los asuntos de otro, lo que suponía una transformación completa de la Doctrina Monroe y despertó muchas esperanzas en los sectores liberales iberoamericanos, que apoyaron abiertamente el nuevo orden proclamado por Roosevelt[12].

El cambio de actitud obedeció fundamentalmente a la necesidad que Norteamérica tenía de las naciones del sur para paliar los problemas económicos derivados de la crisis de 1929 y el temor al estallido de la guerra en Europa, que exigía la cooperación entre todos los estados americanos para afrontar los peligros que pudieran llegar del viejo continente.

Con el fin de superar la depresión económica iniciada en 1929, la economía norteamericana necesitaba mercados en el exterior, y el interés de los Estados Unidos se dirigió de manera especial hacia el mundo iberoamericano como lugar propicio donde colocar sus productos agrícolas e industriales. Pero la crisis había trastornado por completo el funcionamiento del mercado mundial y aquellos países habían tratado de paliar sus efectos aplicando serias políticas proteccionistas, limitando las importaciones y tratando de disminuir su dependencia de los Estados Unidos y de diversificar sus relaciones comerciales. Como consecuencia, se produjo el afianzamiento de las economías nacionales y se fortaleció el proceso de industrialización. Así, la ostensible mejora de la posición

[11] J. DELGADO: *Hispanoamérica en el Siglo XX. Historia General de España y América.* Rialp, Madrid, 1992, T. XVIII, pp. 443-523. En el apartado de «La política interamericana» realiza un resumido y completo estudio de las conferencias panamericanas.

[12] F. GIL: «Evolución de la política latinoamericana de los Estados Unidos». En E. BALOYRA y R. LOPEZ PINTOR (Comp.): *Iberoamérica en los años 80. Perspectivas de cambio social y político.* Madrid, 1982, pp. 177-190.

económica de los Estados Iberoamericanos provocó que Norteamérica se viera obligada a establecer con ellos unas relaciones basadas en la confianza y la igualdad para recuperar sus mercados y evitar que se hicieran más estrechos los vínculos que ya tenían con las potencias del Eje, máxime cuando los acontecimientos que estaban teniendo lugar en Europa hacían prever el inicio de la guerra.

Por todo ello, en 1933 el presidente Roosevelt anunció finalmente el reconocimiento de la igualdad entre los estados que integraban el continente, el respeto a su integridad territorial y la intención norteamericana de no intervenir en los asuntos internos del resto de las naciones. Consecuentemente, en los años siguientes las tropas norteamericanas instaladas en el Caribe y América Central se fueron retirando paulatinamente; en 1934 se derogó la enmienda Platt, que limitaba la soberanía de Cuba, se puso fin a la larga y provechosa ocupación militar de Haití[13] y se dejó de aplicar la política de «reconocimiento especial» aplicada a las cinco repúblicas centroamericanas desde 1907; en 1936 los Estados Unidos renunciaron al derecho a intervenir fuera de los límites de la zona del canal de Panamá, e incluso se desatendieron durante todo este tiempo las reclamaciones de los ciudadanos norteamericanos cuyos intereses económicos estaban siendo seriamente afectados por la nueva política.

Por otro lado, la amenaza del totalitarismo europeo y el temor al estallido de la guerra, que ya se veía próxima, impulsó los esfuerzos para fortalecer el sistema interamericano de defensa. Ello se trató en la octava Conferencia de Estados Americanos celebrada en Lima en 1938, donde se planteó la necesidad de colaboración entre todos los países para afrontar las dificultades que el conflicto pudiera suponer para el continente, así como la aspiración del gobierno norteamericano de obtener un sistema de seguridad colectivo para el caso de que los Estados Unidos se vieran envueltos en el conflicto europeo.

Fueron muchos los recelos de los países del sur ante tal propuesta —sobre todo de México, Chile y Argentina—, debido al temor de que un pacto de ese tipo pudiera suponer la intervención directa de los Estados Unidos en su política interna. Finalmente, se llegó a la firma de la Declaración de Lima, en la que se rechazaba la intromisión de cualquier estado en los asuntos internos o externos de otro, y se reconocía la vía pacífica como la única para solventar los conflictos internacionales[14]. Sin embargo, no se concretó, de momento, ninguna fórmula de defensa conjunta, y los diversos países se limitaron a aprobar declaraciones de ayuda mutua, a reafirmarse en la neutralidad y a rechazar la mayor parte de ellos el expansionismo alemán y el totalitarismo nazi.

El comienzo de la guerra originó la convocatoria de una reunión de consulta de los ministros de Asuntos Exteriores en Panamá en 1939, con el objetivo de preservar la neutralidad en América —aunque Estados Unidos comenzó a brindar una ayuda substancial a Gran Bretaña— y estudiar la solución a las dificultades económicas que surgirían como consecuencia del conflicto. Para solventar el primer aspecto, se constituyó

[13] S. CASTOR: *La ocupación norteamericana de Haití y sus consecuencias (1915-1934)*. México, 1971, pp. 75 y ss.

[14] H.J. KÖNIG: «El Intervencionismo norteamericano en Iberoamérica». *Historia de Iberoamérica*. Cátedra, Madrid, 1988, T. III, pp. 405-478.

alrededor del continente una «zona de seguridad» cuya extensión oscilaba entre las 300 y las 1000 millas, dentro de la cual no podrían llevarse a cabo actividades bélicas. Con respecto al segundo, se creó el Comité Consultivo Económico y Financiero Interamericano, cuya finalidad era proponer soluciones a los problemas económicos derivados de la guerra[15].

A la reunión de Panamá le siguió la celebrada en La Habana en 1940, donde se determinó el rechazo de las transferencias de territorios americanos a cualquier estado europeo con ocasión de la guerra, creándose un comité para la administración provisional de las colonias susceptibles de traspaso. Se trataba de evitar que las colonias de Francia y Alemania en el continente americano cayeran en manos de gobiernos simpatizantes del Eje. Ello habría planteado a Estado Unidos un grave problema ante la eventualidad —ahora concreta— de su entrada en la contienda. Por una parte, Alemania habría obtenido bases a poca distancia del Canal de Panamá; por otra, no había que descartar la posibilidad de que si Alemania, en un gesto de generosidad, entregaba esas colonias a los países iberoamericanos que las reivindicaban, pudiera captarse las simpatías de algunos de ellos y lograr gobiernos favorables a su política en el mismo continente, quebrando así la solidaridad americana. Finalmente, en La Habana se llegó a la firma de la «Declaración sobre asistencia recíproca y cooperación defensiva de las Naciones Americanas», que consideraba acto de agresión contra todos cualquier ataque a un territorio americano.

La entrada de Estados Unidos en la guerra después del ataque japonés a Pearl Harbor en diciembre de 1941 cambió por completo el panorama estratégico americano. Para analizar la nueva situación y decidir la acción común que debía tomarse a fin de satisfacer la obligación de la Declaración de Asistencia Recíproca, se convocó la Tercera Reunión de Ministros de Relaciones Exteriores, celebrada en Río de Janeiro en enero de 1942. En ella, Estados Unidos propuso que Iberoamérica debía romper de forma inmediata relaciones diplomáticas con los países del Eje, basándose en que los puestos diplomáticos y consulares en los países americanos servían como centro de propaganda, subversión, sabotaje y espionaje, cuyo funcionamiento era preciso frenar.

El criterio norteamericano fue respaldado por México, Venezuela y Colombia, pero se opusieron Chile y Argentina, partidarios de una fórmula más suave que sólo «recomendara» la ruptura, para que cada país pudiera decidir su postura de acuerdo con su situación particular. La actitud de Chile al oponerse a la postura estadounidense se debía sobre todo a que tenía en aquellos momentos totalmente desguarnecida su extensa costa, sumamente vulnerable a los ataques japoneses, en un momento en el que estos se manifestaban victoriosos en el Pacífico, y hasta obtener mayores medios defensivos no quería adoptar una actitud desafiante[16]. La Argentina, por su parte, continuaba defendiendo su política de neutralidad, y finalmente consiguió que se aprobara la fórmula de la recomendación. A pesar de ello, los diversos países fueron rompiendo relaciones diplomáticas con las potencias del Eje para pasar posteriormente a la paulatina declaración de guerra, siendo el último en hacerlo Argentina casi al final del conflicto. Al tiempo, la asistencia a los Estado Unidos se manifestó también en las facilidades prestadas para el desplazamiento de unidades militares estadounidenses, la colaboración en el esfuerzo de

---

[15] G. CONNELL-SMITH: *El sistema interamericano*.[1], pág. 141.

[16] G. CONNELL-SMITH: *Los Estados Unidos y América Latina*.[1], pág. 209.

guerra con la provisión de materias primas y materiales estratégicos a bajo precio e incluso la participación directa en el conflicto de algunas naciones, como México o Brasil, que enviaron tropas a los frentes de batalla.

LA TENSIÓN DE LA POSGUERRA

Cuando se acercaba el final de la guerra, comenzó a deteriorarse el clima de cooperación que en cierta medida había existido en las relaciones interamericanas desde años antes, iniciándose entonces una etapa totalmente distinta. Era evidente que el resultado del conflicto europeo había fortalecido la posición mundial de los Estados Unidos, que se fueron distanciando progresivamente de la colaboración con los países del sur del continente, mientras se volcaban cada vez más en los problemas europeos y en el nuevo ordenamiento internacional. Así, el temor de que Norteamérica, una vez finalizado el conflicto y en virtud de su nueva consideración mundial, reanudara su anterior política intervencionista, llevó a los estados iberoamericanos a intentar comprometer a los Estados Unidos en un organismo regional, para lo cual convocaron una reunión de consulta denominada Conferencia Interamericana sobre Problemas de la Guerra y de la Paz que se celebró en Chapultepec (México) en 1945. El objetivo de la misma era debatir sobre la futura organización internacional, los problemas que presumiblemente surgirían en la posguerra y sus posibles soluciones. El resultado fue la aprobación del documento que se conoce como Acta de Chapultepec, en el que se reafirmaba el principio de no intervención, se perfeccionó el sistema de seguridad colectiva iniciado durante la guerra y se obtuvo la promesa de elaborar un tratado que estipulara las medidas encaminadas a conjurar las amenazas contra la seguridad de los Estados Americanos. El siguiente paso consistió en la firma en Río de Janeiro en 1947 del Tratado Interamericano de Ayuda Recíproca (TIAR), que regulaba la defensa colectiva en caso a agresión armada y que sirvió de modelo para otros sistemas de seguridad regional como la OTAN o la SEATO. Aunque la ambigüedad de algunos de sus artículos permitió que posteriormente se produjeran varias intervenciones norteamericanas en América del Sur.

Sin embargo, la reunión de Río no estuvo exenta de tensiones, debido, por un lado a la alarma con que los Estados Iberoamericanos veían la tendencia norteamericana de involucrarse cada vez más en organismos internacionales y la consecuente relegación de las cuestiones propiamente americanas, y, por otro, por la desatención de que fueron objeto los problemas económicos de las naciones del sur, que en gran parte se debían a la colaboración con los Estados Unidos durante la guerra. En este sentido, hay que tener en cuenta que dicha colaboración había hecho aumentar su dependencia respecto a la producción de materias primas estratégicas cuya demanda decrecería inevitablemente al terminar la guerra y su producción industrial no sería competitiva en tiempo de paz. Además, los esfuerzos que se habían hecho para dotar a los Estados Unidos de materiales bélicos a bajo precio, se consideraba que debían ser compensados con ayudas de tipo económico que facilitaran los problemas de la posguerra. El descontento entre las dos partes se hizo evidente cuando Iberoamérica consiguió crear dentro de la ONU la CEPAL (Comisión Económica Para la América Latina) a pesar de la oposición de Norteamérica, temerosa del peligro que supondría la aparición de un organismo cuya finalidad era defender los intereses económicos de las naciones del sur.

La relegación que estaba sufriendo el sistema interamericano regional en el concierto internacional —máxime cuando había nacido ya un organismo mundial como era la ONU— evidenció la necesidad de fortalecer su estructura interna, lo cual se trató en la Novena Conferencia de Estados Americanos celebrada en Bogotá en 1948, donde se aprobó la Carta de la Organización de los Estados Americanos. Desde su nacimiento, la O.E.A., cuya sede se estableció en Washington, constituye el más alto organismo en materia de relaciones interamericanas, de cuya política y actuación general se encargan los diferentes órganos que la componen[17].

Por otro lado, en Bogotá se tomaron también una serie de decisiones de tipo político, económico y cultural tendentes a asegurar la igualdad entre los estados, la cooperación económica, la inviolabilidad territorial y el mutuo apoyo ante las agresiones. De todo ello, uno de los acuerdos más polémicos fue la resolución titulada «Preservación y Defensa de la Democracia en América», en la que se condenaba al comunismo internacional y que constituye un documento al que se ha llamado la primera resolución anticomunista adoptada por el sistema interamericano. Fue aprobada a requerimiento de Norteamérica —que iniciaba ya en esos años la Guerra Fría y necesitaba el respaldo del resto de los países de América en esa política— y los estados iberoamericanos la firmaron con la esperanza, entre otras cosas, de obtener a cambio compensaciones de tipo económico. El hecho de que la delegación norteamericana estuviera presidida por el general Marshall puede ser un buen exponente de lo que en Bogotá representaban los Estados Unidos. No obstante, la resolución perdió fuerza por la condena que también se hizo —a instancias iberoamericanas— de «cualquier otra doctrina totalitaria», lo mismo que sucedió posteriormente cuando Norteamérica trató de obtener de sus vecinos del sur medidas más enérgicas de las que muchos países estaban dispuestos a aceptar contra lo que afirmaban era intervención comunista. Con todo, ello no impidió a Norteamérica apoyar por diversos medios a los dictadores que en esos años gobernaban en algunos países: Marcos Pérez Jiménez en Venezuela (1948-56), Fulgencio Batista en Cuba (1952-58), Rafael Leónidas Trujillo en la República Dominicana (1942-52) o Manuel Odría en Perú (1948-56)

Uno de los asuntos más espinosos que se trató en la reunión de Bogotá y que ha condicionado la evolución de la O.E.A., fue el de las relaciones que debían mantenerse con la ONU. Tanto el Tratado de Río de Janeiro como la Carta de la O.E.A. contienen artículos que declaran que ninguna de sus disposiciones se podrá interpretar de tal manera que se menoscaben los derechos y obligaciones de los signatarios según la Carta de las Naciones Unidas. Sin embargo, la relación de la O.E.A. con la ONU no se definió con claridad y se suscitaron serios debates sobre la cuestión de la competencia entre ellos, sobre todo en el campo de la paz y la seguridad internacionales. En los principales documentos de la O.E.A., los países firmantes se obligan a utilizar los procedimientos de paz interamericanos antes de llevar sus disputas a las Naciones Unidas, pero esto no evita el que en determinados casos algunos miembros de la O.E.A. prefieran recurrir al organismo mundial, y las dos instituciones hayan resultado competidoras en asuntos claves de la

[17] F. FERNÁNDEZ SHAW: *La Organización de los Estados Americanos*. Madrid, 1963, pp. 332 y ss.

cooperación internacional, de tal manera que siempre ha sido muy difícil decidir que organismo debe intervenir en las disputas interregionales americanas.

Durante la celebración de las sesiones de la Conferencia de Bogotá se produjo un hecho que ha sido interpretado de muy diferentes maneras y ha sido visto como un intento de abortar aquella reunión. El 9 de abril de 1948 Jorge Eliecer Gaitán, líder del partido liberal colombiano y caudillo popular de la escena política de aquel país, era asesinado por un desconocido en las calles de Bogotá. Este acto provocó un movimiento revolucionario urbano conocido con el nombre de «El Bogotazo» que inauguró una tipología subversiva que se repetiría posteriormente en distintos puntos de Sudamérica, como el «Caracazo» de febrero de 1989. La muerte de Gaitán, de la que en principio se quiso hacer responsable al gobierno, presidido por el conservador Mariano Ospina, originó un estrepitoso tumulto que se prolongó a lo largo de dos días y en el que murieron más de 3.000 personas. Finalmente, fue restablecido el orden, pero, ante la falta de una explicación política lógica del asesinato del líder liberal y a sugerencia de los Estados Unidos, se acusó al partido comunista de haberlo provocado, lo cual le sirvió a Norteamérica para conseguir que la Conferencia Panamericana aprobase la declaración anticomunista. El hecho de que en aquellas fechas se encontrara en Bogotá el joven Fidel Castro, se tomó posteriormente como prueba tanto de la índole comunista de los motines como de que Castro ya era comunista desde entonces. En realidad, parece ser que poco tuvo que ver el partido comunista en aquellos acontecimientos y que sus miembros sólo actuaron en la revuelta a título individual[18].

Cuando concluyó la conferencia de Bogotá pareció quedar claro que, a pesar de los acuerdos tomados, los problemas propiamente americanos continuaban ocupando un segundo lugar en la política norteamericana, centrada entonces en intereses más amplios localizados sobre todo Europa y el Lejano Oriente. Pero, por otro lado, y debido a los derroteros que iba tomando la Guerra Fría, Norteamérica necesita el apoyo político del sur, cuyos votos eran fundamentales en las Naciones Unidas. A esta necesidad se debió la convocatoria de una reunión de Ministros de Relaciones Exteriores Americanos en Washington en 1951, donde, ante los planteamientos norteamericanos de la urgencia de reforzar la seguridad hemisférica, las naciones iberoamericanas defendieron la necesidad de lograr elevar el nivel de vida de sus habitantes —con la ayuda financiera de los Estados Unidos— como única vía para contener la propagación del comunismo.

Sin embargo, Norteamérica no estaba dispuesta entonces a colaborar en esa empresa, incluso a pesar de que a esa misma conclusión había llegado el hermano del presidente Eisenhower, Milton Eisenhower, a raíz de la gira que realizó en 1953 por diferentes países con el objetivo de buscar nuevas fórmulas para mejorar las relaciones de los Estados Unidos con Iberoamérica. Según su informe, la cooperación económica era la clave del problema y sería sumamente positivo desarrollar una política comercial estable, abrir grandes líneas de créditos públicos y ampliar el programa de ayuda técnica. Con todo, el único país al que Estados Unidos concedió una ayuda considerable en ese momento fue a Bolivia, donde en 1952 se había producido una revolución que llevó al poder a Víctor Paz

---

[18] M. LUCENA SALMORAL: «Colombia entra en la violencia política por la puerta grande: «El Bogotazo». *Hispanoamérica como protagonista. II Jornadas de Historia Burgos y América.* Burgos, 1992, pp. 135-166.

Estenssoro, del Movimiento Nacional Revolucionario (MNR), quien había iniciado una política de nacionalización de las minas de estaño y de redistribución de tierras[19]. A pesar de ello, Norteamérica reconoció su gobierno y le prestó apoyo económico, ya que Bolivia estaba muy lejos de la delicada región del Caribe —donde la situación política era más compleja—, sus intereses económicos en aquel país no eran muy importantes y la revolución tenía un carácter no comunista.

En las sesiones de la Décima Conferencia Interamericana, celebrada en Caracas en marzo de 1954, volvieron a plantearse los debates sobre la necesidad de ayuda económica que tenían los países del sur. Iberoamérica quería precios más altos y estables para sus materias primas, créditos mayores para la industria, la participación de los Estados Unidos en un nuevo banco internacional que se ocuparía de su desarrollo económico, y estímulo para sus planes de establecer un mercado común. Pero nada de ello se determinó en aquella ocasión, porque la única preocupación que tenía entonces Norteamérica con respecto a las naciones vecinas era conseguir de todas ellas apoyo para neutralizar al gobierno guatemalteco de Jacobo Arbenz, sobre el que se estaban ejerciendo presiones económicas y políticas para neutralizar los efectos de la reforma agraria que había emprendido y que comprendía la expropiación de una gran parte de los terrenos que tenía en Guatemala la poderosa United Fruit Company de Boston.

Debido a todos estos factores, a finales de los años cincuenta las relaciones entre los Estados Unidos e Iberoamérica estaban en uno de sus momentos más críticos. En las naciones del sur se manifestaba un gran descontento por la desatención de Norteamérica a sus problemas económicos, y el resentimiento hacia ellos lo manifestaron claramente en la visita que realizó por varios países el vicepresidente Nixon en 1958. Las violentas manifestaciones que se produjeron en aquella ocasión —sobre todo en México y en Perú— supusieron una fuerte sacudida para el gobierno norteamericano y para la opinión pública, y los Estados Unidos se dieron cuenta de que eran sintomáticas de un descontento generalizado. Todos los países se sentían agraviados, aunque de modo particular el Perú y México cuyas exportaciones habían sido objeto de serias restricciones en Norteamérica y se esperaban mayores recortes a la entrada de otros productos como plomo y cinc.

Ante este confuso panorama, quien dio el primer paso para conseguir un entendimiento fue el presidente brasileño Juscelino Kubitschek, quien en 1958 propuso a Eisenhower la llamada «Operación Panamericana», cuyo fin sería revitalizar el sistema interamericano adoptando medidas de colaboración política y económica capaces de terminar con las dictaduras, la pobreza y el subdesarrollo. La iniciativa de Kubitschek provocó el nacimiento dentro de la O.E.A. de un Comité para estudiar nuevas medidas de cooperación económica, conocido como «Comité de los Veintiuno», uno de cuyos más importantes logros fue la creación en 1958 del Banco Interamericano de Desarrollo. Sin embargo, las reuniones del comité y los iniciales planes de reconducción de la cooperación cobraron nueva vida, se revitalizaron y agilizaron desde que a fines de 1958 estalló la Revolución Cubana.

---

[19] J.M. MALLOY: «El MNR boliviano: estudio de un movimiento popular nacionalista en América Latina». *Estudios Andinos*, Lima, Vol.I, Nº 1, 1970, pp. 57-92.

La instalación en Cuba de un régimen de signo comunista significó para la administración norteamericana la aparición de un serio peligro para la seguridad del continente y evidenció la necesidad de favorecer el desarrollo económico de las naciones del sur para evitar nuevos brotes revolucionarios como el cubano. A este planteamiento respondió el compromiso asumido por Eisenhower en la tercera reunión del Comité de los Veintiuno, celebrada en Bogotá en 1960, de proporcionar 500 millones de dólares para proyectos destinados a conseguir un mejor modo de vida a los ciudadanos de los países iberoamericanos. Sin embargo, quien acometió el mayor programa de ayuda económica para aquellas naciones fue el presidente Kennedy, que alarmado ante la posibilidad de que cundiera el ejemplo de Cuba, decidió volcarse en la cooperación económica mediante la Alianza para el Progreso, cuyo objetivo último era conseguir un desarrollo económico que llevara a una serie de cambios sociales controlados que frenaran cualquier iniciativa revolucionaria.

La Alianza para el Progreso, anunciada por Kennedy en marzo de 1961, suponía el mayor programa de ayuda al extranjero que se hubiera formulado nunca, ya que, aparte de la aportación directa, conllevaba un reparto más justo de la renta nacional, la puesta en marcha de reformas fiscales y agrarias, transformaciones y ajustes en los sistemas sanitarios y educativos e incluso la construcción de viviendas, lo que en definitiva significaba un intento de terminar con el subdesarrollo y el malestar social en Iberoamérica. Los medios para llevarlo a cabo quedaron fijados en la llamada «Carta de Punta del Este», firmada por todos los países salvo Cuba —respecto al cual los Estados Unidos dejaron bien claro que en ningún caso darían fondos para la isla en tanto que su gobierno mantuviera vínculos con la Unión Soviética— en la que se asignaron 100.000 millones de dólares a lo largo de diez años para un primer plan de reformas. Los Estados Unidos aportarían directamente la quinta parte de esa cantidad —20.000 millones— mientras que otros fondos se conseguirían de organismos internacionales de préstamo e inversiones privadas. Por su parte, los países iberoamericanos se comprometían a contribuir con una parte de sus recursos, a formular su propio programa de desarrollo y a llevar a cabo las reformas sociales necesarias para distribuir de manera justa los frutos del progreso económico y social.

Pero, a pesar de los esfuerzos iniciales, los logros de la Alianza fueron muy limitados debido a diversos factores. Durante el primer año de aplicación los fondos fluyeron de manera más o menos constante, llegando a Iberoamérica unos 8.000 millones de dólares procedentes de Estados Unidos y de diferentes organismos internacionales. Sin embargo, a partir del momento en el que estalló el conflicto de Vietnam, las necesidades bélicas norteamericanas obligaron a recortar la ayuda al sur, de tal manera que desde 1961 a 1971 la cantidad entregada fue únicamente de 9.400 millones de los 20.000 aprobados inicialmente. Además, la relación que siempre existió entre la Alianza para el Progreso con la política anticomunista de los Estados Unidos en Iberoamérica mermó también su alcance, porque los gobiernos más inclinados a apoyar firmes medidas contra Cuba fueron los menos inclinados a poner en marcha las reformas de las que dependía el éxito de la Alianza.

Por si ello fuera poco, en 1962 se aprobó en el Congreso Norteamericano la Enmienda Hickenlooper a la Ley de Ayuda Exterior, que ordenaba suspender la ayuda económica a todos los países en los que de alguna manera se atacaran los intereses de los Estados Unidos. Así, la aportación económica se convertía en un medio con el cual se podía influir de manera directa en los asuntos internos de Iberoamérica, ya que ésta se entregaría únicamente a aquellos gobiernos en cuyos países existiera un clima favorable a las inversiones, y, por el contrario, se retiraría a todos los que no se identificaran con los intereses norteamericanos y se inclinaran a defender en mayor medida los suyos propios. Era evidente la imposibilidad de conjugar los intereses norteamericanos con los de Iberoamérica. Además, aunque en un principio la Alianza se planteara como una empresa cooperativa, en general se vio como un programa de los Estados Unidos, no interamericano, lo que unido a la oposición de las oligarquías iberoamericanas para llevar a cabo las reformas internas que el plan exigía —en especial la reforma agraria—, y la carga de idealismo que contenía al querer lograr en una década algo que sólo podría realizarse a muy largo plazo, mermó gran parte de su eficacia[20].

En virtud de los escasos logros de la Alianza, a lo largo de la década de los sesenta el plan de Kennedy fue languideciendo y perdiendo prestigio a pesar del impulso que trató de darle Nixon en 1969 cuando formuló el plan llamado «Acción para el Progreso», que contenía nuevas bases para la cooperación interamericana y que no preveía metas cuantitativas sino únicamente unos planes específicos de desarrollo para Iberoamérica en los que los Estados unidos se comprometían a intervenir. La nueva política implicó la renovación de las deudas iberoamericanas y el intento de aplicar en Norteamérica una nueva estrategia mercantil favorable a los productos del sur, pero tampoco tuvo excesivo éxito[21].

LAS INTERVENCIONES NORTEAMERICANAS

Las dificultades que determinaron el desenvolvimiento de las relaciones interamericanas después de la Segunda Guarra mundial, se vieron agudizadas si cabe por la forma en que los Estados Unidos aplicaron en Iberoamérica su política anticomunista, que les llevó a intervenir directa o indirectamente —con medios militares, económicos o ambos a la vez— en los asuntos internos de varios países.

El nuevo periodo de intervenciones comenzó en 1954 con la invasión de Guatemala, una pequeña nación habitada en su mayoría por indígenas que apenas hablaban español y cuyas bases económicas estaban en manos de una élite de grandes cafetaleros, terratenientes y del capital norteamericano, que controlaba la producción bananera, las líneas férreas y empresas de energía eléctrica[22]. Desde el punto de vista político, las dictaduras habían marcado la evolución de Guatemala. Así, al gobierno de Manuel Estrada Cabrera, que se prolongó durante las dos primeras décadas del siglo XX, le siguió el de Jorge Ubico (1931-1944), quien se caracterizó por la defensa de los intereses oligárquicos locales y los

---

[20] Desde un punto de vista general el tema de la Alianza para el Progreso ha sido tratado por L. GORDON: *Un nuevo trato para América Latina. La Alianza para el Progreso*, México, 1964 y J. ONIS y J. LEVINSON: *La Alianza extraviada*, México, 1972

[21] F. GIL: *Estados Unidos y América Latina. Dominio, cooperación y conflictos.* [1], pág.250

[22] H. PÉREZ BRIGNOLI: *Breve Historia de Centroamérica*. Madrid, 1985, pág. 84.

estadounidenses, a pesar de lo cual se produjo entonces un acusado empuje de los sectores medios y la clase obrera que fue decisivo en el derrocamiento de la dictadura[23].

A la caída de Ubico se abrió un proceso electoral que constituía la primera experiencia política de tipo democrático. Los guatemaltecos eligieron en 1944 a Juan José Arévalo, un intelectual que defendía el «socialismo espiritual» y cuya política se movió dentro de tendencias reformistas y democratizantes que le llevaron a iniciar un programa de reformas continuado por su sucesor, Jacobo Arbenz. Una de las más importantes medidas tomadas por éste fue la promulgación en 1952 de una ambiciosa ley de reforma agraria cuya aplicación llevó ineludiblemente a la expropiación de cerca de 160.000 hectáreas de tierras no cultivadas pertenecientes a la poderosa empresa norteamericana United Fruit Company[24], lo que originó una abierta oposición a la reforma agraria y acusaciones al gobierno guatemalteco de comunista y agresor de los intereses económicos estadounidenses. Para contrarrestarlo, Arbenz trató de afectar lo menos posible a los terratenientes nacionales y no enfrentarse al ejército, con el propósito de buscar cierto grado de unidad nacional frente a la crisis externa. Sin embargo, no pudo lograr sus propósitos, tanto por la debilidad de sus propias fuerzas como por la eficacia del instrumento que utilizó Washington para neutralizarle, que no fue otro que la utilización de la resolución adoptada en la Décima Conferencia Interamericana, celebrada en Caracas en 1954, por la que se daba a Estados Unidos el derecho a intervenir en los asuntos internos de otro país con el fin de frenar el avance del comunismo en América

Con tales presupuestos, en 1954 se llevó a cabo la invasión militar de Guatemala, dirigida por el oficial exiliado Carlos Castillo Armas, produciéndose poco después la renuncia de Arbenz a su cargo y la consecuente vuelta a la situación de años anteriores, terminando así el intento de revolución social e iniciándose otro periodo de violencia creciente. El propio Castillo Armas fue asesinado en 1957, y, al año siguiente, el general Miguel Idígoras Fuentes, antiguo colaborador de Ubico, pasó a gobernar la nación.

De igual manera, Cuba, que desde la aparición del régimen castrista en 1959 se convirtió en uno de los principales objetivos de la política anticomunista, fue objeto también de las presiones y la intervención de los Estados Unidos.

Las nacionalizaciones de las propiedades norteamericanas que abordó Fidel Castro inmediatamente después de tomar el poder el 1 de enero de 1959, fueron contestadas en Norteamérica con presiones de tipo económico tendentes a limitar la capacidad de maniobra del régimen revolucionario[25], alcanzándose tal grado de tensión que se llegó a la ruptura de relaciones diplomáticas en 1961. Pero el apoyo que la Unión Soviética comenzó a prestar al régimen cubano limitó los efectos de las sanciones económicas, lo que llevó a la administración estadounidense a estudiar la posibilidad de intervenir militarmente en la isla. Para ello apoyaron y financiaron las organizaciones de exiliados cubanos refugiados en los Estados Unidos a raíz de la revolución y que preparaban desde allí planes para la

[23] R. PASTOR: *Historia de Centroamérica*. México, 1988, pág. 220.

[24] J. GARCIA AÑOVEROS: *La reforma agraria de Arbenz en Guatemala*. Madrid, 1987, pág. 175. Ofrece este autor abundante bibliografía sobre los problemas guatemaltecos de ese momento y la intervención norteamericana.

[25] H. THOMAS: *Cuba, la lucha por la libertad*. Barcelona, 1973, Vol. III, pp. 1557 y ss.

invasión de Cuba. Cuando la CIA comprobó la llegada a la isla de armas soviéticas, Norteamérica consideró esta acción como una amenaza a su seguridad nacional, y, aplicando los principios aprobados en la O.E.A. en cuanto a que sus miembros pudieran adoptar medidas encaminadas a frenar la presencia de cualquier potencia extranjera en el continente, intervino activamente en la poco brillante operación de Bahía de Cochinos el 16 de abril de 1961.

El siguiente paso para aislar a Cuba y debilitar en lo posible a su gobierno fue la utilización de la vía diplomática. En la reunión de Ministros de Asuntos Exteriores de la O.E.A. que se celebró en enero de 1962 en Punta del Este (Uruguay), el representante norteamericano insistió en la necesidad de imponer sanciones colectivas a la isla, además de la ruptura de relaciones diplomáticas y un embargo total del comercio. Finalmente, con la abstención de Argentina, Bolivia, Brasil, Chile, Ecuador y México, se acordó expulsar a Cuba del sistema interamericano por considerar que la ideología de sù régimen era totalmente incompatible con los principios de la O.E.A. Lo que no se logró de momento fue que el resto de las naciones se unieran al bloqueo económico practicado por Estados Unidos, con respecto a lo cual únicamente se decidió suspender el comercio de armas y material bélico con Cuba.

A pesar de ello, el incidente más grave de este periodo, por las implicaciones internacionales que conllevó, fue el denominado «La crisis de los misiles», que estalló en 1962 cuando los Estados Unidos tuvieron la certeza de que en Cuba se estaban instalando misiles soviéticos de alcance medio, lo que evidenciaba la total protección de Moscú al régimen de Castro y el deseo de la URSS de afianzar su posición en el hemisferio occidental. Pareció entonces inevitable la confrontación entre Rusia y los Estados Unidos, aunque el conflicto se superó finalmente con el compromiso soviético de desmantelar todas las armas ofensivas que había en Cuba y el de Washington de levantar el bloqueo naval impuesto a la isla y respetar su régimen.

Superado el crítico momento que supuso la crisis de los misiles, otra vez la cuestión cubana se presentó en la O.E.A. a finales de 1963, cuando Venezuela acusó al gobierno de Castro de proporcionar armas a los terroristas venezolanos. A raíz de aquello, los Estados Unidos consiguieron que prácticamente todos los países iberoamericanos —salvo México— rompieran relaciones diplomáticas con Cuba —Chile lo ha mantenido hasta el 7 de abril de 1995— y se sumaran al bloqueo económico. Esto ha propiciado que la isla se volcara en sus problemas internos y buscara sus apoyos internacionales fuera de los límites del continente americano, al menos hasta 1975 cuando la O.E.A. decretó el levantamiento del bloqueo y se inició un nuevo acercamiento a Iberoamérica; no así con relación a los Estados Unidos que siguen considerando al régimen de Castro capaz de alterar la paz del hemisferio, sobre todo por la ayuda prestada a los grupos guerrilleros como el sandinista o el M-19 colombiano.

También una intervención de tipo militar, movida por el exagerado anticomunismo que caracterizó los años 60, se produjo en la República Dominicana en 1965 con el pretexto de garantizar la protección de los ciudadanos norteamericanos que residían en aquel país, donde, tras el asesinato del dictador Rafael Leónidas Trujillo en 1961, se vivió un clima de tremenda convulsión política. Aunque sobre todo se llevó a cabo ante el temor de infiltración del comunismo que suponía el retorno a la presidencia del antiguo mandatario Juan Bosch, derrocado en 1963[26] y que nuevamente contaba con apoyos políticos internos.

En esta ocasión, además, la acción no fue exclusivamente norteamericana, ya que dado que la intervención violaba el acuerdo de la O.E.A. con respecto al compromiso de no intervención, el gobierno de Johnson trató de lograr el apoyo de dicha institución formando una fuerza de invasión interamericana a la cual suministraron tropas Brasil, El Salvador, Honduras, Costa Rica (que envió policías al no contar con ejército regular), Nicaragua y Paraguay. Así, la isla fue ocupada por las tropas interamericanas hasta que se celebraron las elecciones de 1966 en las que resultó vencedor Joaquín Balaguer, antiguo presidente y colaborador de Trujillo

La llegada a la presidencia de Carter pareció abrir una nueva etapa en cuanto a las relaciones con los vecinos del sur, abandonando la política intervencionista y tratando de estrechar la colaboración. Al proclamar el respeto a los derechos del hombre y la soberanía de las naciones como núcleo de la política exterior norteamericana, Carter varió la anterior tendencia y redujo el apoyo militar y económico a las dictaduras del Cono Sur, inició el acercamiento a Cuba y abrió el diálogo con algunas naciones[27], tal como lo muestra la firma de los Tratados Torrijos-Carter por los que se otorgaba a la República de Panamá la soberanía progresiva sobre el Canal, poniéndose fin a una situación que se inició cuando en 1903 los Estados Unidos establecieron allí bases militares para la protección de la zona, lo que ha sido motivo de tensión continua en las relaciones entre las dos naciones. Porque, en definitiva, los Estados Unidos no se han limitado durante todo ese tiempo a defender aquel territorio, sino que, en virtud del pretendido derecho que se arrogaron desde entonces, han explotado prácticamente toda la riqueza derivada de tan estratégico enclave, a cambio del pago de una mínima parte a Panamá[28].

Aunque plagada de buenas intenciones, la política de Carter hacia Iberoamérica estuvo determinada también por vacilaciones y contradicciones que permitieron un cierto avance de las fuerzas de izquierda, tal como lo evidencia el golpe de estado en la isla de Granada en 1979 o el triunfo de la revolución sandinista ese mismo año. Por ello, el conservadurismo que caracterizó la etapa de su sucesor, Ronald Reagan, movió a variar totalmente el planteamiento de las relaciones interamericanas y mostrar de nuevo actitudes orientadas a afirmar la hegemonía de los Estados Unidos[29]. La mejor manifestación de esta nueva tendencia fue la triunfante y breve intervención militar en Granada en 1983 con el objetivo de poner fin al gobierno abiertamente izquierdista de los hermanos Coard que, en la lucha de facciones que se produjo en la isla, se habían impuesto sobre el anterior mandatario Maurice Bishop[30].

---

[26] Los sucesos que tuvieron lugar en aquella ocasión se analizan pormenorizadamente en la obra de M. GUERRERO: *El golpe de estado. Historia del derrocamiento de Juan Bosch*. Santo Domingo, 1993.

[27] D. BOESNER: «Carter, los derechos humanos y América Latina». *Nueva Sociedad*, Caracas, Nº 31-32, 1977.

[28] J. SPANIER: *La política exterior norteamericana a partir de la Segunda Guerra Mundial*. Buenos Aires, 1991, pág. 247.

[29] G. LAGOS: «Las relaciones entre Estados Unidos y América Latina». En E. BALOYRA y R. LOPEZ PINTOR (Comp.): *Iberoamérica en los años 80. Perspectivas de cambio social y político*. Madrid, 1982, pp. 191-210.

[30] P. CALVOCORESSI: *Historia política del mundo actual*. Madrid, 1987, pág. 608.

Junto a las intervenciones militares, también las más sutiles de tipo económico han sido decisivas en la evolución de varios países iberoamericanos, ya que frecuentemente los Estados Unidos han utilizado la desestabilización financiera para controlar en beneficio propio el desarrollo de aquellas naciones.

La primera nación que después de la Segunda Guerra Mundial padeció las consecuencias de una intervención indirecta fue Bolivia, donde, como se apuntó más arriba, los Estados Unidos habían propiciado la llegada al gobierno de Víctor Paz Estenssoro, fundador del Movimiento Nacional Revolucionario (MNR) y líder de la revolución que le dio el poder en 1952. Con el apoyo sobre todo de los sectores medios de las ciudades, los campesinos indios y la clase obrera, los sucesivos gobiernos del MNR (Paz Estenssoro 1952-1956 y 1960-1964 y Hernán Siles 1956-1960) intentaron abordar la modernización de las estructuras del empobrecido país[31]. Sin embargo, los logros de la revolución se vieron limitados precisamente por la ayuda que Eisenhower prestó al gobierno boliviano y la intervención de técnicos norteamericanos en la planificación de los cambios que la nación necesitaba, que fueron orientados más al mantenimiento de los intereses económicos estadounidenses en Bolivia que a efectuar auténticas transformaciones económicas y sociales[32].

Otro tanto sucedió en Chile, un país tradicionalmente muy valorado por los Estados Unidos debido a su estratégica situación geográfica y la importancia de sus riquezas naturales. Pero el triunfo en las elecciones de 1970 de la Unidad Popular —coalición de marxistas, socialdemócratas y democristianos—, la llegada al poder de Salvador Allende y el anuncio de ambiciosas medidas nacionalizadoras que atacaban directamente los intereses norteamericanos, provocaron la restricción de los créditos estadounidenses con el fin de crear dificultades económicas al gobierno chileno y propiciar con ello la necesaria inestabilidad social para alentar a la oposición o al ejército a derrocar al presidente[33].

En poco tiempo Chile se convirtió en un país ingobernable. La economía de la nación entró en un callejón sin salida porque el boicot financiero impuesto por los Estados Unidos hacía imposible obtener créditos, desarticuló su balanza de pagos y disparó la inflación. Al tiempo, la situación política se fue haciendo cada vez más difícil. Los propios miembros de la coalición crearon dificultades al presidente al apoyar la ocupación de tierras y fábricas, mientras sus opositores recurrían a la violencia y al fomento de las protestas populares como reacción al gobierno de la Unidad Popular. Buena muestra de ello fueron las continuas huelgas que padeció el país en 1972 y 73. A todo ello se sumaba la falta de apoyo internacional a Allende no sólo por la presión de los Estados Unidos sino también porque en general no había sido visto con buenos ojos que el gobierno chileno hubiera establecido relaciones diplomáticas con Cuba y con China y que hubiera firmado acuerdos

---

[31] H.C.F. MANSILLA: «La revolución de 1952 en Bolivia: un intento reformista de modernización». *Revista de Estudios Políticos,* Madrid, Nº 17, 1980, pp. 117-128.

[32] J.W. WILKIE: *The bolivian revolution and U.S. aid since 1952.* Los Angeles, 1969, pp.43 y ss.

[33] G. MARIN: *Una historia fantástica y olvidada. La CIA en el país de los chilenos.* México, 1976.

comerciales y financieros con otros países comunistas[34]. Todo ello provocó finalmente el golpe de estado del 11 de septiembre de 1973 que estableció en Chile un gobierno militar.

En Nicaragua, el establecimiento del régimen sandinista fue la causa también de la imposición de un axfisiante bloqueo económico tendente a reducir su capacidad de maniobra y, en última instancia, a conseguir su desaparición.

Cuando en 1979 concluyó finalmente el gobierno de los Somoza, el país pasó a manos de una Junta de Reconstrucción Nacional dirigida por miembros del Frente Sandinista de Liberación Nacional, cuyas actividades habían sido decisivas en el derrocamiento de la dictadura. Tras un periodo en el que el gobierno norteamericano permaneció a la expectativa de los sucesos nicaragüenses y un momento de tímido apoyo, la ambigüedad de la política de Carter hacia Iberoamérica se manifestó en el desconocimiento norteamericano a la autoridad de la Junta y la imposición a Nicaragua de un bloqueo económico encaminado a terminar con un régimen que, pensaban, convertiría a la nación en otro satélite de la URSS y que indudablemente apoyaría a las guerrillas guatemalteca y salvadoreña, contribuyendo a la desestabilización de la zona. Así, propiciaron el boicot dentro de los organismos internacionales de financiación, como el Banco Mundial o el Fondo Monetario Internacional, cerraron el mercado norteamericano a gran parte de los productos nicaragüenses y plantearon el embargo de materias primas y de repuestos. Por otro lado, comenzaron muy pronto a prestar ayuda a los grupos contrarrevolucionarios —la «Contra"— que, integrada fundamentalmente por antiguos somocistas, operaban desde dentro y fuera del país contra el sandinismo y que, sobre todo bajo la administración Reagan, fueron financiados para crear bases exteriores —en Honduras fundamentalmente— desde las que poder llevar a cabo incursiones en territorio nicaragüense[35].

Los problemas económicos causados por el bloqueo y las actividades de la «Contra» limitaron la capacidad de acción de la revolución sandinista, tanto en los años iniciales del proceso como durante la etapa de gobierno de Daniel Ortega (1984-1990). Pero no impidieron que Nicaragua entrara finalmente en una vía de normalización política ni lograron terminar con las guerrillas de los países vecinos[36].

LA BÚSQUEDA IBEROAMERICANA DE LA INDEPENDENCIA Y LA UNIDAD

La evolución histórica de los últimos tiempos está demostrando que las relaciones interamericanas discurren actualmente por una nueva vía en la que ya no parece tan decisiva la pretensión hegemónica de los Estados Unidos. Se ha entrado así en una etapa

[34] Las relaciones internacionales chilenas durante el gobierno de Allende pueden seguirse sobre todo en la obra de J. FERMANDOIS: *Chile y el mundo, 1970-1973. La política exterior del gobierno de la Unidad Popular y el sistema internacional*. Santiago de Chile, 1985.

[35] La evolución de la política norteamericana en Centroamérica durante las últimas décadas se encuentra detalladamente analizada en el estudio de F. GONZALEZ-CAMINO: *Alta es la noche. Centroamérica ayer, hoy y mañana*. Madrid, 1990.

[36] P. GLEIJESES: «Reflexiones sobre la "victoria" de los Estados Unidos en Centroamérica». *Pensamiento Iberoamericano*, Madrid, Nº 19 , 1991.

totalmente diferente a las anteriores cuya justificación se encuentra en factores de diversa índole.

Desde los años setenta el centro de atención de los intereses norteamericanos dejó de estar centrado en los países del sur. La amenaza cubano-soviética pareció retroceder y otras partes del mundo, en especial el Vietnam, adquirieron mayor importancia, lo que se tradujo en un distanciamiento de los Estados Unidos de los problemas y necesidades de Iberoamérica. Por otro lado, al mismo tiempo se iba produciendo allí un proceso que llevaba a un mayor nacionalismo, modernización (urbanización, industrialización, inserción en la economía internacional y democratización) y una más amplia independencia política y económica que les alejaba de los intereses de Norteamérica[37], de tal manera que la hegemonía de los Estados Unidos ha ido siendo sustituida por la que algunos países pretenden establecer en relación con sus vecinos: México en Centroamérica, Argentina en la zona del Plata o Brasil en toda Sudamérica.

Por otro lado, para entender los cambios que se han producido en las relaciones interamericanas, hay que contar con la desaparición del supuesto de seguridad en el que se basaron durante los últimos cuarenta años. Desde la posguerra, los Estados Unidos plantearon sus relaciones con Iberoamérica bajo la lente de la seguridad y el anticomunismo, mientras que estas naciones ponían el énfasis en sus necesidades de desarrollo. Pero con la desaparición de la amenaza comunista no existe ya el motor que determinó las relaciones interamericanas en las últimas décadas y la primacía concedida a la seguridad desde hace cuarenta años ha sido sustituida por la primacía de los asuntos económicos[38].

A pesar de ello, todavía se sigue apreciando la preocupación de Norteamérica por los asuntos iberoamericanos, siendo su participación decisiva en el desenlace de algunos conflictos, tal como lo evidenció la intervención en Panamá en 1989 para derrocar al general Manuel Antonio Noriega, Jefe de la Guardia Nacional y el ejército y «Hombre Fuerte» de Panamá, quien, como heredero del torrijismo, se convirtió en el principal defensor de la soberanía de Panamá sobre la zona del canal y manifestó una abierta hostilidad hacia los Estados Unidos. Para contrarrestarlo, en un primer momento se trató de desestabilizar las bases del régimen imponiendo un bloqueo económico a Panamá y acusando a Noriega de tráfico de drogas y blanqueo de dinero con el fin de estrangular la economía de la nación y derrumbar la imagen de su dirigente. Sin embargo, el apoyo popular con el que éste contaba impidió lograrlo a pesar de la dureza de la crisis económica que el país padeció. Finalmente, se produjo la intervención norteamericana, que tuvo el efecto de provocar la huida de Noriega quien se refugió en la misión del Vaticano en Panamá hasta que el 3 de enero de 1990 se entregó a las tropas de Estados Unidos. En la desestabilización consiguiente algunos analistas han visto la intención norteamericana de generar las condiciones precisas para mantener su presencia allí más allá del año 2000, que

---

[37] H.J. WIARDA: «La política interna y exterior de Sudamérica». En *Sudamérica en la década de 1990. El desarrollo de las relaciones internacionales en una nueva era*. Buenos Aires, 1990, pp. 39-68.

[38] J.M. INSULZA: «Estados Unidos y América Latina en los noventa». *Pensamiento Iberoamericano*, Madrid Nº 19 , 1991, pp. 217-233.

es cuando según los Tratados Torrijos-Carter deben ceder a Panamá la soberanía de la zona del canal[39].

Otro tanto puede decirse de la intervención que se produjo en Haití en 1994 para apoyar la vuelta al gobierno del presidente Jean Bertrand Aristide, quien salió de la nación en 1991 a raíz del golpe militar de Raoul Cedrás que rompió el proceso democrático iniciado en 1986 cuando concluyó la dictadura de los Duvalier[40].

Con todo, la nueva tendencia de limitar la dependencia puede apreciarse en múltiples campos, pero seguramente uno de los más evidentes sea el económico, en el que ya no es tan decisiva la hegemonía norteamericana. Casi todos los países han buscado mercados más amplios y nuevas fuentes de capital, y han encontrado una respuesta muy satisfactoria a ello en numerosos estados y organizaciones de todo el mundo. Desde hace más de una década se han revitalizado los antiguos lazos con Europa y se han establecido relaciones más estrechas con la antigua Unión Soviética y con el Japón, tanto como con Medio Oriente y África. Así, Brasil ha ido diversificando su economía y desarrollando una amplia red de relaciones bilaterales, de tal manera que su estructura comercial incluye vínculos con Europa, Medio Oriente, África y Japón, además de los que mantiene con Estados Unidos. La Argentina tiene un importante comercio con Rusia, y Perú es uno de los principales clientes de varios países europeos en relación con la compra de armamento. La Unión Europea tiene grandes intereses en aquellas naciones, lo mismo que Japón, que ha ampliado su volumen comercial y de intercambio y sigue confiando en la ayuda de las comunidades japonesas de América del Sur, especialmente en Perú y, sobre todo, en Brasil. Las áreas fundamentales en las que la influencia norteamericana ha mermado notablemente son la transferencia de tecnología, materiales nucleares y el mercado de armas, en el que se registra una mejora de la posición de los exportadores europeos y de los productores locales. Hoy Iberoamérica es un espacio comercial en disputa entre los Estados Unidos, la Unión Europea, Japón, China y otros países de oriente y occidente[41].

En realidad, los intentos de constituir agrupaciones económicas capaces de promover el desarrollo no son nuevos en Iberoamérica, aunque han recibido un fuerte impulso en los últimos tiempos. Es preciso recordar que ya en 1960 nació, mediante la firma del Tratado de Montevideo, el principal esquema de integración iberoamericana: la Asociación Latinoamericana de Libre Comercio (ALALC), cuya meta era llegar a la constitución de un mercado común a semejanza del que habían comenzado a desarrollar los países de Europa Occidental. Este mismo objetivo pero a una esfera regional más restringida guió también en 1960 el Mercado Común Centroamericano (MCCA), que ha sufrido una época de estancamiento pero actualmente se está intentado reavivarlo como sistema de recuperación económica y pacificación, tal y como se ha puesto de manifiesto en las reuniones de Esquípulas, destinadas a resolver los conflictos existentes en ese área.

---

[39] M.C. MENA GARCIA: «Después de Torrijos: crónica de una invasión anunciada». *IX Congreso Internacional de Historia de América.* Sevilla, Vol. III, 1992, pp. 785-805.

[40] R. MONTOYA: «Haití: del «sueño Aristide» a la vuelta del terror». *Papeles para la Paz,* Madrid, Nº 45 1992, pp. 21-26

[41] G. POPE ATKINS: «América del Sur en el sistema político internacional». En *Sudamérica en la década de 1990. El desarrollo de las relaciones internacionales en una nueva era.* Buenos Aires, 1990, pp. 15-38.

El siguiente paso fue la fundación en 1969 del Pacto Andino, formado por los países signatarios del Acuerdo de Cartagena: Colombia, Ecuador, Perú, Bolivia y Chile, a los que se unió Venezuela en 1973, cuyo objetivo era constituir una red de interdependencias no sólo en el campo económico, sino también en el laboral, el político, el científico y el cultural. Ha sido poco activo hasta que, con vistas al mercado único previsto para un futuro, los presidentes de los seis países crearon en 1991 una zona de libre circulación de mercancías y personas.

En 1975 apareció el Sistema Económico Latinoamericano (SELA), que agrupa a todos los países iberoamericanos, y cuyos principales objetivos son facilitar la cooperación económica entre los países miembros y mejorar su poder de negociación frente al resto del mundo.

La voluntad de conseguir una mayor unidad llevó en 1980 a la transformación de la Asociación Latinoamericana de Libre Comercio en la Asociación Latinoamericana de Integración (ALADI), cuyo fin consiste en fomentar las políticas internas de desarrollo y las relaciones comerciales[42].

Sin embargo, la autonomía económica se ve supeditada a los compromisos derivados de la abultada deuda externa que pesa sobre la mayor parte de los países iberoamericanos, deudores sobre todo de los Estados Unidos, lo que continúa dándoles un papel protagonista en las relaciones económicas entre las dos zonas del continente y lleva a reflexionar sobre el verdadero alcance del descenso de la hegemonía norteamericana en Iberoamérica. Máxime cuando incluso la firma en 1992 del Tratado de Libre Comercio con México y Canadá —*North American Free Trade Area (NAFTA)*— que entró en vigor en 1994 y al que también tiene intención de sumarse Chile, ha sido vista como una nueva versión de la Doctrina Monroe y un instrumento mediante el cual los Estados Unidos dominarán de nuevo el continente.

Frente a ello, las naciones iberoamericanas han tratado desde principios de los años noventa de crear sus propias zonas de libre comercio. Así, resulta muy significativa la firma en 1991 del Tratado de Asunción entre Argentina, Brasil, Paraguay y Uruguay para constituir el Mercado Común del Sur (MERCOSUR), que comenzó a funcionar en 1994. Y lo mismo puede decirse del acuerdo de libre comercio suscrito por México, Colombia y Venezuela en Cartagena de Indias en 1994, por el que se creaba el Grupo de los Tres (G-3), que permitirá a Colombia y Venezuela beneficiarse del Tratado de Libre Comercio norteamericano, mientras que México se beneficiará de los acuerdos que mantienen los otros dos países con el Pacto Andino.

Por otra parte, desde los años setenta también ha ido perdiendo parte de su importancia la principal institución del sistema interamericano, la O.E.A, que, según fueron apareciendo criterios más unánimes entre las naciones iberoamericanas con respecto a su problemas comunes, dejó de ser un instrumento dócil para los Estados Unidos y un

[42] El tema de la integración económica cuenta con abundante y actual bibliografía, entre la que se puede destacar: G. CEVALLOS: *Integración económica de América Latina*, México, 1971; R. GRIEN: *La integración económica como alternativa inédita para América Latina*, México, 1994; M. MOLS: *Integración y cooperación en América Latina*, Stiftung, 1981; M.S. WIONCZEK y R. MAYORGA: *Intentos de integración en el marco de la crisis latinoamericana*, México, 1981, y el volumen editado por la Fundación CEDEAL y realizado por diversos autores: *Los procesos de integración económica en América Latina*, Madrid, 1993.

organismo prácticamente ineficaz. Manifestaciones de ello fueron la decisión de romper el bloqueo político de Cuba en 1975, el enfrentamiento en torno al problema de Nicaragua en 1979, la completa ineficacia del mecanismo de asistencia recíproca con ocasión de la guerra de las Malvinas, la escasa participación que le ha cabido a la O.E.A en los problemas actuales de Centroamérica y de la deuda, y, más recientemente, la crisis económica de la institución por la reducción de aporte norteamericano, que ha significado drásticas restricciones de personal y de funciones[43].

Este vacío institucional del sistema interamericano ha llevado a buscar nuevas fórmulas en las que basar las relaciones presentes. Estados Unidos recurre cada vez más a pactos bilaterales para su trato con Iberoamérica, mientras que ésta pone en marcha mecanismos de concertación para canalizar su propio diálogo. A ello responden las iniciativas del Grupo Contadora (Colombia, Venezuela, México y Panamá. 1983) para la paz y la cooperación en Centroamérica[44], el Grupo de los Ocho o Grupo de Río (Argentina, Brasil, Colombia, México, Panamá, Perú, Uruguay y Venezuela. 1986) que trata de ampliar y sistematizar la cooperación política entre sus miembros, fomentar los procesos de integración regionales y propiciar soluciones a los conflictos y problemas regionales, las reuniones de Esquípulas (1987), y la celebración de las Cumbres Iberoamericanas: Guadalajara (1991), Madrid (1992), Salvador de Bahía (1993), Cartagena de Indias (1994) y San Carlos de Bariloche (1995).

[43] J.M. INSULZA: [38]

[44] C. FIGUEROA IBARRA: «Centroamérica: entre la crisis y la esperanza (1979-1990)». En E. TORRES-RIVAS (Ed.): *Historia General de Centroamérica*, T. VI, *Historia Inmediata*, Madrid, 1993, pp. 36-83.

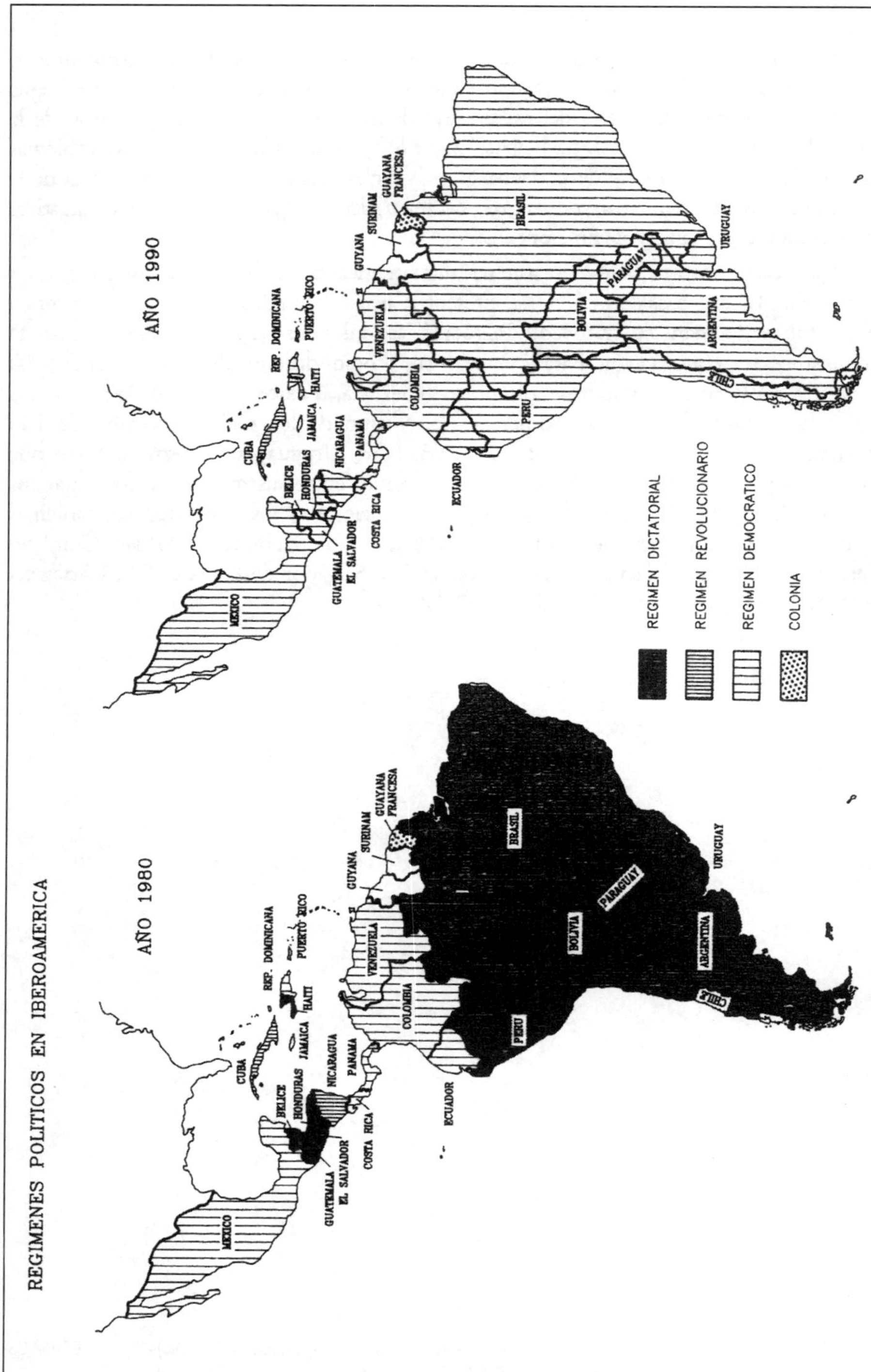
REGIMENES POLITICOS EN IBEROAMERICA
AÑO 1980
AÑO 1990
MEXICO
CUBA
BELICE
HONDURAS
GUATEMALA
EL SALVADOR
NICARAGUA
COSTA RICA
PANAMA
JAMAICA
HAITI
REP. DOMINICANA
PUERTO RICO
VENEZUELA
COLOMBIA
ECUADOR
PERU
GUYANA
SURINAM
GUYANA FRANCESA
BRASIL
BOLIVIA
PARAGUAY
URUGUAY
ARGENTINA
CHILE
REGIMEN DICTATORIAL
REGIMEN REVOLUCIONARIO
REGIMEN DEMOCRATICO
COLONIA

ÍNDICE

ÍNDICE